Tom Hirschfeld

Business Dads

Dieses Buch ist *Benjamin und Leila* gewidmet,
meinen Trainern vor Ort,
sowie meinem verstorbenen Vater, *Dr. Leonard S. Hirschfeld.*

Tom Hirschfeld

Mit Julie Hirschfeld

Business Dads

Wie erfolgreiche Männer auch fantastische Väter sein können – und umgekehrt

Aus dem Amerikanischen übersetzt von
Dr. Friedemann Lux

Bibliografische Information der Deutschen Nationalbibliothek
Die Deutsche Nationalbibliothek verzeichnet diese Publikation in der Deutschen Nationalbibliografie. Detaillierte bibliografische Daten sind im Internet über http://dnb.d-nb.de abrufbar.

Für Fragen und Anregungen:
hirschfeld@mvg-verlag.de

Nachdruck 2013

Nymphenburger Straße 86
D-80636 München
Tel.: 089 651285-0
Fax: 089 652096

 Titel der amerikanischen Originalausgabe: „Business Dad“.

Aus dem Amerikanischen: Dr. Friedemann Lux
Umschlaggestaltung: Münchner Verlagsgruppe GmbH
Satz: FTL Kinateder, Kaufbeuren
Druck: Books on Demand GmbH, Norderstedt

ISBN Print 978-3-86882-339-4
ISBN E-Book (PDF) 978-3-86415-387-7

Weitere Informationen zum Verlag finden Sie unter

www.mvg-verlag.de

Beachten Sie auch unsere weiteren Verlage unter
www.muenchner-verlagsgruppe.de

Was auf Sie zukommt

Das Vater-Projekt

Geheimwaffe für Karriere-Väter

Das Problem

Im Geschäft wie in der Familie stehen wir heute vor dem gleichen Schlüsselproblem: eine wahre Lawine neuer Möglichkeiten, aber keine Minute mehr Zeit.

Überlegen wir einmal, wie sich das Leben seit 1960 verändert hat. Damals lief das Berufsleben wie auf Schienen: Man stieg jeden Morgen in den gleichen Zug, tat die gleiche Arbeit bei derselben Firma und brauchte sich keine Sorgen zu machen, wo das nächste Gehalt herkam. Der Arbeitsplatz war sicher, die Rente auch, und die Welt veränderte sich nur langsam. Es war ein behagliches Dasein, wenn auch kein besonders spannendes.

Heute brauchen wir uns über Mangel an Abwechslung nicht mehr zu beklagen. Die natürlichen Barrieren von Raum und Zeit sowie die künstlichen der Tarife und Richtlinien zerbröckeln und schaffen für den Cleveren und Kreativen ungeahnte Chancen. Aber nicht für den Langsameren, Behäbigeren, vielleicht nicht so gut Informierten; er gewinnt nicht durch Hightech und Globalisierung, er verliert.

Und die Grenze zwischen Gewinnern und Verlierern, sie scheint mit jedem Tag dünner zu werden. Unser Karriere-Schiff macht gute Fahrt, und – rumms! – kommt der nächste Sturm. Eine neue Technologie, ein neuer Konkurrent oder der neue Abteilungsleiter. Je mehr wir strampeln in dem Glücksrad des Erfolgs, um so schneller dreht es sich. Keine Zeit für Pausen mehr. Die Lorbeeren von heute, sie sind morgen schon verwelkt.

Das Einzige, was zwischen uns und dem Abgrund liegt, ist Information – aber genau sie ist gleichzeitig ein Teil des Problems. Früher kam sie in gut verdaulichen Häppchen zu uns und wartete höflich, bis wir sie schlucken konnten. Heute stehen wir in einem wahren Hagelsturm von Fakten und Memos, die uns schier zu erschlagen drohen. Was wir nicht wissen, kann uns umbringen.

Wer hier überleben will, muss immer mehr Überstunden machen. Und Geschäftsreisen, trotz Internet und Video-Konferenzen. Das „Just in time"-Prinzip scheint nicht nur auf Lagerbestände, sondern auch auf Menschen angewendet zu werden. Piepser und Handy erreichen uns noch im Schlafzimmer. Ein Jahrzehnt der „Verschlankung" hat unsere Terminkalender voll und unseren Job permanent unsicher gemacht. Aber er hat doch einen Sinn, der ganze Stress, oder? Wir tun es ja schließlich für unsere Kinder ...

Ja, die Kinder. Sie können es ja kaum erwarten, dass Papa lächelnd durch die Wohnungstür kommt. Wenn wir nur diesen Bericht bis 19 Uhr ins Internet kriegen, erwischen wir sie vielleicht noch, bevor sie ins Bett müssen. Und wenn es heute nicht klappt, dann vielleicht morgen oder nächstes Wochenende, nach dem Golfen. Wir hätten ja so gerne mehr Zeit für die Kids, aber einer muss ja die Brötchen verdienen. Gut, dass sie so tolle Mütter haben. Und sie sind ja vor allem Mutters Revier, auch wenn die berufstätig ist ...

Aber halt, auch zu Hause schreiben wir nicht mehr das Jahr 1960. Damals hatte ein guter Familienvater im Wesentlichen zwei Aufgaben gegenüber den Kindern: Ernährer und Bestrafer; den Rest erledigte Mutter. Damals. Wer heute im Geschäftsleben steht und Kinder unter 18 Jahren hat, sieht sich mit einer wahren Revolution konfrontiert, in der das gerade karikierte Bild des abwesenden Vaters nicht mehr zieht. Nicht nur in der Firma, sondern auch zu Hause kostet Erfolg heute viel mehr Arbeit als früher. Und schmeckt viel besser.

Nicht nur in der Firma, sondern auch zu Hause kostet Erfolg heute viel mehr Arbeit als früher. Und schmeckt viel besser.

Es sind vor allem drei Trends, die unser Berufsbild als Väter dramatisch erweitert haben. Erstens: Unsere eigenen Eltern machten sich keine großen Gedanken über die Kunst des Erziehens; sie praktizierten sie einfach. Die heutige Gesellschaft zerbricht sich den Kopf darüber, wie man seine Kinder „richtig" erzieht. Erziehungsberatung in Büchern, Magazinen und

Websites ist zu einer regelrechten Industrie geworden – und manchmal stimmen die Ratschläge sogar.

Zweitens: Die gesellschaftliche Infrastruktur für die Kindererziehung ist vielerorts am Verkommen. Vorbei die Zeiten, wo man darauf rechnen konnte, dass Schule, Medien, Kirchen und Verwandtschaft die Erziehungsbemühungen der Eltern unterstützten (und Fehler korrigierten). Politische Korrektheit statt Lernen, Jugend- und Straßenkriminalität, Materialismus und Zynismus im Fernsehen, leere Kirchenbänke und geschiedene Ehen – es herrscht ein Klima, das es schwieriger denn je macht, seine Kinder richtig zu erziehen.

Doch es gibt auch Positives. Eng verbunden mit dem zweiten Trend ist der dritte: Männer und Frauen haben heute viel mehr Optionen in ihrer Lebensgestaltung. Die berufstätige Mutter hat bessere Jobs mit mehr Gehalt, und die Männer haben gelernt, dass „stark sein" nicht automatisch Schweigen bedeuten muss. Frauen sind keine bloßen Zierpflanzen im Büro mehr, und wir Männer sind nicht mehr die großen Fremden in Kinderzimmer und Küche; wir können reichere, tiefere Beziehungen zu unseren Kindern genießen als der Geschäftsmann der 1960-er Jahre.

Diese Lockerung der Geschlechterrollen bedeutet indes nicht nur mehr persönliche Freiheit, sondern auch mehr *Verantwortung*. In einer aus den Fugen geratenen Gesellschaft entstehen gesunde Familien nicht mehr von allein; die Eltern – *beide Eltern* – müssen sie in harter Arbeit aufbauen. Wir Väter werden dringend gebraucht – nicht mehr nur als Brötchenverdiener, sondern als gleichberechtigte Partner in der Erziehung, in der Schaffung jener warmen, geordneten „Kinderstube", die den Unterschied in der Entwicklung hin zu Karriere oder Knast ausmachen kann. Unsere Frauen und die (anderen) Experten versichern uns, dass es unseren ganzen Einsatz braucht, dass wir täglich für unsere Kids da sein müssen - nicht nur physisch, sondern auch gedanklich und emotional.

Sie kennen die neuesten Verkaufsstatistiken für Ihre Abteilung? Sie wissen, wer die wichtigsten Konkurrenten sind? Sehr gut. Aber kennen Sie auch die Lehrer Ihrer Kinder? Die Namen ihrer Freunde? Ihre Hausaufgaben für morgen oder wie viel Süßigkeiten pro Tag sie haben dürfen?

Ja, wenn der Tag nur 48 Stunden hätte, seufzen wir. Für unsere Kinder da sein in ihren kritischen Entwicklungsjahren und gleichzeitig in der Firma nicht den Anschluss verpassen – wie soll das gehen? Ist es ein Wunder, dass viele Manager-Väter sich überfordert fühlen? 1979 gaben in einer Umfrage in den USA ganze 12 Prozent der Väter an, dass es stressig sei, die richtige Balance zwischen Beruf und Familie zu finden; 1989 waren es 72 Prozent. Wie viel Prozent waren es wohl 1999?

Das Beispiel von Don M., einem Freund von mir, mag die Lage illustrieren. (Ich verwende bei persönlichen Beispielen den Anfangsbuchstaben des Nachnamens, in einigen Fällen habe ich den Namen auch geändert; immer aber handelt es sich um real existierende, nicht erfundene Personen.) Don hat gerade seinen Betriebswirt gemacht. Er und seine Frau haben noch keine Kinder, aber er überlegt bereits laut, ob er Kinder und Karriere je unter einen Hut kriegen wird. Sein eigener Vater war Polizist mit einer 35-Stunden-Woche, und Don weiß jetzt schon, dass er seinen Kindern das nicht wird bieten können. Und Don ist kein Einzelfall. Konflikte zwischen Arbeit und Familie sind bei seinen Mitstudenten gang und gäbe.

Im Herbst 1998 beschrieb das Magazin *Business Week* das Dilemma in einem langen Artikel mit dem Titel „Die Papa-Falle" (Untertitel: „Familien erwarten mehr von den Männern, aber woher die Zeit nehmen?"). Der Artikel zitierte Jeffrey Welch, einen Bank-Manager aus New York: „Ich würde mich gerne mehr in der Schule ... einbringen, aber mein Terminkalender lässt das nicht zu. ... Ich will, dass meine Kinder später einmal sagen können: ‚Unser Vater war für uns da.' Zur Zeit gelingt mir das nicht."

Wie können wir der „Papa-Falle" entkommen?

Wie können wir der „Papa-Falle" entkommen? Der erste Schritt ist schlicht, dass wir uns vornehmen, unser Bestes als Väter zu geben. Wir bekommen ständig neue Aufgaben aufs Auge gedrückt, also übernehmen wir halt noch eine: unsere Verantwortung als Väter. Wir lieben unsere Kinder, wir wollen ihr Bestes und wir sind nicht die Leute, die sich drücken. Jobs kommen und gehen, die Familie bleibt (nun ja, hoffentlich). Also ran an die Arbeit!

Doch der Entschluss, ein guter Vater zu werden, ist nur der erste Schritt. Das Leben ist voll von Hindernissen, die uns das Vatersein schwer machen können, so dass wir uns schließlich fragen, ob der ganze Stress sich überhaupt lohnt. Noch schlimmer aber, als das schlechte Gewissen, nicht genug zu tun, ist das bohrende Gefühl, dass das, *was* wir tun, verlorene Liebesmüh' ist oder gar alles nur schlimmer macht. Hier ein paar Beispiele für diese Hindernisse (Sie kennen sicher noch mehr).

Die Handikaps beim Vater-Projekt

Keine Ausbildung. Betriebswirtschaft kann man überall studieren, aber Familien-Management? Tatsache ist: Es gibt keine Berufsausbildung für Väter.

Und der Job des Vaters hat es in sich. Eine Firma vor dem Kollaps retten ist ein Kinderspiel dagegen.

Es gibt keine Berufsausbildung für Väter.

Keine Rollenvorbilder. Bücher über Milliardäre (Bill Gates, George Soros & Co.) gibt's wie Sand am Meer. Aber wo sind die Vaterhelden, die leuchtenden Erziehungsvorbilder, an denen wir uns messen können?

Die Welt sieht anders aus, wenn man Mentoren hat. Ist das Phänomen Silicon Valley über Nacht entstanden? Natürlich nicht. Unternehmen wie Hewlett Packard, das vor über 60 Jahren gegründet wurde, und Fairchild Semiconductor dienten als Mentoren und „Väter" einer ganzen Industrie. Aber wo sind die Mentoren für uns Väter?

Unsere Frauen sind von jung auf auf die Mutterrolle vorbereitet worden, und ihre ersten weiblichen Rollenvorbilder (es waren nicht die schlechtesten) waren ihre eigenen Mütter. Wir Männer dagegen haben in der Regel Väter der alten Schule gehabt – Väter, die unter den *alten* Regeln (weniger Erwartungen, weniger Überstunden, keine berufstätige Ehefrau) zum Teil sehr gute Arbeit geleistet haben. Aber die Regeln, sie haben sich geändert ...

Nicht als Experten anerkannt. Die Erziehungsexperten sind traditionell die Mütter. Das liegt nicht zuletzt an der Zeit, die sie mit den Kindern verbringen, angefangen mit der Schwangerschaft. Früher oder später werden die Kinder ihr Ressort, und wehe dem, der sich hier einmischen will.

Die Erziehungsexperten sind traditionell die Mütter.

Die Männer dieser Expertenmütter finden sich in einem Dilemma wieder. Man lernt bekanntlich am besten durch Tun, aber je größer die Wissenslücke wird, um so schwieriger wird es, sich zu dem Tun aufzuraffen. Die Lage wird nicht besser, wenn die Mutter von der eifersüchtigen Sorte ist, die niemanden an ihr Kind heranlässt. Und dann gibt es noch jene Väter, die nur Dinge anpacken, die ihnen auf Anhieb gelingen – was bedeutet, dass sie nie etwas Neues lernen können.

Keine Bücher. Die meisten Erziehungsratgeber sind für Mütter geschrieben – oder für die Eltern allgemein, was meist wieder die Mutter meint. Nur wenige Bücher behandeln den spezifischen Beitrag des Vaters zur Erziehung und die Probleme, vor denen er steht. Und die Autoren dieser Bücher sind typischerweise Psychologen, Journalisten, Professoren oder „neue Väter" – aber keine Geschäftsleute oder Manager, mit dem Ergebnis, dass sie sowohl die spezifischen Probleme des „Karriere-Vaters" übergehen als auch das Potenzial, das in seinen hart erarbeiteten Lektionen aus dem Geschäftsleben liegt. Stattdessen schreiben sie lange Kapitel über Dinge, die den Sozialwissenschaftler interessieren. Manches mag ganz nützlich sein, aber die Autoren denken zu selten an Väter wie Sie und mich.

Keine Zeitschriften. Frauen werden in Zeitschriften und Illustrierten mit Erziehungstipps bombardiert, aber suchen Sie einmal ein Magazin speziell für Väter (geschweige denn für Karriere-Väter wie uns). Auch das Internet bietet eine wahre Flut von Informationen für Eltern - aber wieder geht es meistens um die Mütter.

Keine Zeit. Unsere eigenen Väter hatten mit ihrer vielleicht 50-Stunden-Woche genügend Zeit, um ihre (begrenzte) Vaterrolle auszufüllen. Wir erlebten sie mit, wie sie vor dem Radio saßen, den Zaun reparierten oder sich mit dem Nachbarn unterhielten, und lernten sie so kennen. Heute nimmt die Firma uns, wenn wir sie lassen, 24 Stunden am Tag in Anspruch, und ein paar Stunden für Frau und Freizeit brauchen wir auch noch. Wer hat da noch die Zeit, ein Vater zu sein, und dann noch ein guter?

> **Heute nimmt die Firma uns, wenn wir sie lassen, 24 Stunden am Tag in Anspruch.**

Büro-Spielregeln gelten nicht. Zu Hause weht, gelinde gesagt, ein anderer Wind als in der Firma. In der Firma geben wir eine Anweisung, und siehe da, sie wird befolgt – zu Hause ernten wir den Trotzanfall eines Zweijährigen oder drei Tage Schmollen von unserer Teenager-Tochter. Im Büro sind Probleme zum Lösen da; zu Hause sind viele unlösbar. In der Firma herrscht Ordnung, zu Hause das Chaos. In unserem Job führt Beharrlichkeit und Zielstrebigkeit zum Erfolg, zu Hause zum sicheren Burnout. Kurz: Die Kids halten sich nicht an die Büro-Spielregeln.

Keine Korrektur. Ein guter Chef gibt uns alle drei, sechs oder zwölf Monate eine Beurteilung unserer Leistungen, sodass wir wissen, wo wir besser werden müssen. Unsere Kinder können uns erst dann, wenn sie sprechen können, ein Feedback geben, und ein regelrechtes Zeugnis werden wir kaum je bekommen. Wir können nur beobachten, wie *sie* sich schlagen und überlegen, wie wir ihnen helfen könnten, es besser zu machen.

Kein Gehalt. Hand aufs Herz: Mit der beste Anreiz in der Firma ist das Geld auf unserem Gehaltskonto. Aber unsere Kinder, sie kosten und kosten und kosten nur ... Und die nichtfinanziellen Belohnungen, wie die Kür zum Verkäufer des Jahres, das Lob vom Chef oder die Streicheleinheiten der Kollegen? Unbekannt bei dem durchschnittlichen Zweijährigen. (Doch, Vatersein *hat* seinen Lohn, aber er ist oft nicht sehr sichtbar.)

Keine Konkurrenz. Eine der Haupttriebfedern am Arbeitsplatz ist der Urtrieb, besser zu sein als die anderen. Schon als kleine Jungen wollten wir wissen, wer am größten, cleversten, schnellsten war, am weitesten werfen konnte oder am meisten besaß. Aber zu Hause? Die Firma, das sind wir. Konkurrenz Null. Und keine Konkurrenz – kein Antrieb. Oder?

*****

Angesichts dieser massiven Probleme sollte man meinen, dass die Karriere-Väter gegensteuern, indem sie sich so viel wie möglich informieren. Schließlich stürzen sie sich ja auch auf die neuesten Business-Bestseller. Aber Fehlanzeige: Die meisten lesen viel weniger Bücher über das Vatersein als über Management & Co.

Wie das? Weil die üblichen Erziehungsratgeber nicht für Karriere-Väter geschrieben sind? Weil der erfolgreiche Manager meint, keine Zeit für Lebenshilfebücher zu haben? Weil er seine Zeit damit verbringen muss, das zu lesen, was die Konkurrenz liest? Oder weil viele Väter das Handtuch werfen und halt das tun, was Mutter sagt? Wahrscheinlich enthält jede dieser Antworten ein Stückchen Wahrheit.

Mit diesem Buch möchte ich helfen, dass dies anders wird. Es ist genau das Buch, auf das Sie gewartet haben: ein Buch von einem Karriere-Vater für Karriere-Väter.

Was macht dieses Buch so „anders" als die normalen Erziehungsratgeber? Es spricht ganz gezielt die oben genannten Handikaps an. Es benutzt das Vokabular des Wirtschaftslebens und gibt echte Beispiele aus Firma und Familie. Es behandelt detailliert die spezifischen Firma-Familie-Konflikte, vor denen Karriere-Väter stehen, von Zeitplanung bis Erziehungsurlaub.

Vor allem aber wird in diesem Buch dargelegt, dass wir Geschäftsleute in unserem Kampf als Väter und Erzieher eine Geheimwaffe besitzen. Es zeigt auf, dass unsere Berufserfahrung uns ein riesiges Reservoir an Fertigkeiten zur Verfügung stellt, dass der erfolgreiche Geschäftsmann automatisch das Zeug dazu hat, auch als Vater Erfolg zu haben, und dass es ganz einfache, logische Methoden gibt, dieses ungeheure Potenzial anzuzapfen.

Die Gelegenheit

Die meisten von uns haben ab einem Alter von 25 Jahren über die Hälfte der Zeit, in der sie nicht schlafen, in der Firma oder der Berufsaus- und -weiterbildung verbracht. 1995 stellte das Magazin *Fortune* bei einer Umfrage unter über 2.000 seiner Leser fest, dass diese im Durchschnitt 57 Stunden pro Woche mit Arbeiten und den Fahrten von und zum Arbeitsplatz verbrachten. (Das waren die Leser, die Zeit hatten, den Fragebogen auszufüllen ...)

Der Lebensbereich, der uns als Erwachsene am meisten prägt, ist unsere Arbeit. Die meisten von uns haben bis jetzt bereits viel mehr Stunden im Büro verbracht als in der Schule oder im Studium. (Wenn ich in diesem Buch „Büro" sage, meine ich den Arbeitsplatz allgemein; es kann genauso gut ein Bauernhof, ein Laden oder eine Fabrik sein.) Noch gar nicht mitgerechnet sind hier die vielen Stunden, in denen wir zwar nicht arbeiten, aber über unsere Arbeit lesen – Fachzeitschriften, E-Mail oder natürlich *Wall Street Journal* & Co. Ob wir es mögen oder nicht, wir sind Produkte unserer Arbeitswelt. Wie Bruce F., Generaldirektor einer rasch expandierenden Firma in Virginia, mir sagte: „Wenn ich aus dem Büro nach Hause komme, habe ich mich den ganzen Tag als Manager betätigt. Diese Fertigkeiten sind alles, was ich habe; sie sind meine Identität."

Der Lebensbereich, der uns als Erwachsene am meisten prägt, ist unsere Arbeit.

Aber können diese Fertigkeiten uns wirklich in unserer Vaterrolle helfen? Eines der oben genannten Handikaps für den Karriere-Vater war ja gerade, dass in der Familie zum Teil ganz andere Gesetze herrschen als in der Firma. Doch es gibt auch zunehmende – und sehr fundamentale – Ähnlichkeiten zwischen Firma und Familie. Einerseits wird das Leben zu Hause immer reglementierter und komplizierter, weil die Kids immer beschäftigter sind und ihre Mütter oft genauso tief im Arbeitsleben stecken wie ihre Väter. (Letzte Definition: „Arbeit" ist in diesem Buch eine Kurzform für „bezahlte Arbeit". Die nicht bezahlte Arbeit des Erziehens ist (mindestens) so knochenhart wie der Alltag im Büro. Fragen Sie eine „Nur-Hausfrau", warum sie „nicht arbeitet", und Sie können was erleben.)

Und andererseits haben diese arbeitenden Mütter begonnen, das Leben im Büro zu verändern. Wie jeder weiß, sind Frauen anders als Männer. Oft machen sie das Miteinander im Büro kollaborativer, weniger hierarchisch, psychologisch sensibler. Nicht, dass Frauen weniger macht- und erfolgversessen wären als Männer; aber sie definieren diese Ziele anders und benutzen andere Strategien, um sie zu erreichen. Seit Jahrzehnten ergehen sich die Wirtschaftsmagazine darüber, wie die Frauen das Büroklima revolutioniert und, ja, ein wenig familiärer gemacht haben.

Die Arbeitswelt hat sich verändert.

Gleichzeitig ist die Arbeit selber anders geworden. Die Kommunikationstechnologie hat hierarchische Strukturen eingeebnet und Arbeitsabläufe integrierter und dezentralisierter gemacht. In vielen Firmen haben Teamarbeit, Arbeitsablaufdiagramme und „Groupware" Einzug gehalten. Die meisten Unternehmen liegen voll im Flexibilisierungstrend; das aktuelle Projekt entscheidet darüber, wer mit wem arbeitet. Der Mangel an Fachkräften sowie die steigenden Einstellungs- und Schulungskosten in der Wissensgesellschaft machen es immer wichtiger, die Mitarbeiter bei Laune und motiviert zu halten. Und die Entwicklung geht über die Ebene der Einzelfirma hinaus: Ganze Konzerne und Industrien sind zunehmend miteinander verflochten, mit strategischen Partnerschaften, Disziplinen wie „Bionomik" und neuen Geschäftsbeziehungsmodellen wie „Co-Opetition" und Outsourcing.

Vielleicht der führende Risikokapitalgeber der 1990-er Jahre war John Doerr, der Mann hinter den Anfangserfolgen von Firmen wie Sun Microsystems, Intuit, Netscape und @Home, um nur einige zu nennen. John hat die Veränderungen, über die ich gerade rede, in einer viel diskutierten Tabelle, die er oft bei Vorträgen zeigt, zusammengefasst:

Früher	**Heute**
Eine Fertigkeit	Lebenslanges Lernen
Manager	Unternehmer
Personal vs. Management	Team
Monopole	Wettbewerb
Gehalt	Beteiligung, Extras
Hierarchie	Netzwerk
Prozessieren	Investieren
Status quo	Rasche Veränderungen

Die Headhunter versichern uns, dass die Eigenschaften, die einen vor 30 Jahren in den Chefsessel führten, heute nur einen Teil der Qualifikationen ausmachen und dass insbesondere soziale Kompetenz und Informationsmanagement immer wichtiger werden. Eines der Ergebnisse ist, dass *Fertigkeiten, die einem in der Familie helfen, auch in der Firma hilfreich sind.*

Fertigkeiten, die in der Familie hilfreich sind, werden zunehmend auch für die Firma nützlich.

Kennen Sie sie auch, die Interviews mit Erfolgsfrauen, die ihre Traumkarriere auf die harte Schule der Familie zurückführen? Es ist immer die gleiche Geschichte. Zum Beispiel so: „Wer einen Kindergeburtstag mit lauter Vierjährigen überlebt hat, macht Vorstandssitzungen mit links." Und wissen Sie, was? Diese Frauen haben Recht.

In ihrem Buch *Frauen führen anders* beschreibt Sally Helgesen, wie weibliche Führungskräfte von ihren Mutter-Erfahrungen profitieren:

> *„Man wird sich immer mehr bewusst, dass Mutterschaft eine exzellente Schule für Führungskräfte ist, da in beiden Bereichen oftmals die gleichen Fertigkeiten erforderlich sind: Organisationstalent, rationelle Arbeitsplanung, die Abwägung zwischen widerstreitenden Ansprüchen; die Fähigkeit, anderen*

> *etwas beizubringen ... Barbara Grogan [die Gründerin und Präsidentin von Western Industrial Contractors] drückte es folgendermaßen aus: ‚Wenn Sie sich vorstellen können, welches von beiden Kindern das Gummibonbon bekommen soll, ... dann können Sie jeden Vertrag der Welt aushandeln.'"*

Gleiches Recht für alle. Wenn Frauen das, was sie in der Familie gelernt haben, in Strategien für das Geschäftsleben ummünzen können, dann können wir Männer das, was wir in der Firma gelernt haben, benutzen, um bessere Väter zu werden.

So ziemlich alle Fertigkeiten, die Sie als Vater brauchen, sind Ihnen aus Ihrem Berufsalltag vertraut – und aus solchen Bestsellern wie *Nur die Paranoiden überleben, Die sieben Wege zur Effektivität, Crossing the Chasm* und *EQ. Emotionale Intelligenz für Manager.* Scott Adams' *Das Dilbert-Prinzip* ist eine köstliche Karikatur der Manager, denen diese Fertigkeiten abgehen, und jedes Wirtschaftsmagazin liefert Ihnen die neuesten Beispiele dafür, wie man's richtig macht und wie besser nicht.

Doch die Straße zwischen Firma und Familie ist keine Einbahnstraße. Wie wir in dem Kapitel „Wenn Mann zwei Berufe hat" noch sehen werden, sind bessere Väter auch bessere Geschäftsleute. Ein Grund dafür ist sicher, dass gute Väter glücklichere Menschen sind. Vor allem aber sind Fertigkeiten wie Muskeln: Wenn man sie nicht benutzt, verkümmern sie. Der durchtrainierte Vater ist auch im Büro besser.

Ob in Geschäft, Familie, Sport oder Krieg - der Schlüssel zum Erfolgt liegt im Denken, und weniger in der Technik. Und Kinder erziehen erfordert so viel Denkarbeit, dass die Firma vergleichsweise harmlos ist dagegen. Erforschen Sie, was in dem hochkomplizierten Kopf Ihres Kindes vor sich geht, dem wichtigsten Arbeitsterrain, das Sie in der ganzen Welt haben, und Sie werden erfreut feststellen, wie weit Sie damit in der Firma kommen.

Was dieses Buch will

Probleme und Gelegenheiten verhalten sich oft wie zwei sensible Chemikalien: Bringt man sie zusammen, passiert etwas. Es braucht nur ein bisschen Experimentieren, wozu dieses Buch Sie hoffentlich anregen wird. Ich möchte auf den folgenden Seiten

- guten Geschäftsleuten helfen, ihr Know-how einzusetzen, um gute Väter zu werden, und umgekehrt.
- keinen Psychologen-Jargon benutzen, sondern eine Sprache, die Geschäftsleute verstehen.
- auf den gesunden Menschenverstand und die Erfahrung aufbauen.
- die spezifischen Probleme der Manager-Väter ansprechen.
- ein Buch schreiben, das Spaß macht.

Wie Sie mittlerweile wohl wissen, bin ich kein studierter Erziehungsexperte. Auch kein Psychologe oder jemand, der sich im Fernsehen als einer ausgibt. Ich führe keine wissenschaftlichen Glaubenskriege und bin kein Journalist. Ich bin schlicht ein durchaus unperfekter Karriere-Vater, der den Nerv hat, seine Überzeugungen zu Papier zu bringen.

Nach meinem volkswirtschaftlichen Studium war ich acht Jahre als Finanzbetriebswirt bei Salomon Brothers (heute ein Teil von Citigroup) tätig sowie einige Zeit (beurlaubt) als Assistent des Bürgermeisters von New York City. Seit vier Jahren bin ich Risikokapitalgeber bei einer Firma, die über 6 Mrd. Dollar verwaltet. Es macht mir Spaß, kleineren Firmen zum Wachsen zu verhelfen. Ich bin im Vorstand von acht Unternehmen und zwei gemeinnützigen Organisationen. Die Zusammenarbeit mit Menschen aus allen möglichen Branchen, von Großkonzernen bis zum mittelständischen Betrieb, hat mich mit einer Fülle faszinierender Unternehmenskulturen und Arbeitsumfelder bekannt gemacht.

Ich bin Vater zweier toller Kinder, Benjamin und Leila, dazu Onkel von drei Nichten und drei Neffen. Als Geschäftsmann wie als Vater habe ich mein Quantum an Fehlern gemacht, und ich hoffe,

Ihnen in diesem Buch zeigen zu können, was ich alles gelernt habe und noch lerne.

Verstehen Sie mich bitte nicht falsch: Ich sage nicht, dass Sie das, was die Experten sagen, ignorieren sollen. Manche sind zwar etwas zu theoretisch. (Theorie und Praxis sind zwei verschiedene Paar Stiefel. Der Earl of Rochester schrieb schon im 17. Jahrhundert: „Bevor ich heiratete, hatte ich sechs Theorien über die Kindererziehung. Jetzt habe ich sechs Kinder und keine Theorie.") Aber sie haben eine Menge über den Job eines Vaters nachgedacht und bringen lehrreiche Fallbeispiele und Interviews mit Vätern. Im Anhang finden Sie ein paar nützliche Titel.

Aber die meisten Erziehungsexperten sind nun einmal Psychologen und andere Wissenschaftler, deren Perspektive nicht die des Managers ist. Folglich drücken sie manches anders aus als wir und tun sich schwer mit solchen Dingen wie dem Konflikt zwischen Arbeit und Familie; vor allem aber kennen Sie unseren Alltag zu wenig, um zu wissen, was für Qualifikationen unser Beruf uns gegeben hat und wie wir diese zu Hause einsetzen können. Darum dieses Buch.

Die Denk- und Lesearbeit, die diesem Buch voranging, hat mein Selbstvertrauen als Vater angenehm gestärkt. Noch mehr gelernt habe ich von den zahlreichen Gesprächen mit anderen Karriere-Vätern (nebst einigen Karriere-Müttern). Die Anekdoten und Ideen sprudelten nur so, und manche Geschäftsbeziehung wurde vertieft. Ich musste immer wieder staunen über das Verantwortungsbewusstsein und den Erfindungsreichtum dieser Eltern. Zu dem Thema „Konflikte zwischen Arbeit und Familie" fand ich auch die Tipps von Experten wie Marcia Kropf von der Organisation Catalyst, Jim Levine vom Fatherhood Project und Deborah Holmes von Ernst & Young sehr hilfreich.

Dieses Buch ist auch ein Dankeschön an meinen verstorbenen Vater, Dr. Leonard S. Hirschfeld. Was er seine Söhne durch seine Worte, vor allem aber durch sein Vorbild gelehrt hat, könnte eine Bibliothek füllen, und er ist der Held in vielen meiner Anekdoten. Wenn in diesem Buch etwas ist, das ins Schwarze trifft und uns ahnen lässt, was es heißt, ein Vater zu sein, dann kommt es wahrscheinlich von meinem Vater, diesem so würdig-warmen Menschen.

Wahrscheinlich haben Sie den zweiten Namen auf dem Buchumschlag bemerkt – eine sehr erfahrene klinische Psychologin. Wie war das noch mit dem Buch von einem Nichtexperten? Aber Julie ist nicht nur Expertin in Familientherapie, sondern auch meine Frau, und ich bin froh über ihre unermüdliche Mitarbeit und Korrektur, die mich davor bewahrt hat, gar zu viele Dinge zu sagen, die dumm, gefährlich und falsch sind.

Julie ist meilenweit entfernt von dem Stereotyp des theoriebesessenen Psychologen. Im Beruf wie zu Hause steht sie mit beiden Beinen auf der Erde, und ich bin dankbar, dass sie seit jetzt fast zwanzig Jahren meine Frau ist. Das Lernen mit und von ihr hat mir geholfen, ein besserer Vater, Geschäftsmann und Mensch zu werden.

Aber im Übrigen ist dies also mein Buch. Ich habe es geplant, ich habe es (an der hilfreichen Hand meines Lektors, Michael Pietsch, und seiner Kollegen) geschrieben, und jegliche Fehler, die Julies Argusaugen entgangen sind, gehen auf mein Konto. Das Ergebnis ist ein recht persönliches Buch. Es zeigt das, was *ich* als wahr erkannt habe – aber Ihre Situation kann ganz anders sein; das hängt von Ihnen selber ab, von Ihrer Frau, Ihren Kindern, Ihrem Job und hundert anderen Dingen. Guter Rat ist nicht für alle gleich. Picken Sie sich also das heraus, was für Sie nützlich ist, und lassen Sie den Rest liegen.

Ich gehe in diesem Buch von der klassischen „normalen" Familie aus, die das ist, womit ich am besten vertraut bin. Aber auch wenn Sie nicht bei Ihren Kindern wohnen oder die Mutter nicht da ist oder es sich um eine „gemischte" Familie mit Kindern aus mehreren Ehen handelt, wird Ihnen dieses Buch hoffentlich manche Hilfe geben – vielleicht Ihnen erst recht, da Sie ja unter verschärften Bedingungen Vater sind.

Dies ist kein Handbuch über die mehr „technischen" Aspekte der Kindererziehung, wie Sauberkeitserziehung, Kindersicherungen in der Küche oder darüber, was für Bücher für Sechsjährige geeignet sind. Auch in den Business-Bestsellern geht es mehr um das menschlich-strategische Element wie Management-Philosophie, Informationsfluss und Wachstumsplanung und nicht darum, wie man Buch führt oder eine Statistik schreibt.

Ziehen Sie daraus aber nicht den Schluss, dass die "technischen" Dinge sozusagen unter Ihrem Niveau liegen! Nehmen Sie sich die Zeit, gemeinsam mit Ihrer Frau die üblichen Handbücher durchzuackern, damit alle wichtigen Entscheidungen bei der Kindererziehung auch die Ihren sind; sonst haben alle in Ihrer Familie den Schaden.

Betrachten Sie dieses Buch als Arbeitsbeschreibung für eine große neue Aufgabe. Wenn Sie plötzlich in eine neue Abteilung versetzt werden, versuchen Sie ja auch, so viel wie möglich über diese Abteilung zu lernen. Sie bohren Kollegen an, um herauszufinden, was anders und was gleich ist an dem neuen Job. Dieses Buch will in dem gleichen Geist gelesen werden, und Ihr großes Projekt heißt: Vatersein.

Betrachten Sie dieses Buch als Arbeitsbeschreibung für eine große neue Aufgabe.

Es gibt vielleicht keine Diplomväter, aber die Amateure haben in der Menschheitsgeschichte die fantastischsten Leistungen vollbracht. *Amateur* heißt bekanntlich „Liebhaber“, und welche Liebe könnte größer sein als die, die wir zu unseren Kindern haben? Wie hoch die Hürden für den Karriere-Vater auch sein mögen, diese Liebe trägt uns *immer* durch. Wir müssen sie nur lassen. Also hergehört, ihr Amateur-Väter!

Die Papa-GmbH

Wie das Büro Ihnen helfen kann, ein guter Vater zu werden

Nehmen Sie Ihr Know-how mit nach Hause!

Vor der industriellen Revolution waren die meisten Betriebe Familienbetriebe: Bauernhöfe, Wirtshäuser, Läden, Werkstätten. So ziemlich jeder Industriezweig wurde in Heimarbeit betrieben. In diesen Familienbetrieben gingen Berufsausübung und Kindererziehung Hand in Hand. Mag sein, dass heutige Jugendämter den Zehnjährigen, der in der Schmiede seines Vaters den Blasebalg bediente, mit Skepsis betrachten würden, aber Vater und Sohn waren jedenfalls zusammen. Mit der Industrialisierung entwickelte sich die Schichtarbeit in großen Fabriken. Jetzt wurde alles zeitlich durchorganisiert; es ist kein Zufall, dass die industrielle Revolution sich zeitgleich mit dem Siegeszug der exakten Uhr vollzog. Nach und nach schob sich eine Wand zwischen Arbeits- und Familienleben, und diese Wand ist heute, wo die Fabrik vom Büro abgelöst worden ist, eher noch höher geworden.

In den 1950-er Jahren verstanden viele Unternehmen sich als große Familien. Die Firma, das war die Mutter, die einem Brot und Auskommen gab, und eine eigene Familie war ein Plus bei Beförderungen, denn sie galt als Zeichen von Stabilität. Das war einmal. Heute schützt selbst das Silberne Jubiläum nicht davor, wegrationalisiert zu werden, und die Loyalität zur Firma ist entsprechend verschwunden. In einer Zeit, wo jeder sein eigener Karriereschmied und Mini-Unternehmer geworden ist, zählen Überstunden und Flexibilität mehr als Konstanz und Verlässlichkeit, mit dem Ergebnis, dass Kinder in den Augen der Chefs ein Minus und nicht mehr ein Plus sind.

Vor 30 Jahren wäre sie noch undenkbar gewesen, die Titelstory „Ruiniert Ihre Familie Ihre Karriere (und umgekehrt)?" in der *Fortune* vom 17. März 1997. Das Titelfoto zeigte ein schreiendes Baby, das sich an Mamas und Papas nadelstreifenbekleidete Beine klammert.

Obwohl neckischerweise die Transformation der Familie in ein kleines Unternehmen die grundlegenden Ähnlichkeiten zwischen Firma und Familie aufzeigt, wird die Familie immer seltener als Bild für das Geschäftsleben benutzt; stattdessen greift man zu Parallelen aus der Welt des Sports, Krieges und Schachspiels – eine unglückliche Entwicklung, hat doch die Familie im Leben der meisten Menschen einen zentraleren Stellenwert.

Der Psychologe William Pollack berichtete in der März/April 1994-Ausgabe des *Harvard Business Review* über seine Langzeitstudien mit Manager-Vätern. Er entdeckte eine starke positive Korrelation zwischen beruflichem Erfolg und Familiensinn, die er mit einer „beträchtlichen Überlappung zwischen den Fertigkeiten eines Erziehers und einer Führungskraft" erklärt:

> *„Moderne Führungskräfte ... brauchen kreative Visionen, emotionale Flexibilität, die Fähigkeit zu selbständigen Entscheidungen und die Fähigkeit, in Systemen, kreativen Netzwerken und Teams zu arbeiten. Sie müssen auch in sich fast ständig verändernden Strukturen Mitarbeiter mobilisieren und Ergebnisse erzielen können. Meine Beratertätigkeit und Forschungen haben mir gezeigt, dass es bei den Männern die erfolgreichen Väter sind, die diese Fertigkeiten am besten lernen und beherrschen."*

Alle möglichen Business-Bestseller versprechen uns, uns zu Meistern im Überzeugen, Planen, Verhandeln, Werte setzen, Sich informieren und im Umgang mit schwierigen Menschen zu machen. Aber sie schweigen darüber, wie man diese Fertigkeiten mit nach Hause nimmt.

Die Fertigkeiten, die Manager und Väter gemeinsam haben, hängen von der richtigen Kombination von Temperament, Einsatz und vor allem *Gewohnheit* ab. Wo wir keine Zeit zum langen Übergeben haben, sind es unsere Gewohnheiten, die in Fleisch und Blut übergegangenen Routinen, die unser Handeln bestimmen. Gewohnheiten sind so eingefleischt, dass es sehr schwer sein kann, sie zu verändern, aber oft entscheiden gerade sie zwischen Sieg und Niederlage.

Die wirklich guten Führungskräfte versuchen bewusst, nicht nach dem inneren Autopiloten zu fliegen. Doch manchmal geht einfach alles zu schnell, oder etwas scheint nicht wichtig genug zu sein, um es zu durchdenken, oder unsere Gewohnheiten gehen mit uns durch. In der Firma haben wir unsere Gewohnheiten im Umgang mit den Mitarbeitern meist in der Schule der Ausbildung und Erfahrung kultivieren können; zu Hause haben wir noch nicht einmal die neun Monate Vorbereitungszeit für das Kid-Managen, die unsere Frauen haben. Der Kernsatz dieses Buches lautet: *Um effektivere Väter zu werden, können und brauchen wir uns nicht von der Pike auf umzumodeln.* Wir sollten die Gewohnheiten, die wir in unserer Arbeit bereits erfolgreich internalisiert haben, nehmen und uns überlegen, wie wir sie zu Hause einsetzen können.

Um effektivere Väter zu werden, können und brauchen wir uns nicht von der Pike auf umzumodeln.

Was sind nun die Routinen und Fertigkeiten, die uns Karriere-Vätern zu Hause helfen können? Wir teilen sie am besten nach den vier Hauptaktivitäten ein, die unsere Arbeit im Büro ausmachen: Wir *sammeln Informationen, treffen* (auf der Basis dieser Informationen) *Entscheidungen, führen diese Entscheidungen aus* und *führen andere Menschen,* die das Gleiche tun. Jede dieser Aktivitäten verlangt andere, klar definierte Fertigkeiten, die wir täglich einsetzen – und die wie geschaffen dazu sind, glückliche, gesunde, erfolgreiche Kinder aufzuziehen.

Fähigkeiten zum Informationen Sammeln

Informationen sind der Lebensnerv jedes Unternehmens. Viele Firmen geben Millionen für die Speicherung von Daten aus, und wahrscheinlich verbringen Sie den größten Teil Ihres Arbeitstages mit dem Sammeln von Informationen. Aber sind Sie auch auf dem Laufenden über das, was in Ihrer eigenen Familie vorgeht? Wenn nicht, wundern Sie sich nicht, wenn Sie sich im Büro kompetenter fühlen.

Informationen sind der Lebensnerv jedes Unternehmens.

Zuhören. Wer im Beruf nicht zuhören kann (dem Chef, den Kunden, den Kollegen usw.), geht unter. Zuhören zeigt, dass wir den Anderen achten (selbst wenn er uns langweilt), und gibt uns die Chance, etwas Wichtiges zu erfahren. Es ist kein Zufall, dass wir *einen* Mund, aber *zwei* Ohren haben! Und zu Hause? Unsere Kinder haben uns oft Wichtigeres zu sagen als unsere Geschäftspartner - und sie haben weniger Menschen, denen sie es sagen können.

Lernen. Wer heute, wo alles sich so schnell verändert, nicht pausenlos lernt, erlebt den sicheren Karriere-Crash. Auch unsere Kinder verändern sich ständig. In der Firma wie in der Familie ist es wesentlich einfacher, auf dem Laufenden zu bleiben als Versäumtes nachzuholen.

Ausprobieren. Management-Guru Tom Peters sagt: „Wer innovativ sein will, muss eine sehr hohe Toleranz für Risiko *und* Scheitern haben.“ Wer keine Fehler macht, lernt nicht dazu, und Fehler, die einen nicht klüger machen, waren umsonst. Das gilt auch für den Vater. Haben Sie Mut zum Experiment – und führen Sie Buch über die Ergebnisse, damit Sie nicht die gleichen Fehler wieder machen.

Einfühlungsvermögen. Zuhören ist gut, aber dem anderen zeigen, dass Sie ihn verstehen (oder es wenigstens versuchen), ist noch besser. Verstehen führt zu besseren Entscheidungen, und wenn Ihr Gegenüber sich von Ihnen verstanden und ernst genommen fühlt, wird er sich Ihnen mehr öffnen. Was weder zu Hause noch im Büro ein Nachteil ist.

Eine Nase für Probleme. Es wäre schön, wenn unsere Mitarbeiter oder Kinder immer mit ihren Problemen zu uns kämen. Aber manchmal trauen sie sich nicht, oder es ist ihnen zu peinlich, oder sie merken gar nicht, dass etwas nicht stimmt. Waldbrände und Krisen in Firma und Familie beginnen meist klein. Also: Augen auf und auf die kleinen Warnzeichen achten!

Kritisch denken. Thomas Watson, der legendäre IBM-Direktor, nahm nie das *THINK*-Schild von seiner Wand ab. *Eine* Oberflächlichkeit oder voreilige Schlussfolgerung kann zwanzig gute Entscheidungen zunichte machen. Wenn Sie zu wenig Informationen haben, fragen Sie weiter. Mit Fragen signalisieren Sie, dass Sie sich ernsthaft um etwas kümmern, und entsprechend eher werden die anderen Ihr Urteil akzeptieren. Ob in der Firma oder zu Hause – brillante Entscheidungen sind nur scheinbar einfach.

Fähigkeiten zum Treffen von Entscheidungen

Wenn Sie Ihre Informationen beisammen haben, ist es Zeit, eine klare Entscheidung zu treffen – oder auch nicht. Manchmal ist auch Nichtstun eine Entscheidung, und wenn sie die falsche ist, dann ist rasches, energisches und klar begründetes Handeln der einzige Weg. Weder Mitarbeiter noch Kinder mögen bloße schöne Worte. Im Magazin *Business Week* erschien das folgende Lob auf Jack Welch von General Electric: „Welch sagt ‚ja' oder ‚nein', aber nie ‚vielleicht'."

Mit den nötigen Informationen können Sie Entscheidungen treffen.

Planen. In einer immer schnelleren Welt wird das kurz- wie langfristige Planen immer wichtiger. Wir brauchen Pläne für morgen: Wie gestalte ich die PR-Aktion auf der Fachmesse? Wie halte ich die Kinder vier Stunden lang im Auto beschäftigt? Und strategische Entscheidungen für die nächsten Jahre: Verkaufen wir eine Minderheitsbeteiligung an die Italiener? Sollten wir die Kinder auf eine andere Schule schicken?

Die richtige Balance zwischen kurz- und langfristigen Entscheidungen ist wichtig. Jack Welch: „Man kann nicht morgen wachsen, wenn man heute nichts zu essen hat. Jeder kann für heute managen. Oder für übermorgen. Die eigentliche Kunst ist die Balance zwischen beidem.“ Was auch in der Kindererziehung gilt. Vorbeugen ist meist billiger als Heilen, und wer seinen Kindern heute jeden Wunsch erfüllt, darf sich nicht wundern, wenn sie im späteren Leben unter die Räder kommen.

Im Geschäftsleben haben bekanntlich unterschiedliche Personen unterschiedliche Zeitrahmen. Der Horizont des Rentenhändlers reicht womöglich nur bis zum nächsten Tag, während der Einzelhandelskaufmann auf Jahrzehnte plant. Der richtige Zeitrahmen für die Kindererziehung ist das ganze Leben (das des Kindes natürlich).

Kreativität. Die Manager-Ratgeber sind voll des Lobes für innovatives Denken, und dies aus gutem Grund. Unsere Kreativität kann nicht nur die Verkaufsstatistiken ankurbeln und Konflikte lösen, sie macht uns auch zu angenehmeren Partnern. Ob am Schreibtisch oder beim Familienabendessen – nichts löst Probleme so wie eine brillante Idee, die man aus dem Ärmel schüttelt.

Initiativen ergreifen. Trip Hawkins war 1982 unzufrieden mit seinem Job bei Apple. Aber was tun? Dann sah er sich eines Tages den Cartoon an der Wand seines Büros genauer an. Er zeigte zwei Geier, die auf einem Ast saßen, und der eine sagte zu dem anderen: „Ich hab das Warten satt. Komm, wir schnappen uns was!“ Trip erkannte, dass er sich seine große Chance selber basteln konnte, und verließ Apple, um Electronic Arts zu gründen, das heute jährlich Videospiele für 700 Mio. Dollar verkauft. Agieren, nicht reagieren (oder herumsitzen, bis man handeln *muss*), ist der Schlüssel zum Erfolg – in der Firma wie in der Familie.

Das Chaos beherrschen. Die Zeiten sind vorbei, wo die Konkurrenzlandschaft sich im Zeitlupentempo veränderte. Die Firma, die heute ganz oben ist, kann schon morgen ganz unten sein. Das heutige Geschäftsleben ist ein Vulkan und ein Chaos – exakt wie die meisten Familien mit Kindern.

Problemen auf den Grund gehen. Nicht nur Psychiater wissen, dass schwache Leistungen verborgene Ursachen haben können. Ihre

Starverkäuferin tut sich schwer mit dem neuesten Produkt; könnte es sein, dass sie kein Vertrauen in den neuen Produktmanager hat? Sie wissen, dass sie der Sache nachgehen müssen, und das sofort. Tun Sie das – auch bei Ihrem Jüngsten, der solche Angst vor Mathematikarbeiten hat.

Krisen-Management. Viele Manager punkten gerade in Krisen. Die Nerven zu behalten, wenn die Verkaufszahlen nach unten gehen oder das Fieber des Vierjährigen nach oben, kann Ihr Image dauerhaft heben. Viele erinnern sich noch, wie gut Johnson & Johnson 1982 seine Tylenol-Krise meisterte. Und wie schlecht Intel 1995 seinen Pentium-Virus. Wer in seiner Familie rechtzeitig (*vor* der Krise) für den richtigen Teamgeist und die richtigen Notfallpläne sorgt, kann dann, wenn die Probleme kommen, richtig reagieren und den Schaden begrenzen. Kann sein, dass Ihre Familie sogar gestärkt aus der Krise hervorgeht.

Fähigkeiten zum Ausführen von Entscheidungen

Die beste Entscheidung ist sinnlos, wenn man sie nicht ausführt. Die Geschichte der Firmenflops ist voll von wunderbaren Plänen, die nur leider nicht durchgezogen wurden. Kein Unternehmen und schon gar kein Kind lässt sich vom Ruhesessel aus managen.

Die beste Entscheidung ist sinnlos, wenn man sie nicht ausführt.

In Karriere wie Familie ist bleibender Erfolg ein Jahrzehnte-Marathon, und wie bei jedem Langstreckenlauf müssen Sie manchmal einen Sprint einlegen, manchmal einen Boxenstopp machen, meistens ein gleichmäßiges Tempo halten, aber vor allem auf Kurs bleiben. Wie die Entscheidungen selber, verlangt auch ihre Ausführung einen ständigen Balanceakt zwischen Kurz- und Langfristig, Schnell und Richtig.

Effizienz. Die Mangelware Zeit will weise eingeteilt werden. Richtige Prioritäten und diszipliniertes Zeitmanagement können den Unterschied zwischen Mittelmaß und Exzellenz ausmachen. Dies gilt doppelt zu Hause, wo unsere Zeit noch knapper bemessen ist als im Büro.

Verlässlichkeit. Wir alle brauchen Geschäftspartner, die uns vertrauen. Sie müssen wissen, dass wir ehrlich sind und dass unser Wort gilt. Dies gilt noch mehr zu Hause. Ihre Kinder brauchen einen Vater, der verlässlich ist.

Selbstbeherrschung. Wer einer Firma oder Familie vorstehen will, muss erst einmal sich selbst beherrschen. Selbstbeherrschung bedeutet: Denke, bevor du redest, nimm Rücksicht auf die anderen, tue das, was richtig ist, und nicht das, wonach es dich juckt. Mit Selbstbeherrschung dienen Sie sich selber am meisten: Sie tun nichts Übereiltes oder Kurzsichtiges und geben den Menschen, mit denen Sie leben müssen, das richtige Beispiel.

Richtig delegieren. Der gute Manager weiß, wann er eine Aufgabe abgeben muss und wann besser nicht. Manche Dinge sind zu sensibel zum Delegieren, bei anderen macht das Delegieren und Kontrollieren mehr Arbeit, als wenn man alles selber macht. Als Vater stehen Sie ständig in Gefahr, Zeit sparen zu wollen, indem Sie die Erziehung an Ihre Frau, den Fernseher oder den Computer abgeben. Aber bei manchen Dingen geht es ohne Vater einfach nicht.

Verhandlungsgeschick. Zitat aus einer Werbung: „Der Mensch kriegt nicht das, was er verdient, sondern was er sich erhandelt." Im Geschäft benötigt jede Transaktion Verhandlungen. In der Familie ist das anders, dank der Liebe und Achtung Ihrer Kinder vor Ihnen, Ihrer Macht über ihr Leben und der Tugenden, die Sie Ihnen zu vermitteln versuchen, aber mal ehrlich: *Immer* funktionieren diese drei Dinge nicht, und dann ist, ja, Ihr Verhandlungsgeschick gefragt.

Respekt. Geschäftspartner haben einen siebten Sinn für verächtliches und herablassendes Verhalten. Ihre Kinder auch. Wenn Sie sie respektvoll behandeln (respektvoll, nicht wie Erwachsene!), werden sie Sie mit einem anständigeren Verhalten belohnen. Behandeln Sie sie dagegen wie Luft oder schreien sie ständig nur an, dürfen Sie sich über das Ergebnis nicht wundern.

Fähigkeiten zum Führen von anderen

Kein Vater und kein Manager ist eine Insel. Sie können alle Informationen der Welt haben, die weisesten Entscheidungen treffen und brillant ausführen und trotzdem noch auf die Nase fallen, wenn es Ihnen nicht gelingt, Ihre Mitarbeiter richtig zu führen. Ab einem bestimmten Niveau sind wir für die Erfüllung der Aufgaben, für die wir verantwortlich sind, auf Mitarbeiter angewiesen. Wer ist schuld, wenn Ihre Untergebenen in der Firma ständig Mist bauen? *Sie*. Und wenn Ihr Kind in der Drogenszene landet, fragen die Leute sich, was *Sie* bloß falsch gemacht haben ...

Trotz der besten Information und der weisesten Entscheidungen können Sie scheitern, wenn Sie Ihre Mitarbeiter nicht richtig motivieren können.

Motivation. Bekanntlich reicht der Gehaltsscheck nicht aus, um Ihren Mitarbeitern jenes Quäntchen Extra-Leistungsbereitschaft zu entlocken, das Sie von ihnen brauchen. Das Bedürfnis nach nichtfinanziellen Anreizen hat eine ganze Industrie von Firmenpostern, T-Shirts, Ansteckern etc. entstehen lassen, doch ohne einen mitreißenden Führungsstil sind dies wertlose Nippsachen. Nun, Ihre Kinder bekommen noch nicht einmal ein Gehalt; sie brauchen jeden Ansporn von Vater, den sie kriegen können, wenn sie die lebenslange Jagd nach dem großen Glück durchstehen wollen.

Autorität. Als Direktor oder Vater haben Sie das Recht, Anweisungen zu geben, aber ob sie befolgt werden, hängt von der Autorität ab, die Sie Ihren Mitarbeitern gegenüber verströmen. Wie bekommt man Autorität? Durch faire Regeln, die durchgesetzt werden, mit klaren positiven und negativen Anreizen. Und durch Zuhören, Einfühlungsvermögen, Verlässlichkeit und Selbstbeherrschung. Ohne Autorität sitzen Sie bei Konflikten oder wenn Sie etwas brauchen auf dem Trockenen.

Toleranz. Disziplin hat ihren Platz, aber Sie müssen auch wissen, wann Sie besser ein Auge zudrücken. Reizbarkeit und starrer Perfektionismus führen zu Reibungsverlusten und können Autorität untergraben. In der Firma bewahrt etwas Geduld Sie vor unnötigem Frust und hoher Personalfluktuation; zu Hause kann sie Ihre Familie retten.

Der Geschäftsmann, der sich mit „kreativen" Typen wie Grafikern oder Software-Entwicklern auskennt, ist hervorragend geeignet für den Umgang mit Kleinkindern und Teenagern, die gerade so wie die Kreativen alles daran setzen, zu zeigen, dass sie *nicht* so sind wie wir. Und die uns gleichzeitig imitieren und manchmal heimlich für uns schwärmen. Die schnellste Methode, die erstaunliche Energie der Kids und der Kreativen von Grabenkämpfen weg und in positive Kanäle zu lenken, besteht darin, Festigkeit mit einem Schuss Toleranz und Verständnis zu würzen.

Werte. Ob sie es weiß oder nicht: Jede Firma hat ihre „Kultur". Als Manager wie als Vater entscheiden Sie mit darüber, ob Sie einer starken Kultur vorstehen, die zu den Werten passt, an die Sie glauben, oder einer werteschwachen Kultur. Welche ist wohl die bessere?

Mentoring. Mentoring in der Firma ist moralisch richtig, besonders wenn Sie selber auf Ihrem Weg nach oben davon profitiert haben. Und es ist klug, denn Sie bekommen damit bessere Arbeit und bauen Solidarität auf. Beide Aussagen gelten zehnfach, wenn es darum geht, Ihren Kindern zu helfen, ihr Potenzial zu entfalten (wohlgemerkt: nicht so zu werden wie Sie oder wie Sie es sich erträumen, sondern das zu werden, wozu sie das Zeug haben).

Teamarbeit. Der Manager, dem es nicht gelingt, seine Leute zu einem Team zusammenzuschweißen, kann bald seinen Hut nehmen. Zwei Geschwister zu Partnern zu machen, ist noch viel schwieriger – und wichtiger, denn Sie bereiten sie auf eine Welt voller potenzieller Freunde und Rivalen vor.

Führung. *Führung ist jene weder greif- noch kalkulierbare Mischung aus Vision und Charisma, die Menschen zu Höchstleistungen anspornt.* Unter der Führung von Lou Gerstner erstand IBM wie ein Phönix aus der Asche, auf den Flügeln von Gerstners Vision des Netzwerkcomputers als Werkzeug für „E-Business".

Führung ist jene weder greif- noch kalkulierbare Mischung aus Vision und Charisma, die Menschen zu Höchstleistungen anspornt.

Familien brauchen Führung genauso dringend wie Firmen, aber Führung kommt nicht über Nacht. Sie braucht ein Fundament des Vertrauens, der Autorität, der gemeinsamen Werte und Ziele. Bildung und Erziehung ist daher sowohl eine Funktion als auch ein Fundament des Führens. Wie J.F. Kennedy in der Rede schrieb, die er am 22. November 1963 nicht mehr halten konnte: „Führen und Lernen brauchen einander."

*****

Das sind sie also, die Eigenschaften und Fertigkeiten, ohne die der beste Chef aufgeschmissen ist. Und jetzt frage ich Sie: Wo setzen Sie diese Fertigkeiten mehr ein – zu Hause oder bei der Arbeit? Vermutlich geht es Ihnen wie den meisten von uns. Die einen Fertigkeiten setzen Sie mehr in der Familie ein, andere wiederum verstärkt in der Firma. Oder Sie setzen sie in beiden ein, aber in der Firma bewusster, weil die Kommunikation mit den Kids oft so emotional ist. Aber auf jeden Fall: Wenn diese Fertigkeiten Ihnen in der Firma so gute Dienste leisten, wäre es doch schade, sie nicht mit nach Hause zu nehmen.

Pfarrers Kinder, Müllers Vieh?

Sicher stellen Sie sich schon längst die folgende Frage: Wenn die Fertigkeiten eines Managers so gut für die Familie sind, warum gibt es dann so viele Business-Stars, die bei ihren Kindern jämmerlich versagen? Wir kennen sie doch, jene Exemplare, die mit Wonne Termine auf den Abend legen und Überstunden machen, aber nur vielsagend seufzen, wenn man sie fragt, was ihre Kinder machen. Ist es also doch nichts mit den familienfreundlichen Manager-Fertigkeiten?

Erziehen ist schwerer als die Arbeit in der Firma.

Die gängige Erklärung, dass diese Väter-Flops halt keine Zeit und Kraft für die Familie haben, zäumt das Pferd von hinten auf.

Karriere-Väter, die gerne bei ihren Kindern sind, finden auch die Zeit dazu, und oft sind sie auch in der Firma die besseren Vorgesetzten (dazu mehr im Kapitel "Wenn Mann zwei Berufe hat"). Wer sich in der Vaterrolle kompetent fühlt, investiert Zeit in sie. Nein, die schlichte Antwort ist, dass das Erziehen der Arbeit in der Firma entspricht – nur ist es viel schwerer. (Oder hat ihnen jemand erzählt, Vatersein sei leicht? Von welchem Planeten war er?)

Generäle von Verlierer-Armeen sind notorisch bekannt dafür, dass sie immer „den Krieg von gestern kämpfen", d.h. blind die Taktik anwenden, die früher funktioniert hat, und sich nicht um die Veränderungen in Terrain, Technologie oder beim Feind kümmern. Wenn Sie nach Hause marschieren und sklavisch das tun, was im Büro die richtigen Ergebnisse brachte, werden Sie geschlagen.

Das klassische Hollywood-Beispiel für diesen Fehler ist George Banks, der Banker und Vater in *Mary Poppins*, dessen Devise lautet: „Eine britische Bank funktioniert wie ein Uhrwerk, und in einer britischen Familie muss es genauso sein." Seine Kids gehen ihm aus dem Weg, bis die Dame mit dem Schirm ihn auf die Füße stellt. Aber es gibt nur zu viele Beispiele auch im wirklichen Leben. Joe K., ein erfolgreicher Film-Manager, sagte mir einmal: „Kindererziehung funktioniert gerade so wie das Geschäft. Wenn meine Töchter etwas von mir wollen, müssen sie mir erst einen Kuss geben." Im Geschäftsleben mag es ja funktionieren (oder auch nicht), nie etwas zu geben, ohne etwas dafür zu bekommen; zu Hause erleidet man so mit Sicherheit Schiffbruch.

Die folgende Tabelle fasst zusammen, worauf Väter achten müssen, die ihre beruflichen Fertigkeiten zu Hause anwenden möchten. Wie Sie sehen werden, müssen wir bei allen oben erwähnten Fertigkeiten die „Dosis" erheblich steigern, damit sie für die Schwerarbeit des Vaterseins taugen.

Fertigkeit	In der Firma	Zu Hause
Informationen sammeln		
Zuhören	Ihre Kollegen können sich meist verständlich machen.	Kinder kommunizieren oft nichtverbal.
Lernen	Fachzeitschriften, Memos und andere Quellen kommen regelmäßig auf Ihren Schreibtisch.	Sie müssen sich die meisten Daten suchen (Ausnahme: Vor-Ort-Training).
Ausprobieren	Begrenzte Risiken, Ergebnisse berechenbar.	Nachteile können traumatisch sein, Sie erfahren womöglich nie, ob es geklappt hat.
Einfühlungsvermögen	Sie und Ihre Kollegen leben in derselben Welt.	Kinder leben in einer anderen Welt.
Eine Nase für Probleme	Auf dem Weg von der Kaffeemaschine kommen Sie zwanglos an den Schreibtischen der Kollegen vorbei.	Unangemeldet in das Zimmer eines Teenagers treten ist riskant.
Kritisch Denken	Neugierde ist hilfreich.	Tiefer Bohren kann einem übelgenommen werden.
Entscheidungen treffen		
Planen	Sie kennen Ihre Kollegen.	Kinder sind unberechenbar.
Kreativität	Die einzige Fertigkeit, die im Büro schwieriger ist.	Kinder belohnen Kreativität instinktiv.

Initiativen ergreifen	Das Geschäftsleben belohnt kühne Schritte.	Kinder haben so viele Bedürfnisse, dass schon das Reagieren stressig sein kann.
Das Chaos beherrschen	Das Chaos ist da, aber meist wartet es höflich vor ihrem Büro. Ihre Schulung hilft.	Das Chaos ist ein ständiger Begleiter. Keine Schulung möglich.
Problemen auf den Grund gehen	Kollegen geben meist zu, wo der Schuh drückt, wenn man sie fragt.	Kinder können oft nicht sagen, was das Problem ist.
Krisenmanagement	Krisen kommen und gehen; Sie sind an sie gewöhnt.	„Um Leben oder Tod" ist zu Hause nicht immer nur ein Bild.
Entscheidungen ausführen		
Effizienz	Kollegen rudern mit; sie respektieren Effizienz.	Kinder sind nicht für Effizienz gebaut; sie trauen dem Braten nicht.
Verlässlichkeit	Im Büro kann man Stimmungsschwankungen meist kaschieren.	Kinder studieren Ihre Stimmungen mit Begeisterung.
Selbstbeherrschung	Im Büro muss man sich benehmen.	„Zu Hause kann ich mich so geben, wie ich bin."
Richtig delegieren	Sie haben Sekretärinnen, Untergebene, Auszubildende ...	Vatersein kann man nicht delegieren.
Verhandlungsgeschick	Beide Seiten neigen zu rationalem Verhalten.	Gefühle kommen häufig hoch.

Respekt	Erwachsene schätzen es, wenn sie respektiert werden.	Kinder denken, Respekt heißt, sie können machen, was sie wollen.
Andere führen		
Motivation	Sie können Geld, Anerkennung, Sondervergünstigungen und Sonderurlaub anbieten.	Sie wissen nie, ob Ihre Anerkennung nicht das Gegenteil von dem bewirkt, was Sie wollten.
Autorität	Die Grenzen sind abgesteckt. Wer nicht kooperiert, kann gekündigt werden.	Kinder konnten sich nicht aussuchen, ob sie geboren werden wollten. Man kann sie nicht entlassen.
Toleranz	Untergebene verhalten sich entgegenkommend und respektvoll.	Kinder wissen, wie Sie sie ärgern können, und testen ihre Grenzen.
Werte	In der Firma sind Werte zum Teil vorgegeben.	Eltern sind für die Werteerziehung der Kinder verantwortlich.
Mentoring	Protegés schätzen Ihren Rat (oder tun so).	Kinder nehmen Ihren Rat für selbstverständlich.
Teamarbeit	Untergebene sehen die Logik des Zusammenarbeitens.	Kain und Abel waren Brüder ...
Führung	Ihre Kollegen teilen Ihre Grundziele: die Firma voranbringen, sein Geld bekommen, sich wohl fühlen.	Es geht um das Leben Ihrer Kinder, und darüber haben diese ihre eigenen Ansichten.

Die meisten der hier aufgelisteten Fertigkeiten lassen sich zu Hause schwieriger umsetzen als im Büro. Dies bedeutet: *Der Schlüssel zum Erfolg besteht darin, sich in Büro und Familie nicht exakt gleich zu verhalten, sondern in beiden Bereichen dieselben Prinzipien anzuwenden.* Firma und Familie sind Ihre beiden wichtigsten Lebensbereiche; Sie können in beiden erfolgreich sein!

Nicht das gleiche Verhalten, sondern das Anwenden gleicher Prinzipien ist der Schlüssel zum Erfolg.

Das Organigramm

Warum es mit Papa besser geht

Ihre Aufgabe

Wir sind also wild entschlossen, gute Väter zu werden, und wir wissen, dass wir als Karriere-Väter über gewisse Geheimwaffen verfügen. Die nächste Frage ist für viele Väter: Was ist meine Aufgabe? Wie teilen meine Frau und ich uns die Arbeit auf? Wo ist mein Platz in der Firma „Familie"?

Wussten Sie schon, dass bereits Kleinkinder recht genaue Organigramme zeichnen können? Hier eine typische Zeichnung eines Fünfjährigen, dessen Vater zu Hause ein Randsiedler ist:

In Kinderzeichnungen sind die wichtigen Dinge größer und mittiger dargestellt. Der Vater in diesem Bild mag 1,90 Meter groß sein, aber im Leben des Kindes zählt er wenig. Wenn dieser Vater das Bild sehen könnte, würde bei ihm vielleicht ein Groschen fallen.

Wir können dieses Organigramm auch „erwachsener" zeichnen – so:

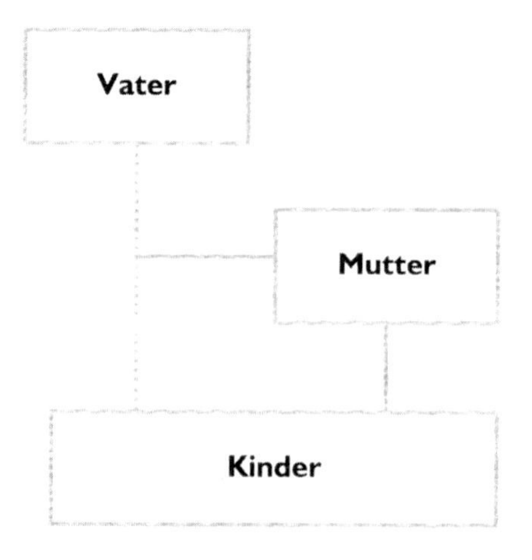

Die Randposition und die gestrichelte Linie deuten die Entfernung des Vaters von den Kindern an. Das Schema ist eine gute Beschreibung der im 1. Kapitel beschriebenen „klassischen" Situation, wo die Haupterzieherin die Mutter war und der Vater die Brötchen verdiente und den Kindern bei Bedarf den Hintern versohlte. Die eigentliche Erziehungsarbeit war (vielleicht bis auf etwas Fußballtraining mit dem Sohn) ganz einfach nicht Vaters Ressort. Wenn dieses Diagramm Dienstbezeichnungen enthielte, wäre die Mutter gleichzeitig Betriebsleiterin und Geschäftsführerin. Der Firmenchef war natürlich Vater persönlich, aber sein Beitrag zur Erziehungsarbeit war oft minimal. Im Extremfall beschränkte sich seine Rolle auf die des Finanz- und Polizeiministers. Ist das die Position, die *Sie* in Ihrer Familie einnehmen möchten?

Obwohl es ja in den alten Zeiten mit den festen Vater- und Mutterrollen irgendwie einfacher war. Heute, wo wir so viel Wahlfreiheit in unserer Lebensgestaltung haben, wird die Arbeitsteilung in einem permanenten, komplizierten Prozess zwischen den Beteiligten ausgehandelt. Die Männer empfangen dabei gemischte Signale aus der Gesellschaft: Die einen erwarten mehr von den Vätern als früher, andere betrachten sie nach wie vor als bloße Anhängsel.

Wie machen wir das also – Väter sein in dem heutigen Klima? Viele von uns haben immer noch gelernt, dass Erziehen und Kinder überhaupt Frauensache und sozusagen unmännlich seien. (Das ist mit ein Grund dafür, dass man in Männerzeitschriften so wenige Artikel über Kindererziehung findet, während die Frauenmagazine voll davon sind.) Wenn solche Männer einmal ein paar Stunden den Sprössling hüten müssen, weil die Umstände oder Mutters Nerven es erfordern, bezeichnen sie sich nervös als „Babysitter", um zu zeigen, dass dies nicht ihre eigentliche Aufgabe ist. Sie lieben ihre Kinder natürlich, aber nur innerhalb gewisser enger Grenzen.

Erziehung ist Elternsache.

Für mich ist so ein Vater, der sich als „Babysitter" empfindet, ein trauriges Beispiel für eine verpasste Chance. Aber das denken Sie wahrscheinlich auch, sonst würden Sie dieses Buch nicht lesen. Sie haben es lieber, wenn Ihre Kinder das folgende Organigramm zeichnen:

Oder, in der Profi-Version für McKinsey & Co.:

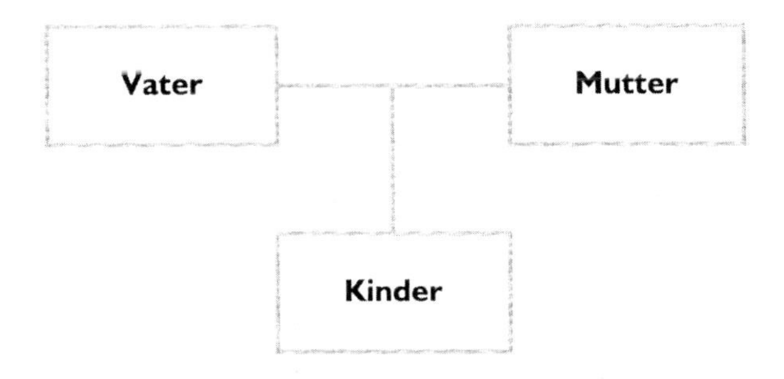

Erziehung ist Elternsache, nicht Müttersache. Zahlreiche Studien über Kinder, deren Väter nicht präsent sind, zeigen, dass sie (auch nach Berücksichtigung solcher Dinge wie Familieneinkommen und Schulbildung) ausgesprochen benachteiligt sind. Auch der äußerlich präsente, aber innerlich eher unbeteiligte Vater hat einen negativen Einfluss auf solche Dinge wie Intelligenz, Humor, Selbstachtung, Lernmotivation des Kindes und andere wichtige Faktoren.

Die Plattitüde, dass zwei Köpfe besser sind als einer, passt perfekt auf die Kindererziehung, besonders wenn der eine Kopf männlich und der andere weiblich ist. Um Missverständnissen vorzubeugen: *Ein guter Vater zu sein bedeutet nicht, dass man das Bemuttern lernt.*

Ein guter Vater muss nicht die bessere Mutter sein.

Mütter sind weise, wunderbar und unerlässlich, aber sie sind nicht die einzige Art Elternteil, die Kinder brauchen. Männer und Frauen sehen die Welt mit unterschiedlichen Augen, wie unsere tägliche Berufserfahrung zeigt, und Kinder, die nur die eine Seite kennen lernen, verpassen viel. Im Folgenden einige Gründe, warum das so ist.

Vatersein ist Männersache

Mit Papa kann man so schön toben. Väter sind die geborenen Spieler und Balger. Mit Papa toben – das ist gerade die richtige Kombination von Albern sein und Schmusen. Kissenschlachten und Ringkämpfe auf dem Bett, später dann Fangen spielen und anderes sind auch gut für die körperliche Entwicklung des Jungen (und Mädchens!). Kinder sind in dieser Hinsicht ein wenig wie Tigerjunge, die sich stundenlang herumbalgen können und dabei durchaus ernste Fähigkeiten (wie sich anschleichen und auf die Beute stürzen) einüben.

Mit Papa toben – das illustriert auch perfekt, warum *man als engagierter Vater kein Gramm seiner Männlichkeit aufgeben muss.* Viele Väter haben ja Angst, sie könnten zu „weich“ werden oder nicht mehr attraktiv genug für ihre Frau sein, wenn sie sich zu viel mit den Kindern abgeben. Keine Bange: Solange Sie sich selber als Mann und Vater treu bleiben und nicht die Vizemutter spielen wollen, wird Ihnen dergleichen nicht passieren.

Väter sind stark. Es gibt eine rührende Anekdote über J.F. Kennedy, als er noch ein Junge war. Kurz nach der Beerdigung seines Vaters fragte er William Haddad, einen Freund der Familie: „Bist du ein Papa?" Als Haddad dies bejahte, fuhr er fort: „Kannst du mich dann mal in die Luft werfen?" Er vermisste seinen Vater und brauchte etwas, das nur ein Vater ihm geben konnte.

Männer haben die Körperkraft, um ihre Kinder hoch in die Luft zu heben und Fliegen spielen zu lassen. Sie können sie meilenweit huckepack tragen - ein tolles Erlebnis für das Kind, das sich doch als so klein und schwach erlebt. Auf Papas Schultern bin ich in Sicherheit ... Sigmund Freud schrieb einmal: „Ich kenne kein stärkeres Bedürfnis des Kindes als das nach den starken Armen des Vaters." Als mein Sohn Benjamin zwei Jahre alt war, war es der Schock seines Lebens, als ich seinen sechsjährigen Vetter huckepack nahm – das war doch *sein* Platz!

Väter überbehüten nicht. Kinder sind die geborenen Abenteurer und Forscher, aber viele Mütter gehen (mit ihren neun Extramonaten Behütungstraining und Tausenden von Jahren der sozialen Konditionierung) lieber ganz auf Nummer Sicher. Kinder brauchen einen Vater, der sagt: „Lass sie doch ruhig auf der Mauer laufen. Das ist nicht zu hoch, und wenn sie fällt, fang' ich sie auf." (Merke: Manchmal sind die Instinkte Ihrer Frau richtig. Karriere-Väter leben von kalkulierten Risiken, aber das Risiko ist ungleich höher, wenn es um das Leben Ihrer Kinder geht.)

Väter setzen Regeln durch. Beide Eltern sollten in der Erziehung konsequent sein (siehe das Kapitel über Konfliktlösung), aber oft gibt es Ermessensbereiche. In diesen Fällen – so manche Experten - lassen die Mütter oft mildernde Umstände vor Recht ergehen, während die Väter eher auf dem Buchstaben des Gesetzes beharren. Beide Einstellungen haben etwas für sich: Von ihrer Mutter lernen die Kinder in solchen Situationen, was Sensibilität und Gnade ist, vom Vater lernen sie die Achtung vor Regeln und Gesetzen, die jedes soziale Wesen braucht.

Jungen brauchen männliche Rollenvorbilder. Jungen identifizieren sich mit ihrem Vater, und dies um so mehr, als sie sich von der Mutter distanzieren, um ihre männliche Identität zu finden. Ohne das Rollenvorbild „Vater" riskieren Jungen zwei Extreme: Entweder sie werden überaggressiv oder sie lernen nie, sich durchzusetzen. Ihr Junge beobachtet Sie ständig: wie Sie Probleme lösen, Frust bewältigen, Verantwortung wahrnehmen, mit Frauen umgehen. Solange Sie ihn nicht vom Gegenteil überzeugen, ist sein Motto: „Im Zweifelsfall mach's wie Vater."

Mädchen auch. Mindestens einmal im Jahr lese ich ein Loblied einer Spitzenmanagerin auf ihren Vater: wie er ihr das richtige Denken und Handeln in Leben und Beruf beibrachte. Studien zeigen, dass Töchter mit Vätern, die sich um sie kümmern, besser in Mathematik, logischem Denken und anderen „männlichen" Disziplinen abschneiden. Aber Sie sind noch auf einem anderen Gebiet das Rollenvorbild Ihrer Tochter: als Prototyp ihres Ehemannes, denn Sie machen Ihr vor, was Männlichkeit ist. Begegnen Sie ihr mit der Herzlichkeit, Bewunderung und Achtung, die sie verdient, und sie wird sich einen Mann suchen, der ihr das Gleiche bietet. Wenn sie Sie dagegen als distanziert, gleichgültig oder unredlich erlebt, wird sie denken, dass alle Männer so sind, und ihre Erwartungen entsprechend herabschrauben.

Kinder brauchen Rollenvorbilder. Nicht alles, was Sie an Ihre Kinder weitergeben, ist geschlechtsspezifisch. Solche Tugenden wie Ehrgefühl, Barmherzigkeit, Würde, Liebe und Selbstdisziplin kommen nicht vom Mars oder von der Venus, sondern vom Himmel oder der Erde. Je mehr Beispiele für diese Dinge die Kinder haben, um so besser. Sie und Ihre Frau können hier ideal zusammenarbeiten und ganz nebenbei Ihren Junioren zeigen, wie zwei Menschen guten Willens gemeinsam ihr Leben gestalten können.

Besonders wichtige Vorbilder sind Karriere-Väter für solche Kinder, die später selber ins Wirtschaftsleben gehen. 1998 wurden im *Fuqua Report,* einem alle zwei Jahre erscheinenden Gutachten über Top-Studienabsolventen in den USA, die künftigen Wirtschaftsbosse gefragt, welche Person sie am meisten bewunderten. Vater führte das Feld mit 11 Prozent an, klar in Führung vor Bill Gates (5 Prozent). Und die sechs wichtigsten Dinge im Leben dieser Absolventen waren: Ehe, Gesundheit, Moral, Karriere, Freizeit und Kinder. Sie müssen gute Väter gehabt haben ...

Tief Luft holen!

Unsere Kinder brauchen uns zu verschiedenen Zeiten auf verschiedene Weise, aber nie sind ihre Ansprüche ein größerer Schock für uns als kurz nach der Geburt. Als unsere beiden Sprösslinge ankamen, ähnelte unsere Wohnung alsbald einer Entbindungsstation nach einem Hurrikan. Benjamin wurde pünktlich zwei Tage vor einer großen Investorenkonferenz, die ich organisiert hatte, geboren. Seine Ankunft stellte unsere Welt auf den Kopf. Und als wir den Eindruck hatten, dass sie langsam wieder auf die Füße kam, erschien Leila auf der Bühne.

Lassen Sie sich nicht täuschen von den großen Kulleraugen und dem süßen Geplappere Ihres Babys. Babys sind im Wesentlichen Dauergäste mit mangelhafter Hygiene, die zu den unmöglichsten Zeiten bedient werden wollen. Gerade für uns Karriere-Väter bedeuten sie eine neue, unheimliche Herausforderung. Wir sind es gewohnt, immer die „Macher“ zu sein und jeden Augenblick zu nutzen. Aber Babys entwickeln sich in winzigsten Schritten, die nur solche Väter wahrnehmen, die sich viel Zeit für sie nehmen. Die übrigen fragen sich glatt, ob es nicht Zeitvergeudung ist, wenn sie sich mit den Winzlingen beschäftigen.

Ein Baby ist so ganz anders als ein Problem in der Firma. Es braucht entwaffnend wenig (Füttern, Baden, ins Bett legen) – und doch so viel (Beruhigen, Spielen, Vorsingen, Lieben). Der Action-gewohnte Karriere-Vater muss lernen, für jemanden da zu sein, ohne ständig etwas zu „tun“.

Ein Baby ist so ganz anders als ein Problem in der Firma.

Das Hilflosigkeitsgefühl kann verschiedene Formen annehmen. Die einen Väter fühlen sich inkompetent, die anderen frustriert, weil der Job nie fertig ist, die Dritten stellen schlechten Gewissens fest, dass sie den Junior langweilig finden. Worauf viele das Handtuch werfen und jedes Mal, wenn es wieder keine richtige Antwort auf die Frage „Was mache ich jetzt?" gibt (also so ziemlich für den Rest der Kleinkindphase), das Kommando an ihre Frau abgeben. Wenn das Kind erst einmal ein paar vernünftige Worte sprechen kann, kann man es ja wieder versuchen. Meinen sie.

Dies ist eine Falle, und wer in sie hineinfällt, verpasst seine Chance, eine Vertrauensbasis mit dem Kind (und seiner eifersüchtigen Mutter) aufzubauen. Es baut einen Vater ungemein auf, wenn er etwa entdeckt, dass *er* ja das Baby auch beruhigen kann, wenn es schreit. Bei jedem neuen Kind muss er sein eigenes Geleise finden, sonst wird das Kind ihn (womöglich für den Rest seines Lebens) als blasse zweitklassige Kopie der Mutter betrachten. Väter, die die Babyjahre ihrer Kinder „aussitzen", verpassen nicht nur viel Schönes, sondern auch den Anschluss an die Erziehungskompetenz ihrer Frau und an die Bedürfnisse des Kindes.

Väter, die die Babyjahre aussitzen, verpassen den Anschluss.

Wenn Sie ein Hellseher wären und *wüssten*, dass das Projekt X eines Tages das Flaggschiff Ihrer Firma sein wird – würden Sie es ablehnen, sich an der stressigen Phase der ersten Planungen und Versuche zu beteiligen, und stattdessen Ihren Mitarbeitern sagen: „Okay, ruft mich an, wenn es interessant wird"? Es wäre der sichere Karriere-Selbstmord! Nun, in Ihrer Familie *haben* Sie dieses Vorauswissen über Ihr Paradeprojekt (eben Ihre Kinder). Steigen Sie also ein, bevor es zu spät ist!

Aber es ist nicht einfach, das Baby-Projekt. Von dem Augenblick an, wo sie in Ihr Haus schneien, *brauchen* die Kleinen Sie. Wie fühlen Sie sich angesichts dieser ungeheuren Verantwortung? Es ist ja ganz schön, gebraucht zu werden, aber manchmal kommen wir uns wie Gefangene vor; *so* hatten wir uns das nicht vorgestellt ... Diese väterliche Platzangst ist normal und verständlich, aber sie will verar-

Seien Sie ehrlich gegenüber Anlaufproblemen und Leidensdruck.

beitet werden. Vatersein, das ist tatsächlich schwer. Und immer wieder lästig.

Nehmen Sie sich die Zeit, Ihre verlorene Freiheit zu betrauern. Lernen Sie das Loslassen. Seien Sie ehrlich zu den anderen in der Familie, damit Sie sie als Verbündete gewinnen können. Stellen Sie sich die Einarbeitungszeit nicht einfach vor, aber geben Sie auch nicht auf. Vergessen Sie vor allem nicht, dass Sie nicht der einzige Elternteil sind. Wenn Sie und Ihre Frau sich ehrlich über Ihre Anlaufprobleme austauschen, werden Sie sich gleich besser fühlen. Und wissen, was der andere an Unterstützung braucht. Verlieren Sie nie Ihren Humor, und machen Sie sich zu eigen, was Vergil seinen Helden Aeneas seinen Mannen zurufen lässt: „Vielleicht denkt einstens gerne ihr zurück an das, was jetzt euch lauter Plage dünkt." Stimmt genau.

Doch selbst nachdem wir unseren Rhythmus als Eltern gefunden haben, ist es uns manchmal leid, wie viel Zeit und Freiheit unsere Kids uns „wegnehmen". Wir können nicht mehr ins Kino gehen, wann wir wollen, uns nie lange konzentrieren, wenn die Kleinen im Zimmer sind, und nicht mehr unseren Traumurlaub machen. Nie sind wir fertig mit unserer Elternarbeit. Und mit jedem weiteren Kind wird es noch schlimmer. Julie und ich seufzen so manches Mal, wenn wir daran denken, wie viele Bücher wir früher lasen, wie viele Filme wir sahen, zu wie vielen Dinners mit Freunden wir gehen konnten.

Es läuft tatsächlich darauf hinaus, dass wir einen Teil unseres Lebens für unsere Kinder opfern müssen – nun ja, vorübergehend; nur zu bald kommen die Jahre, wo wir uns wünschen, dass sie öfter zu Hause wären ...

Als Julie an der Universität New York Vorlesungen über Familiendynamik hielt, erging sie sich manchmal über die Mühen frisch gebackener Eltern. Viele ihrer Studenten (vor allem männliche aus dem Bereich Wirtschaftswissenschaften) konnten nicht verstehen, wie ein denkender Mensch solche Opfer auf sich nehmen konnte. Worauf Julie sie fragte: „Wo erwarten Sie die größte Rendite – bei kleinen, idiotensicheren Investitionen oder bei den großen, mit höherem Risiko?“

Investieren Sie in das Vatersein. Es lohnt sich – jetzt und später.

Was ein Vater so verdient

Vater werden ist bekanntlich nicht schwer, Vatersein dagegen sehr. Und was kriegt man dafür? Keine fette Gehaltszulage, kein Dinner auf Firmenkosten, noch nicht einmal alle zehn Jahre eine Medaille. Ihr Chef zahlt Ihnen wesentlich mehr als eine „Papa ist der Beste“-Karte – und für einen leichteren Job.

Unsere Gesellschaft belohnt bezahlte Arbeit mit Geld und Prestige. Wer auf einer Cocktailparty fragt: „Was machen Sie so?“, erwartet nicht die Antwort: „Ich bin ein viel beschäftigter Vater von drei Kindern.“ Wir haben es gelernt, uns nach unserem Beruf zu definieren, ja dort einen guten Teil des Sinns unseres Lebens zu finden. Wie kann die Kuli-Arbeit des Vaterseins je mithalten mit der Glitzerwelt des Business?

Die Antwort: Es gibt keine einfachen Antworten. Aber wenn Sie nicht bewusst gegensteuern, werden Sie als Vater auf verlorenem Lohnposten stehen. Bekommen Ihre Kinder auch Cartoon-Karten mit Sprüchen wie: “Schade, dass ich dich heute Abend nicht ins Bett bringen kann”? Sind sie auch Stammkunden beim Opa-Telefon - der Nummer, wo man nach Minutentarif Märchen erzählt, Lieder vorgesungen oder Hilfe bei den Schulaufgaben bekommt? (Die Beispiele sind *nicht* erfunden!) Wenn ja, empfinden Sie sie sehr wahrscheinlich als anstrengender als Ihren Beruf.

Vater zu sein, wird nicht bezahlt – aber es macht sich bezahlt.

Manche Karriere-Väter scheinen Lebens*unterhalt* und *Leben* zu verwechseln. „Ich mache die Überstunden doch nur für die Kinder ...“ Und die Kinder müssen die Zeche zahlen. Tausend Mal mehr als die Extra-Scheine auf unserem Gehaltskonto brauchen unsere Kids ihre Väter – und die Väter verpassen das Schönste im Leben. Sie scheinen einfach nicht zu begreifen, dass *Geld manchmal zu teuer ist.*

Vielleicht die notorischsten Sünder sind hier jene Meister des Universums, die Investment-Banker von der Wall Street. Ein Artikel im Magazin *New York* zitiert einen Vierzigjährigen, der 1997 5 Millionen Dollar machte: „Meine Familie ist es so gewöhnt, dass ich nicht da bin, dass sie mich fast schon als Eindringling betrachtet, wenn ich mal nach Hause komme." Die Frau eines anderen Bankers ist skeptisch, ob es ihrem Mann wirklich nur um das Geld geht, denn er weigert sich noch nach 10 Millionen Dollar pro Jahr, das Tempo zu drosseln. „Gibt es überhaupt einen Punkt, wo er sagen würde: ‚Jetzt habe ich finanzielle Sicherheit'?"

Viele arbeitssüchtige Väter sehen einfach nicht, dass Arbeit und Familie mitnichten einander ausschließen. Der gute Vater ist oft auch in der Firma besser. Aber es bringt Ihnen noch mehr, wenn Sie Ihre Kids zur Chefsache machen. Schauen Sie sich's an.

Power für Papa!

Glückliche Väter konzentrieren sich besser. Alle Eltern bringen ihre Sorgen mit ins Büro. Es kann einem schon die Konzentration rauben, wenn der Chef einen schon zum dritten Mal in diesem Frühjahr zu einem Gespräch bestellt hat. Aber je mehr Ihre Kinder spüren, dass Sie zu ihnen stehen, um so pflegeleichter werden sie sein.

Umgekehrt können zufriedene Kinder den Berufsstress, den Sie mit nach Hause bringen, abbauen. Machen Sie jetzt bitte nicht den Fehler, Ihre Familie als Entspannungsbad nach einem harten Tag im Büro zu betrachten; sie kann auf ihre Art genauso anstrengend sein wie die Firma. Aber da sie, bildlich gesprochen, ganz andere Muskeln strapaziert als Ihr Beruf, kann es sein, dass Sie am nächsten Morgen ausgeruht und mit neuer Energie zurück in Ihr Büro gehen.

Gute Väter fühlen sich kompetenter. „Wenn ich *das* kann, kann ich alles ..." Wenn Sie sich Ihrer Vater-Rolle gewachsen fühlen, haben sie wahrscheinlich einen Extraschuss Selbstvertrauen, wenn Sie ins Büro gehen. Und es kann Ihrem beruflichen Selbstvertrauen schaden, wenn Sie den Eindruck haben, als Vater zu versagen.

Geliebte Väter haben ein positiveres Selbstbild. Die Liebe Ihrer Kinder kann Sie im Laufe eines ganz banalen Familienfrühstücks in den siebten Himmel heben – die beste Voraussetzung dafür, auch im Geschäft ganz oben zu sein.

Kinder verändern Ihre Perspektive. Je mehr Zeit Sie mit Ihren Kindern verbringen, um so mehr von ihnen färbt auf Sie ab, nicht zuletzt a) ihre oft unverwüstlich optimistische Grundeinstellung, b) ihr Sinn für Humor und für das Absurde und c) jene exzellente Schule der Geduld, ihr Zeitgefühl. Drei Eigenschaften, die, richtig angewandt, im Berufsleben sehr nützlich sein können.

In den Augen ihrer Untergebenen machen Ihre Kinder Sie menschlicher. Mein Freund Michael H. ist kaufmännischer Leiter in einem großen Verlag und Vater zweier kleiner Kinder. „Meine Leute sind unmöglich", bekannte er mir kürzlich. „Immer, wenn ich auf die Palme gehe, fangen sie auf einmal an, über meine Kinder zu reden, und dann fange ich so dumm zu lächeln an."

Ihre Kollegen merken, wie gut Sie sind. Eine glückliche Familie aufbauen ist nicht einfach, und wie jeder größere Erfolg kann es die Menschen, mit denen Sie arbeiten, tief beeindrucken. Vor kurzem prüfte ich die Referenzen des Hauptgeschäftsführers einer Firma, die wir finanziell unterstützen wollten. Ein ehemaliger Kollege von ihm erklärte mir, warum er so gut war, und fuhr dann fort: „Ach ja, Mark ist auch glücklich verheiratet und hat zwei wunderbare Kinder, in die er ganz vernarrt ist. Wenn man Geld in jemanden investieren möchte, ist ein stabiles Privatleben doch auch ein wichtiger Punkt."

Vatersein macht demütig. Der von lauter diensteifrigen Mitarbeitern umgebene Top-Manager bildet sich nur zu leicht ein, der große King zu sein – eine tödliche Falle. Hochmut kommt auch im Geschäft vor dem Fall. Es gibt kein besseres Mittel, mit beiden Beinen auf der Erde zu bleiben, als ein Abend mit den Kids, denen es herzlich egal ist, wie viele Konkurrenzfirmen wir heute aufgekauft haben. Im Büro mögen Sie der große Boss sein; zu Hause sind Sie ganz einfach ... Vater.

*****

Ihr Gehalt in der Firma finanziert nicht nur Ihre Brötchen, sondern ist auch ein objektiver Erfolgsmesser. Der Erfolg der Vater-Arbeit ist schwieriger zu messen. Bei jedem größeren Projekt ist es wichtig, sich *Ziele* zu setzen, und unsere Kinder sind hier keine Ausnahme. Was wollen Sie? Dass Ihre Kinder glücklich sind? Ihre Frau? Ihre Eltern? Die Nachbarn? Sicher von jedem etwas.

Bemessen Sie Ihren Vater-Erfolg danach, wie die Kids „sich machen"? Dies ist sicher wichtig, hängt aber von vielen Faktoren ab, die Sie nicht immer im Griff haben. Ein vielleicht noch wichtigerer Indikator ist, wie gut Sie Ihre Kinder kennen. Ein Vater, der seine Kids in- und auswendig kennt, kann ihnen besser helfen, wenn Durststrecken kommen. Und hat mehr Spaß an seinem Job – und ein Faktor bei jeder Arbeit ist ja, ob man sie gern tut.

Auch beim Vatersein gilt er, der alte und der neue Satz: Was man sät, das erntet man. Wie der Input, so der Output. Jeder Augenblick, den wir mit unseren Kids verbringen, jede Umarmung, die wir ihnen gönnen, jeder Wutanfall des Zweijährigen, den wir durchstehen, ist eine Investition in ein risikoreiches, aber renditestarkes Projekt.

Auch beim Vatersein gilt er, der alte und der neue Satz: Was man sät, das erntet man.

Manchmal will uns mulmig werden, wenn wir bedenken, wie viel von uns selber wir in unsere Kinder investieren. Es kann ihnen ja so viel passieren, so viele Unfälle und Dummheiten, dass ich mir manchmal egoistisch wünsche, dass meine Kinder nicht so eine große Rolle in meinem Leben spielten. Aber anders kann man nun ein mal nicht Vatersein, und am Schluss hat es sich immer gelohnt. Mark Twain hat einmal bemerkt, dass man durchaus alles auf eine Karte setzen kann, wenn man echt gut auf diese Karte aufpasst.

Wenn Sie bei Ihren Kindern nicht gut aufpassen, werden Sie das womöglich bereuen. Man kann als Vater auch versagen. Man kann sogar „gekündigt" werden (die Kinder wollen nichts mehr von einem wissen) oder bankrott gehen (die Familie geht kaputt). Ihre Kids werden natürlich so oder so Probleme im Leben bekommen, egal, wie gut Sie als Vater sind, aber sie werden sie besser meistern, wenn sie wissen, dass ihr Vater für sie da ist.

Eine mangelhafte Vater-Leistung kann auch finanziell böse ausgehen. Wollen Sie, dass Ihr Sohn Ihnen noch mit 30 auf der Tasche liegt? Entziehungskuren und Drogenkliniken sind nicht billig, und es haben Väter schon unbezahlten Urlaub nehmen oder ihren Posten aufgeben müssen, um sich um die Probleme ihrer Junioren zu kümmern.

Vater zu sein ist eine Daueraufgabe, bei der Sie nicht nachlassen dürfen.

Doch bei den meisten Karriere-Vätern reicht die Liebe zu den Kids als Motivation zur Erziehungsarbeit aus, und wenn sie zu bummeln anfangen, merken sie es oft zunächst nicht. Irgendwann kommt dann das Erwachen – z.B. wenn der Zweijährige sie nicht mehr kennen will (ich selber begrüßte meine Mutter nach einer längeren Abwesenheit einmal mit „Hallo, Frau!“), die Vierjährige nicht mit ihnen spricht oder der Teenager sich voll ausklinkt. Mein eigenes Aufwachen kam, als Benjamin sechs Monate alt war. Da Julies Genesung von ihrem Kaiserschnitt ihre Zeit brauchte, hatte ich schon gnädig früh Hand anlegen müssen. Aber dann wurde ich nachlässig. Wenn wir uns z.B. für einen Ausflug fertig machten und Julie mich bat, die Windeltasche zu packen, vergaß ich die Hälfte, bis sie mir schließlich eine Liste schreiben musste. Zur Krise kam es, als Benjamin zu sprechen begann. Wer verstand nicht, was er sagte? Ich. Als er anfing, manche Dinge lustig zu finden, war ich derjenige, der ihn nicht zum Lachen bringen konnte. Ich begann, mich wie ein Fremder in meinem eigenen Haus zu fühlen.

Ich erinnere mich noch gut an die langen Abendgespräche, die wir damals hatten. Mit Julies geduldiger Hilfe erkannte ich, dass ich mir nicht genügend Zeit für Benjamin nahm. Von da an brachte ich ihn so oft wie möglich abends zu Bett, und mindestens einen Tag an jedem Wochenende übernahm ich ihn für den ganzen Tag.

Ich muss gestehen, dass ich diese Entscheidung aus rein egoistischen Gründen traf. Vielleicht habe ich sie deshalb nie bereut. Ich werde nie so viel Zeit für Benjamin (oder Leila) haben, wie ich eigentlich möchte, aber wenigstens komme ich mir nicht mehr wie ein Fremder vor.

Wie immer das Aufwachen auch aussieht, früher oder später erkennt der pflichtvergessene Vater, dass das Vatersein nicht aus schönen Worten besteht, auch nicht aus Fotos auf dem Schreibtisch, dem Sportpokal von der Schule oder einer Zeile im Lebenslauf. Vatersein – das ist Arbeit.

Kinder geben Ihnen etwas, das wertvoller ist als Geld.

Wenn Sie das einmal erkannt haben, wird Ihr Leben schöner. Hier einige Gründe, warum das so ist.

Ihr innerer Gehaltscheck

Glücklich sein ist ein Bumerang. Wenn Sie Ihre Kinder lieben, beglückt es Sie, wenn sie glücklich sind. Glückliche Kinder haben glückliche Väter. Wir freuen uns, wenn es unserer „Investition" gut geht. Und nicht nur wir, sondern auch unsere Frau, die Verwandten und andere Leute.

Willkommen am Nabel der Welt! Ihre Kinder sind darauf programmiert, Sie zu lieben – Sie müssen ihnen nur eine Chance geben. Die Liebe Ihrer Kinder (in den meisten Altersstufen) ist die tollste Mischung aus Heldenverehrung, Faszination und Bewunderung, die Sie sich vorstellen können.

Sie meistern eine Herausforderung. Das Vatersein ist gerade deswegen so lohnend, weil es so schwer ist. Warum gibt es Menschen, die auf den Mt. Everest steigen? Weil es eine Herausforderung ist, und nichts befriedigt so wie eine Herausforderung, die man meistert. Nichts in Ihrem Leben ist eine größere (oder näher liegende) Herausforderung als die Erziehung Ihrer Kinder. Und meistens ist sie sogar sicherer, als den Everest zu besteigen.

Je ernster Sie die Vater-Aufgabe nehmen, um so mehr Mühe werden Sie sich geben – und um so größer ist Ihre Befriedigung. Dies ist einer der vielen „Anti-Teufelskreise" für Väter.

Sie werden selber wieder ein Kind. Unsere Kinder wecken das Kind in uns selber wieder auf – den Teil von uns, der Fangen spielt und Besen in Pferde und Topfdeckel in Ritterschilde verwandelt. Es gibt keine bessere Medizin für unseren Alltagsstress als mit unseren Kindern zu spielen.

Sie bewirken etwas. Ein guter Vater hat Einfluss auf seine Kinder. Je besser Sie sie kennen, um so größer und anhaltender ist dieser Einfluss. Die ganze Welt kann in hundert Jahren anders geworden sein, weil Sie Ihre Kinder so und nicht anders erzogen haben. Im Talmud heißt es: „Wer seinen Sohn unterweist, der unterweist nicht nur seinen Sohn, sondern auch den Sohn seines Sohnes und so fort durch die Generationen hindurch." Ein Negativbeispiel ist hier der englische König George V., der einmal gefragt wurde, ob er nicht etwas herzlicher zu seinem Sohn sein könne. Seine Antwort: „Mein Vater hatte Angst vor seinem Vater, ich hatte Angst vor meinem Vater, und ich werde verdammt noch mal dafür sorgen, dass meine Kinder Angst vor mir haben." Sein Sohn war Edward VIII., der 1936 nach noch nicht einmal einem Jahr auf dem Thron abdankte.

Sie erleben viele kleine Wunder. Einige der größten Belohnungen des Vater-Daseins kommen in den kleinsten Zeitportionen. Zu erleben, wie der Kopf Ihres Kleinen müde auf Ihre Schulter sinkt oder wie er seinen ersten Witz macht, zum ersten Mal mit Freunden zusammen ist oder immer mehr Selbstvertrauen bekommt – es kann Ihnen mehr Freude bereiten als die besten Schulnoten der Welt.

Je mehr Sie sich um Ihre Kinder kümmern – Zeit für sie haben, ihre Stimmungen studieren –, um so größer ist die Chance, dass Sie diese kleinen Wunderaugenblicke erleben. Wenn Sie nur für Ihren Schreibtisch leben, verpassen Sie sie.

Sie bekommen Enkelkinder. Enkel sind sozusagen die Dividende Ihrer Erziehungsinvestition. Wenn Sie den Job mit Ihren Kids richtig gemacht haben, werden diese wahrscheinlich glücklich heiraten und selber Kinder bekommen, die sie Ihnen dann von Zeit zu Zeit sogar zeigen. Wenn Sie dann in Rente sind und die ganzen Termine und Sitzungen und Telefonate nur noch ein Erinnerungs-Alptraum sind, haben Sie die nächste Ladung Junioren, um das Loch auszufüllen. Die Freuden des Eltern-Seins ohne die Arbeit – was könnte schöner sein?

*****

Firmen, Jobs und Büros kommen und gehen – die Familie bleibt. Machen Sie es richtig, und Sie ernten Ihr Leben lang die Früchte. Machen Sie es falsch (oder gar nicht), und Ihr Misserfolg verfolgt Sie bis ins Grab. Apropos Grab: Sie haben bei Ihrem Grabstein zwei Möglichkeiten: nur der Name und die Jahreszahlen oder zusätzlich der Vermerk „Liebevoller Ehemann, Vater und Großvater". „Bester Verkaufsleiter der Firma XY" gilt nicht!

Der Lohn des Vaterseins ist direkt proportional zu der Arbeit, die Sie darin investiert haben. Also ran an die Arbeit!

Die Kunst des Delegierens

Erfolgreiche Geschäftsleute sind es gewohnt, lästige Arbeiten kurzerhand an ihre Untergebenen zu delegieren. Vor unseren Kindern können wir uns nicht so davonstehlen. Kinder von Führungskräften brauchen ihren Vater sogar eher noch mehr, denn bei ihnen ist der Druck, es Vater an Leistung gleich zu tun, und die entsprechende Gefahr, sich mit teurem Spielzeug, Disko & Co. zu „trösten", größer. (Man kann die Vorbeugung gegen Letzteres natürlich auch übertreiben. Ron Chernow, der Biograph von John D. Rockefeller, berichtet, dass die vier Kinder des Magnaten sich *ein* Dreirad teilen mussten.)

So sinnvoll Delegieren sein kann, es gibt also Grenzen. Der Trick besteht darin, zu wissen, *was* ich *wann wie* und *an wen* delegiere. Beim *Was* gilt dieselbe Faustregel wie im Geschäftsleben: Delegieren Sie möglichst nichts, was zu Ihrer Kernkompetenz (dem, was *Sie* am besten können) gehört. Eine Fluggesellschaft mag ihre Software von externen Compu-

Delegieren Sie nur das, wofür Sie keine Kernkompetenz besitzen.

terspezialisten betreuen lassen, aber sie wird sie nicht bitten, ihre Maschinen zu fliegen. Sie wissen, was Ihre Kinder von Ihnen, und *nur* von Ihnen, brauchen; drücken Sie sich nicht davor. Es gibt in dieser Welt vielleicht einen Platz für „virtuelle Unternehmen", aber nicht für "virtuelle Familien".

Wann sollten Sie delegieren? Wenn Sie es müssen (und wenn ich „müssen" sage, meine ich „müssen"). Lassen Sie Ihre Kids von einem Babysitter ins Bett bringen, damit Sie auf dem Nachhauseweg die landschaftlich schöne Strecke fahren können? Das ist kein „Muss". Oder weil Sie bei einer Präsentation vor hundert wichtigen Köpfen aus der Industrie Ihren Chef vertreten? Das ist wohl sicher ein „Muss". Sie sind der Einzige, der die vielen Fälle zwischen diesen beiden Extremen beurteilen kann.

Wie delegieren Sie? Genauso wie beim Outsourcing in der Firma: mit der größtmöglichen Sorgfalt. Beginnen Sie mit klar definierten Zielen und vergewissern Sie sich, dass Ihr Dienstleister versteht, was Sie von ihm erwarten. Bleiben Sie sodann weiter in regelmäßigem Kontakt mit ihm und mit den Kunden (sprich: Ihren Kindern). Drittens müssen Sie bereit sein, wenn nötig einzugreifen und die Dienstleistung zurück in die eigene Firma zu holen oder an einen anderen zu vergeben. Ob Sie einen Brief mit einem schweren Tippfehler Ihrer Sekretärin abschicken oder den Babysitter die Kinder vor dem Fernseher abladen lassen – die Verantwortung haben *Sie*.

Und schließlich: *Wem* geben Sie den Job? Ihre Eltern oder Schwiegereltern können eine gute Wahl sein (falls Sie den Eindruck haben, dass sie als Eltern selber gute Arbeit geleistet haben). Beim größeren Kind spielt die Schule eine wichtige Rolle (siehe das Kapitel über menschliches Kapital), und für die Kleineren gibt es solche Optionen wie Babysitter und Kindertagesstätten.

Delegieren Sie mit Sorgfalt!

Sie denken an ein bezahltes Kindermädchen oder eine Tagesmutter? Wählen Sie sie persönlich aus. (Oder würden Sie jemand anderen aussuchen lassen, wer in Ihrer Abwesenheit ihr wichtigstes Konto verwalten soll?) Ihre Erfahrung im Beurteilen von Stellenbewerbern kann Ihnen hier gute Dienst leisten. Und je mehr

Sie sich selber um die Kids kümmern, um so eher werden Sie die Richtige für den Job finden.

Wenn man einen Geschäftsführer für eine Firma sucht, ist mit die wichtigste Frage, ob die Vision und persönliche „Chemie" des Kandidaten zu denen des Unternehmens passen. Mit Kindermädchen ist es das Gleiche. Qualifikationen und Referenzen sind schön und gut, aber passt die Kandidatin auch zu Ihnen und Ihren Kindern? Hat Sie die gleichen Ziele und Werte wie Sie? Löchern Sie sie ruhig mit Fragen. Als unser Benjamin vier war, mussten Julie und ich ein neues Kindermädchen für ihn einstellen. Wir fragten jede der Bewerberinnen: „Was würden Sie tun, wenn Benjamin sich weigerte, in den Kindergarten zu gehen?" Wir staunten nur so über die Antworten – alles Mögliche, von „Ich würde ihn mit Bonbons bestechen" bis „Vielleicht bleiben wir dann zu Hause." (Die Kandidatinnen, die uns gefielen, waren die, die sagten: „Das würde ich mit Ihnen absprechen wollen. Ich würde ihm gut zureden, aber in den Kindergarten müsste er natürlich.")

Lassen Sie sich also Zeit beim Aussuchen von Kindermädchen und Tagesmüttern, sonst geht es Ihnen womöglich wie jenen Amerikanern, die keinem Kindermädchen mehr trauen und sie daher durch im Teddybär versteckte Kameras überwachen lassen; in New York kostet der Spaß täglich 10 Dollar plus einmalig 600 Dollar für die Installation.

Eine Tagesmutter, über die ich nur Schlechtes sagen kann, ist der Fernseher. Viele Eltern laden ihre Sprösslinge kurzerhand vor dem Kasten ab, der daraufhin einen Großteil der Werte- und Spracherziehung und der allgemeinen Aufklärung über die Welt übernimmt. Das Medium Fernsehen züchtet Passivität, Oberflächlichkeit, Schlüpfrigkeit und Vergesslichkeit. Benutzen Sie es, wenn es denn nicht anders geht, aber seien Sie sich darüber im Klaren, dass es eine Droge ist. (Im Übrigen finde ich Fernsehen prima.)

Joint Venture-Partner

Gemeinsam erziehen - wie man es richtig macht

Fünf Kriterien für erfolgreiche Joint Ventures

In der Finanzwelt kommt es zu einem Joint Venture, wenn zwei Firmen sich zusammenschließen, weil sie auf Synergie-Effekte hoffen, also darauf, dass sie gemeinsam mehr produzieren, als sie alleine könnten. (*Synergie* ist von einem griechischen Wort abgeleitet, das "zusammenarbeiten" bedeutet.)

Ich finde, dass der Begriff der Synergie auf die Kindererziehung noch besser passt als auf Firmen-Ehen. Sie und Ihre Frau können zusammen viel mehr erreichen, als Sie allein schaffen könnten. Es gibt kein größeres Projekt als das der Kindererziehung, und keines, wo Zusammenarbeit sich mehr auszahlt.

In der Welt der Industrie scheitern viele Joint Ventures. Mangelhafte Planung, Management-Konflikte oder unterschiedliche Unternehmens-Kulturen machen ihnen den Garaus. Ich habe so viele Beispiele für gute und schlechte Joint Ventures erlebt, dass ich Ihnen fünf Qualitätskriterien nennen kann, die, wie ich meine, auch für das Gemeinschaftsunternehmen „Kindererziehung“ gelten.

1. Die Partnerfirmen sollten einander (und sich selber) gut kennen.
2. Sie müssen das Joint Venture sorgfältig planen und vorbereiten.
3. Sie müssen beide gleichwertig zu ihm beitragen.
4. Sie müssen sich überlegen, wie sie die Arbeit am besten aufteilen.
5. Sie brauchen konstruktive Mechanismen zur Bereinigung von Konflikten.

Erkenne dich selbst!

Gute Management-Teams bereiten ein Joint Venture mit aller Sorgfalt vor. Sie beschnuppern sich intensiv und führen vor und während des Joint Ventures ausgiebige Gespräche über ihre verschiedenen Bedürfnisse und Philosophien. Wenn Sie bereits Vater sind, ist es ein bisschen spät für die Vorbereitung, aber es ist nie zu spät, Ihren Informationsstand zu verbessern. Sie meinen, Sie kennen Ihre Frau und Ihre Frau kennt Sie? Aber kennen Sie sich auch in Ihrer Rolle als *Eltern*? Wenn nicht, können Ihnen böse Überraschungen blühen. Und dieses Wissen will ständig auf den neuesten Stand gebracht werden, denn Sie wachsen und ändern sich in Ihren Elternrollen.

Für ein gutes Joint Venture ist es notwendig, sich und den Partner gut zu kennen.

Eine Familie gründen ist ein Mittelding zwischen einer Stellensuche und einer Firmengründung. Sie haben um Ihre Frau „geworben" – und dies hat seine Gemeinsamkeiten mit dem Bewerbungsvorgang in einer Firma gehabt –, und jetzt haben Sie also Ihre feste Anstellung bekommen: Sie sind Ehemann und Vater. Wie passt dieser Job zu Ihrem Selbstbild? Haben Sie sich immer schon gewünscht, einmal Kinder zu haben, oder war Ihr Vater-Status eher eine Überraschung? Wie haben Sie sich an ihn gewöhnt? Wie hat die Transformation vom Paar zum Elternpaar die Chemie zwischen den beiden Gründern der „Firma" verändert?

Sie und Ihre Frau haben Ihre beiden Familienvorgeschichten mit in die Ehe gebracht, dazu die gemeinsame Geschichte Ihres Zueinander-Findens sowie diverse Hoffnungen, Träume und Pläne für die Zukunft. (Auch dann, wenn Sie verwitwet oder geschieden sind, gehören diese ursprünglichen Wünsche und Pläne nach wie vor zu Ihrer persönlichen Lebensgeschichte, Ihrem „Hintergrund" als Vater.) All diese Vorgeschichten, Hoffnungen und Träume bestimmen mit darüber, *was für ein Paar Sie sind* – und damit darüber, *wie Ihr Familienleben aussehen wird.*

Aus was für einer Familie kommen Sie und Ihre Frau? Wie waren Ihre Eltern? Waren sie vielleicht geschieden? Was für Vorbilder waren sie Ihnen, als Eltern und als Ehepartner? Worin würden Sie es ihnen gerne gleichtun, worin lieber nicht? Haben Sie als Kinder genügend Fürsorge, Ermutigung und Liebe bekommen? Wenn nicht, wie sind Sie damit fertig geworden? Wie haben Ihre Erfahrungen Ihre Erwartungen hinsichtlich dessen geprägt, was Sie sich für Ihre Kinder wünschen? Wollen Sie den Kurs Ihrer Familie ändern, oder finden Sie, dass das, was für Sie beide „gut genug" war, es auch für Ihre Kinder ist?

Wie ergänzen sich Ihre Frau und Sie? (Geschäftspartner kommen zusammen, weil sie einander brauchen.) Wie gut passen Ihre Charaktere, Wissen, Talente und Ziele zusammen? Haben Sie ein ähnliches Temperament, oder sind Sie Gegensätze, die sich anziehen? Welche Bedürfnisse Ihrer Frau erfüllen Sie, und umgekehrt? Was schätzen Sie an ihr, was sie an Ihnen als Ehepartner und als Elternteil? Was sind Ihre Zukunftsziele als Paar, und wie gut verfolgen Sie sie? Was sind Ihre Werte? Gibt es Konfliktbereiche zwischen Ihnen? Und wie prägt all dies Ihre Ziele bei der Erziehung Ihrer Kinder?

Jede Firma hat ihre „Kultur", in der bestimmte Umgangsformen erwartet werden. Der Gruß „Hallo, Kumpel!" passt in einen Malereibetrieb, aber kaum in eine exklusive Anwaltskanzlei. Auch Ihr Miteinander als Paar hat seinen eigenen Stil. Wie und worüber reden Sie zusammen? Wie treffen Sie Entscheidungen? Wie lösen Sie Meinungsverschiedenheiten? Was machen Sie gerne zusammen? Wie zeigen Sie Liebe? Finden Sie, dass Ihr Umgangsstil ein gutes Vorbild für Ihre Kinder ist?

Und schließlich: Ist Ihre Frau berufstätig oder „Nur-Hausfrau"? Und wenn sie berufstätig ist: hat sie einen Vollzeit- oder einen Teilzeitjob?

Ob Ihre Frau berufstätig ist oder nicht – dies hat Auswirkungen auf die ganze Familie.

Die Antwort auf die letzte Frage hat große Konsequenzen für die ganze Familie. Da ist der finanzielle Aspekt: Möglicherweise ist das Doppelverdienen die einzige Option, wenn Sie den Lebensstandard halten wollen, der Ihnen und Ihrer Frau vorschwebt. Es sind die psychologischen Auswirkungen auf die Kinder zu bedenken; sie hängen von der Persönlichkeit Ihrer Kinder ab, von den vorhandenen Betreuungsmöglichkeiten, den Strategien Ihrer Frau zur Minimierung des Konflikts zwischen Arbeit und Familie und von Ihrem Engagement. Und im Zeitalter gleitender Arbeitszeiten und Teilzeitmöglichkeiten für *beide* Geschlechter darf man auch die Frage stellen, was für Auswirkungen *Ihre* Berufstätigkeit auf die Kinder hat.

Aber ob Ihre Frau berufstätig ist oder nicht, hat Auswirkungen auch auf *Ihr* Leben. Wenn sie arbeitet, sind Sie (wie auch sie selber) in Notfällen weniger flexibel, müssen sich mehr um Babysitter, Schule oder Kindertagesstätte kümmern und einen Teil Ihrer Arbeits- und Freizeit opfern, um Ihre Frau zu entlasten. Nach manchen Studien fühlen berufstätige Mütter sich gesünder, glücklicher und geschätzter als nicht berufstätige, aber es besteht kein Zweifel, dass das Doppelverdienen auch seinen Preis hat: mehr Stress und weniger Zeit für das Ehe- und Familienleben. Das Für und Wider können nur Sie beide abschätzen.

Wenn Ihre Frau zu Hause bleibt, haben Sie das, was das Magazin *Forbes* zynisch als „das ultimative Statussymbol" bezeichnet hat. Widerstehen Sie der Versuchung, sich deswegen weniger Zeit für die Kids zu nehmen. Sehen Sie die Situation als Chance, ein besserer Vater zu werden, nicht ein schlechterer. Bruce Reese, Hauptgeschäftsführer von Bonneville International und Vater von sieben Kindern, demonstrierte diese positive Einstellung in einem Interview in *Forbes*: „Meine Frau muss zum Glück nicht arbeiten gehen. Sie ist der Hauptgrund, warum ich mich als guten Vater empfinde."

Jim P., ein talentierter Risikokapitalgeber, hat zwei Jungen, die 1 und 3 Jahre alt sind. Nach der Geburt des ersten gab seine Frau, eine Anwältin in einer großen Kanzlei in Los Angeles, ihre Stelle auf. Jim hat den Eindruck, dass nicht alle ihre früheren Kollegen Verständnis für diesen Schritt haben. Jim wörtlich: „Nach dem, was sie da aufgegeben hat, fühle ich mich verpflichtet, ihr Partner in der Kindererziehung zu sein. Manchmal übernehme ich die Kinder, damit sie einmal ihre Ruhe hat. Viele meiner Kollegen haben das gleiche Problem, auch wenn ihre Frauen noch arbeiten."

Planung und Vorbereitung

Erfolgreiche Partnerfirmen bereiten sich zeitig auf das Joint Venture vor. Wir Männer müssen uns während der Schwangerschaft unserer Frauen gewaltig umstellen; je eher wir das tun, um so besser werden wir uns schlagen, wenn Mutter mit dem Kind nach Hause kommt.

Die Vorbereitung auf das Vatersein findet bereits während der Schwangerschaft der Frau statt.

Kinder verändern ihre Eltern. Da wird Unwichtiges auf einmal wichtig, und umgekehrt. Das Aussuchen des Namens oder der Klinik für die Entbindung und viele andere Dinge geben Ihnen die Chance, zu einem Eltern-Team zu werden. Nichts schweißt so zusammen wie eine Herausforderung, und wenige Herausforderungen sind für ein Paar so groß wie die, ein Kind zu bekommen.

Unser Vatersein beginnt schon bei der Zeugung, biologisch wie psychologisch. Stolz, Staunen, Liebe, Verwirrung, Angst – hundert Gefühle streiten sich in uns, und wir haben (vor allem, wenn es das erste Kind ist) nur die verschwommensten Vorstellungen davon, wie unser Leben sich ändern wird. Aber in diesen neun Monaten spielen sich Verhaltensmuster zwischen den Joint Venture-Partnern ein – Muster, die über Erfolg oder Misserfolg des ganzen Projekts entscheiden können.

Eine Schwangerschaft ist ein Härtetest für Ihre Frau – körperlich, weil sie sich als so unansehnlich empfindet und eine so kostbare Last trägt, und seelisch, weil sie sich weniger attraktiv fühlt, aber gleichzeitig mehr Streicheleinheiten benötigt. Dazu füttern ihre Hormone sie reichlich mit Angst- und Unsicherheitsgefühlen. Jetzt ist Ihre Gelegenheit, ihr durch viel Liebe und Zuwendung zu zeigen, dass Ihre Beziehung stabil ist (für viele schwangere Frauen ein brennendes Thema). Vielleicht verwöhnen Sie sie sogar mit einem letzten romantischen Trip zu zweit. Sie können ihren Ängsten um einiges entgegenwirken, indem Sie taktvoll darauf verzichten, sie mit einem Nilpferd zu vergleichen; sie weiß auch so, wie sie aussieht, und schließlich haben Sie ihr versprochen, „durch dick und dünn" zu ihr zu halten.

Die Schwangerschaft ist eine schwierige Zeit für den werdenden Vater, aber auch eine Chance. Jetzt oder nie können Sie sich darauf einstellen (und das ist Schwerarbeit), wie das sein wird, ein Kind zu haben. Es wird ja nicht nur ein neuer Mensch in Ihr Leben kommen, sondern Ihre Beziehungen zu fast allen anderen Menschen (Ehefrau, andere Kinder, Ihr Chef) werden sich drastisch ändern. Zum Glück sind die besonderen Bedürfnisse der Schwangeren und die Hilfe und Rücksichtnahme, die sie von uns verlangen, bereits eine gewisse Einstimmung auf das Leben mit dem Junior.

Drücken gilt nicht

Kein erfolgreiches Joint Venture ohne gleichen Einsatz der Partner. *Wenn Sie gleichberechtigt über das Leben Ihrer Kinder mitbestimmen wollen, müssen Sie Ihren Teil Verantwortung für sie übernehmen.* Im Geschäftsleben ist Verantwortung das Passwort für „Macht". Wenn Sie mit darüber entscheiden wollen, auf welche Schule Ihre Kinder gehen und was für Freunde sie haben, müssen Sie die Zeit und Energie investieren, um sie kennen zu lernen. Die Mitbestimmung über das Leben Ihrer Kinder ist kein automatisches Recht, sondern ein Privileg, das Sie ständig neu erarbeiten müssen.

Wenn Sie gleichberechtigt über das Leben Ihrer Kinder mitbestimmen wollen, müssen Sie Ihren Teil Verantwortung für sie übernehmen.

Manche Männer glauben, dass sie das Recht haben, alle wichtigen Entscheidungen in der Familie zu treffen, weil sie mehr Geld verdienen als ihre Frau. Aber die Teilhaberschaft am Kids-Projekt

Manche Männer glauben, dass sie das Recht haben, alle wichtigen Entscheidungen in der Familie zu treffen, weil sie mehr Geld verdienen als ihre Frau.

lässt sich nicht mit Geld erkaufen. Der Mann, der dies versucht, wird gärenden Groll oder die offene Explosion ernten, und die Entscheidungen, die er durchdrückt, werden oft falsch und einsam sein.

Manche Frauen haben freilich nichts dagegen, wenn ihr Mann das volle Kommando übernimmt, und oft heiraten sie – erraten! – just einen Mann, der von dieser Sorte ist. Nun, die stets untergebene Frau mag kurzfristig Ihr Ego heben, aber auf Dauer birgt sie Risiken. Erstens kann es sein, dass es angesichts der Komplexität der Erziehungsarbeit einfach nicht funktioniert, dass nur der Mann „die Hosen anhat". Zweitens erfordert effektive Erziehungsarbeit den freiwilligen Konsens zwischen den Eltern; fehlt dieser, kann es zu Groll und Spannungen kommen. Drittens sind Sie als Familien-Alleinherrscher auch allein verantwortlich für Fehlentscheidungen. Und viertens ist Erziehen nun einmal ein Job für zwei.

Im Geschäftsleben spricht man manchmal von dem „Inhaber" eines Projekts. Diesen Titel kann man sich nur durch eines verdienen: beharrliche Arbeit an dem Projekt. Das Mega-Projekt „Erziehung" folgt den gleichen Regeln. Wenn Sie Ihre Frau als die Haupterzieherin betrachten, der Sie hin und wieder „helfen", denken Sie nicht wie ein Projektinhaber, sondern wie ein Tagelöhner.

Ein guter Vater sein ist etwas, das Sie sich im Schweiße Ihres Angesichts – und mit etwas Nachhilfe von Ihrer Frau – erarbeiten müssen. Doch das ist leichter gesagt als getan, und manchmal machen die Eheleute es sich unbewusst noch schwerer.

Das Problem sind die Rollenbilder, die Sie beide haben. Frauen werden in unserer Gesellschaft gewöhnlich viel intensiver auf das Kindererziehen vorprogrammiert als Männer, und Mutter Natur verstärkt dies noch (schließlich sind es die Frauen, die schwanger werden). Dazu noch das Drama der Geburt, und wir überlassen unserer Frau gerne die erste Erziehungsgeige; sie hat ja so viel mitgemacht, da hat sie das verdient ...

Viele Väter sind insgeheim erleichtert, wenn Mutter alles managt. Anfangs mag das sogar ganz gut funktionieren: Mutter, die glückliche Gluckhenne, die den Vater hin und wieder auch einmal die Windeln wechseln lässt. Aber auf Dauer kann diese Konstellation verhängnisvoll für unsere Familie werden. Ein Kind braucht Mutter *und*

Vater. Und die Mutter, die die ganze Erziehungsbürde selber trägt, wird früher oder später erschöpft und verbittert.

Die gute Nachricht lautet: Sie können das ändern. Aber halt: Spüren Sie vielleicht bei Ihrer Frau einen Widerstand gegen einen aktiveren Vater? Haben Sie den Eindruck, dass sie auf andere Mütter oder auf die Experten hört, aber nicht auf Sie? Es kommt vor, dass eine Mutter ihren Mann (bewusst oder unbewusst) links liegen lässt beim Erziehen. Sie arrangiert den Ausflug zum Zoo, ohne ihn zu fragen; sie sagt ihm nicht, was dem Jüngsten fehlt; sie tröstet die Kleine immer sofort selber, ohne Vater eine Chance zu geben. Den ganzen Tag funkt sie die Botschaft, dass das Erziehen ihr Ressort ist, in welchem Vater nur ein Gast ist.

Es kommt vor, dass eine Mutter ihren Mann (bewusst oder unbewusst) links liegen lässt beim Erziehen.

Haben Sie manchmal dieses Gefühl bei Ihrer Frau? Hier sind einige der möglichen Ursachen.

Platz für Sie beide?

„Ich habe die Verantwortung." Die meisten Mütter gehen davon aus, dass die Gesellschaft ihnen die Verantwortung für das Wohlergehen ihrer Sprösslinge gibt. Wenn sie einen Teil dieser Verantwortung an jemand anderes abgeben (vor allem jemanden mit ungewisser Kompetenz) und er macht Fehler, wer ist dann schuld? Natürlich (nicht zuletzt in ihren eigenen Augen) sie selbst.

„Das ist mein Revier." Kann es sein, dass Ihre Frau das Erziehen als ihr Territorium betrachtet? Wenn Sie ihr Verantwortung „abnehmen", fühlt sie sich womöglich in ihrem Machtstatus als Mutter bedroht.

***Etwas* muss sie ja besser können ...** Wenn Ihre Frau eine Karriere an den Nagel gehängt hat, hat sie womöglich das Bedürfnis, dass die Kinder allein *ihre* Aufgabe sind, die Sie unmöglich genauso gut erledigen können. So mancher Ehemann macht bereitwillig mit bei diesem Spiel. Als ich einmal einen Kollegen fragte, wie sein Kleiner sich im Kindergarten machte, antwortete er ganz stolz: „Oh, da muss ich meine Frau fragen, die ist unsere Expertin für so was."

„Wenigstens zu Hause will *ich* die Kinder haben." Die berufstätige Mutter hat womöglich Schuldgefühle, dass sie einen Teil des Lebens ihrer Kinder verpasst, und versucht daher um so mehr, die allein Zuständige für sie zu sein, wenn sie zu Hause ist.

Mutter hat den Durchblick. Wenn Ihre Frau wesentlich mehr Zeit mit den Kids verbringt als Sie, weiß sie mehr über sie und hat den (nicht ganz unberechtigten) Eindruck, dass Sie weniger gut Bescheid wissen.

*****

Sie werden bemerkt haben, dass es bei den meisten Punkten nicht zuletzt um Kompetenz geht. Wenn Ihre Frau sich durch Ihre Kompetenz bedroht fühlt, ist das ein Problem, das Sie beide zusammen lösen müssen. Aber vielleicht ist sie auch solch eine Perfektionistin, dass sie Sie für nicht kompetent genug hält. Was ist ihr wichtiger: dass Sie dem Baby das Hemd immer richtig herum anziehen, oder dass Sie sich um Ihre Kinder kümmern?

Möglich ist natürlich auch, dass *Sie weniger kompetent sind, als Sie meinen.* Sie sollten zu Hause nicht weniger selbstkritisch sein als im Büro. Jeder gute Geschäftsmann kennt seine Schwächen und versucht sie auszubügeln.

Sie sollten zu Hause nicht weniger selbstkritisch sein als im Büro.

Frank L., ein Fachmann für Biotechnologie, hatte seinen Dr. med. gemacht und meinte daher, sich mit Babys auszukennen. Der große Test kam, als seine Frau nach der Geburt des ersten Kindes noch ein paar Wochen im Krankenhaus bleiben musste. Frank stellte das Kinderbett direkt neben seines, um es auch ganz bestimmt zu hören, wenn der Neuankömmling nachts etwas brauchte. Nun, wir werden nie erfahren, wie oft Franks Sohn nach Nahrung schrie, denn Frank schlief die ganze Nacht wie ein Stein ...

Fragen Sie sich also, wie toll Sie wirklich als Vater sind. Väter können unzuverlässig und unpraktisch sein. Oft fehlt ihnen der Überblick. Sie verstehen z.B. gar nicht, warum ihre Frau sich so darüber aufregt, dass sie den Brei für den Kleinen zu dick oder zu dünn gekocht haben. Sie wissen nicht, dass der zu dicke Brei dem Junior einen ganzen Tag Verstopfung beschert hat oder der dünne eine Nacht Durchfall. Kann sein, dass Sie viel mehr lernen müssen, als Sie denken. (Jawohl, auch hier rede ich aus eigener Erfahrung!)

Versetzen Sie sich einmal in die Lage ihrer Frau: Würden Sie einen Babysitter engagieren, der sich noch nie über Erziehungsfragen kundig gemacht oder Zeit mit Kindern verbracht hat? Würden Sie in Ihrer Firma jemanden einstellen, der keinerlei Berufserfahrung mitbringt und keine der Branchen-Zeitschriften liest? Oder wie wäre Ihnen wohl zumute, wenn Sie Ihren wohlverdienten Posten plötzlich mit einem neuen Mann teilen müssten, den alle Welt lobt, dass er Ihnen so viel Arbeit abnimmt - aber wenn etwas schief geht, gibt man nach wie vor Ihnen die Schuld?

Ungefähr so fühlen sich viele Mütter, wenn ihre Männer ein größeres Stück vom Erziehungskuchen haben wollen. Sie sind hin- und hergerissen: Sie wollen ja, dass ihr Mann mehr tut, aber was für ein Recht hat er denn dazu, wenn er nie die Dreckarbeit gemacht hat und einfach nicht das Wissen besitzt, um fundierte Entscheidungen zu treffen? Und wir Väter stehen da und sind verwirrt: Jetzt tun wir endlich was, und das ist also das Dankeschön ...

Doch, die Mütter unserer Kinder brauchen uns – aber richtig. Ein Machtkampf mit Ihrer Frau wird Sie beide nicht glücklich machen. Es muss Auswege geben aus diesem Teufelskreis. Und es gibt sie auch.

Wie wir Erziehungspartner werden können

Fangen Sie zeitig an. Machen Sie sich vom ersten Tag des Lebens Ihrer Kinder an klar, dass Sie ihr *Vater* sind, und nicht eine Teilzeit-Aushilfskraft. Gehen Sie nicht davon aus, dass Ihre Frau mehr über Kinder weiß als Sie, weil sie halt darauf programmiert ist. Beim Erziehen zählt vor allem die Erfahrung; sehen Sie zu, dass Sie genug davon bekommen.

Bereits die ersten Tage nach der Geburt sind kritisch. Bleiben Sie in allen Schlüsseldisziplinen (Füttern, Bäuerchen, Windeln) auf dem Laufenden, machen Sie sich unentbehrlich mit Dingen wie Fläschchen säubern oder Windeleimer entsorgen. Stillen können Sie Ihr Kind leider nicht, aber Sie können ihm seine zusätzlichen Fläschchen geben (warum nicht die mitten in der Nacht?).

Mitten in der Nacht? Jawohl! Es liegt aus mehreren Gründen in Ihrem ureigenen Interesse, sich an den Nachteinsätzen zu beteiligen: Erstens wird Ihre spätere Vater-Arbeit viel leichter sein, wenn Sie schon dem Säugling jenes Ur-Geborgenheitsgefühl vermitteln: *Wenn ich rufe, kommt jemand und hilft mir.* Babys sind zu jung, um verwöhnt zu werden; lassen Sie Ihres also nicht einfach „durchschreien". Zweitens: Wenn Sie immer nur Ihre Frau nach dem Kind schauen lassen, wird sie die einzige Person sein, die es mit Trost in Not assoziiert. Drittens: Sie ist ein paar Mal Aufstehen wert, die stille Freude, das Kind und sich selber zurück in den Schlaf zu schaukeln, zu spüren, wie der kleine Körper sich entspannt und das Köpfchen auf Ihre Schulter sinkt. Es ist ein zutiefst befriedigendes Erlebnis, wenn Ihre Kleinsten Sie brauchen, Sie rufen, Hilfe bekommen und die Welt wieder in Ordnung ist.

Drücken Sie sich nicht. Beim Anblick der ersten schmutzigen Windel ist die erste Reaktion so manches Karriere-Vaters: „Augenblick mal, ich bin Abteilungsleiter und keine Putzfrau! Was soll ich mit dieser Dreckarbeit? Ich kann das Kind doch auch lieben, ohne ihm den Hintern abzuputzen!"

Falsch. Sie mögen hoch aufgestiegen sein im Betrieb, aber Vatersein ist ein anderer Job. Wissen Sie noch, wie viel „Dreckarbeit" Sie als Lehrling machen mussten? *Jeder Vater fängt als Lehrling an.* Ihre Leistungen im Büro, sie zählen nicht für den Vater-Job, und wenn Sie mehr verdienen als Ihre Frau, ist Ihre Zeit zu Hause trotzdem nicht wertvoller als ihre.

Jeder Vater fängt als Lehrling an.

Die „Dreckarbeit" (Windeln wechseln, Erbrochenes aufwischen, Chauffeur-Dienste usw.) ist ein wichtigerer Teil der Vater-Arbeit, als Sie vielleicht denken. Sie gibt Ihnen den direkten Kontakt mit dem Kind, lässt Sie es in verschiedenen Situationen erleben, erhöht Ihr Investitions-Bewusstsein und gibt Ihnen mehr Gewicht im Gespräch mit Ihrer Frau. Sie verstärkt auch das Geborgenheitsgefühl, das Ihr Kind bei Ihnen hat. Zeigen Sie mir einen Vater, der noch nie „Dreckarbeit" gemacht hat, und ich zeige Ihnen denselben Vater als jemanden, der mit Sicherheit nur eine oberflächliche Beziehung zu seinen Kids hat.

Fragen Sie. Wenn Sie im Erziehungsmarathon zurückfallen, ist es nie ein Fehler, wenn Sie versuchen, wieder aufzuholen. Für manche Karriere-Väter ist dies Schwerarbeit, weil es bedeutet, dass sie ihre Frau um Rat fragen und sich mehr oder weniger sanft etwas von ihr sagen lassen müssen. Sie fragen nie jemand nach dem Weg, wenn Sie Auto fahren? Als Vater haben Sie keine Wahl, wenn Ihre Frau die bessere Straßenkarte hat. Wahrscheinlich wird sie sich über Ihre Fragen freuen (oder sie ist kein Team-Player). Es sind ja auch *Ihre* Kinder, und Ihre Frau muss es wissen, wenn Sie sich außen vor fühlen, sonst wird es nichts mit der Erziehungspartnerschaft.

Das ist nicht einfach. Sie müssen zugeben, dass sie eben *nicht* alles wissen und können, und bereit sein, zu beobachten, zu lernen, sich etwas sagen zu lassen. Wenn Sie nicht wissen, wie man etwas macht, oder Angst haben, es falsch zu machen, oder es schon falsch gemacht haben, dann machen Sie den Mund auf! Was Sie heute nicht wissen, kann Ihnen (und dem Rest der Familie) morgen sehr schaden.

Fragen Sie Ihre Frau auch dann, wenn Sie nicht ihrer Meinung sind. Versuchen Sie, ihr Denken zu verstehen, und nicht, eine Diskussion zu gewinnen. Zapfen Sie auch andere Informationsquellen an (siehe das Kapitel „Wissen ist Macht"). Nie vergessen: Je mehr Sie sich für Ihre Kinder interessieren, um so kompetenter werden Sie. Wenn Sie die Schuhgröße Ihres Kindes wissen, den Namen der Katze seines besten Freundes, die Wettervorhersage für den Ausflug zum Zoo oder wie viele andere Kinder im Kindergarten schon ohne Stützräder Fahrrad fahren können (oder wenn Sie auch nur genügend wissen, um diese Dinge erfragen zu können), ist Ihre Vater-Karriere gut auf Kurs.

Denken Sie nach. Wenn das Fragen nach ein paar Monaten immer noch keine Ergebnisse zeitigt, sollten Sie tiefer graben und sich fragen, ob etwas nicht stimmt – bei Ihnen, bei Ihrer Frau oder zwischen Ihnen beiden. Haben Sie die Instruktionen Ihrer Frau wirklich befolgt? Beurteilt sie Ihre Vater-Leistung genauso wie Sie? Wenn nicht, sieht sie Sie immer noch durch ihre alte Brille, oder ist etwas dran an dem, was sie sagt?

Oder haben Sie den Eindruck, dass Ihre Frau sich aus anderen Gründen an die Kinder klammert? Dann müssen Sie darüber reden. Könnte es sein, dass Ihre Frau ihr „Revier" so verbissen verteidigt, weil sie kein anderes hat? Wenn ja, wie ist es dazu gekommen, dass sie das Gefühl hat, nur für die Kindererziehung zu taugen? Muss nur sie selbst an diesem Problem arbeiten, oder vielleicht Sie beide?

*****

Wenn alles klappt, werden Ihre Frau und Sie echte Erziehungspartner. Sie fühlt sich geborgen: Sie weiß, dass sie eine kompetente Mutter ist, aber sie weiß auch, dass ihr Wert nicht davon abhängt. Sie ist offen für Neues – auch für die neuen Ideen, die Sie einbringen können. Sie merkt es, wenn sie einen Job vor sich hat, den man besser zu zweit macht. Kurz: Sie ist ein Team-Player.

Und Sie? Sie sind entschlossen, der beste Mit-Chef zu sein, den es gibt. Sie sind selbstbewusst genug, um es zugeben zu können, wenn Sie etwas nicht wissen, und nicht in die Schmollecke zu gehen, wenn Sie einen Fehler gemacht haben. Sie sind motiviert genug, um Zeit und Kraft ins Sammeln von Informationen zu stecken. Kurz: Sie sind ein Team-Player.

Das Spiel kann beginnen!

Arbeitsteilung

Erfolgreiche Joint Ventures verlangen, dass beide Partner sich über ihre Pflichten im Klaren sind. In der Geschäftswelt wie beim Erziehen ist das Einhalten der vereinbarten Arbeitsteilung oft die härteste Nuss.

In der Geschäftswelt wie beim Erziehen ist das Einhalten der vereinbarten Arbeitsteilung oft die härteste Nuss.

Besonders groß ist das Konfliktpotenzial, wenn Ihre Frau und Sie beide berufstätig sind, denn dies bedeutet ja, dass Sie beide *zwei* Jobs haben, und die Aufteilung des Heimjobs führt nur zu leicht zu Spannungen. Mag sein, dass Sie als Doppelverdiener mehr Verständnis für die Probleme des berufstätigen Partners haben, aber dafür laufen Sie Gefahr, in einen permanenten Konkurrenzkampf zu fallen, wer von Ihnen den wichtigeren und arbeitsintensiveren Job im Büro hat – der Verlierer darf dann die Hausarbeit machen.

Dies ist eindeutig die falsche Strategie für Doppelverdiener. Die einzig richtige ist, dass Sie die Haus- und Erziehungsarbeit noch intensiver einteilen und planen als Alleinverdiener-Familien. Ich kenne berufstätige Paare, die die Erziehungsarbeit auf vier Wochen im Voraus planen. Das mag etwas viel sein, aber grundsätzlich ist solche Planung ein Muss für *alle* Eltern – sonst landen wir bei jenen Vätern, die ehrlich glauben, zu Hause genug anzupacken, nur dass Ihre Frauen das ganz anders sehen. 1993 gaben bei einer Umfrage in den USA unter Doppelverdiener-Ehepaaren 43 Prozent der Väter an, die Hälfte der Arbeit mit den Kindern zu übernehmen; nur 19 Prozent der Mütter bestätigten dies!

Es ist kein Geheimnis, dass Frauen meist einfühlsamer als Männer sind und sich mehr Mühe geben, für ihre Ehepartner und Kinder da zu sein. So mancher Ehemann bekommt gar nicht mit, was seine Frau zu Hause alles leistet. Männer sehen auch (ob nun zu Recht oder nicht) manches nicht so eng wie ihre Frau und denken leicht: „Wenn sie partout ein aufgeräumtes Wohnzimmer haben will, soll sie es doch selber machen." Das Klima zu Hause wird besser sein, wenn Sie sich mit Ihrer Frau hinsetzen und in Ruhe besprechen, was alles wirklich erledigt werden muss; danach können Sie sich einigen, wer was macht. Solches miteinander Reden verhindert, dass Ihre Frau Sie für einen Egoisten hält, wenn Sie in Wirklichkeit nur nicht alles sehen – oder dass Sie die Gründlichkeit Ihrer Frau mit Putzteufelei verwechseln.

Solche klärenden Gespräche können auch das umgekehrte Problem korrigieren: den anspruchsvollen Ehemann, der abends von der Arbeit nach Hause kommt und nicht versteht, was seine Frau den ganzen Tag gemacht hat und warum die Wohnung nicht aufgeräumter ist.

Beispiele für Väter, die die Kinder-Arbeit lieber ganz den Frauen überlassen, gibt es leider immer noch viele. Als eine Mitarbeiterin von mir, die ein sieben Monate altes Kind hatte, eines Morgens ganz übermüdet ins Büro kam, fragte ich sie, wie es dem Baby ging. „Gut", sagte sie, „aber diese Nacht hat es mich jede Stunde geweckt." Ich wollte wissen, ob sie und ihr Mann sich nicht abwechselten. Sie antwortete: „Machen Sie 'nen Witz? Der wartet schön, bis ich aufstehe, selbst wenn er das Kind als Erster gehört hat." Dieser Ehemann mag seinen Schönheitsschlaf gepflegt haben, aber ich frage mich, wie viele schlaflose Nächte seine Einstellung ihm in seinem späteren Leben als Vater noch bescheren mag. Und seine Frau fraß das Problem einfach in sich hinein – ein sicheres Rezept für eine um so schlimmere Explosion später.

Oder ein anderes Beispiel: Ein ehemaliger Boss von mir prahlte einmal damit, dass er sich schon neun Monate lang erfolgreich vor dem Windel wechseln gedrückt hatte. Nun, ein Angestellter, der sich weigerte, seine Pflichten zu tun, würde gekündigt.

Aber sie krempeln immer mehr die Ärmel hoch, die Karriere-Väter. Eine Umfrage aus dem Jahr 1997 unter 2.877 amerikanischen Vätern ergab, dass sie sich pro Arbeitstag eine halbe und an arbeitsfreien Tagen eine ganze Stunde mehr Zeit für ihre Kinder nahmen als 1977 – pro Woche ein Plus von fast fünf Stunden! Dazu verbrachten sie fast eine Stunde täglich mehr mit Hausarbeit. Mag sein, dass diese Angaben (von den Männern selber, wie gesagt) zum Teil mehr die veränderten Erwartungen als veränderte Realitäten spiegeln, aber der Trend ist deutlich vorhanden.

Zwei Aspekte sind bei der Arbeitsteilung besonders zu beachten: eine gerechte Arbeitsteilung, die verhindert, dass Ihre Frau überfordert ist, sowie die Sicherung Ihrer Ehe.

Eine **gerechte Aufteilung der Haus- und Kinderarbeit** *muss nicht Fifty-fifty heißen.* Es kommt ganz auf die individuelle Belastung, Kraft und seelische Konstitution bei Ihnen und Ihrer Frau an. Wenn Ihre Frau Sie ohne ersichtlichen Grund anfährt, jedes Mal seufzt, wenn Sie sie mit dem Kind allein lassen, oder jenen resignierten Gesichtsausdruck hat, wenn Sie morgens zur Arbeit gehen, ist das ein Zeichen dafür, dass etwas nicht stimmt. Unbereinigter Groll kann die schönste Liebesbeziehung ruinieren. Eine faire Aufteilung der Arbeit zu Hause kommt Ihnen auch als Paar zugute. Eine einseitige Aufteilung ist eine der ersten möglichen Ursachen, nach denen Eheberater forschen, wenn es bei einem Paar im Bett nicht mehr klappt.

Eine gerechte Aufteilung der Haus- und Kinderarbeit *muss nicht Fifty-fifty heißen.*

Wie oben bereits erwähnt, ist ein nützliches Kriterium für die richtige Arbeitsteilung die Kernkompetenz. Bei uns ist Julie besonders gut in den Dingen, die schnell gehen müssen, während ich langsamer bin, aber mehr Energie für die länger andauernden Aufgaben habe. Es gibt viele Dinge, bei denen die Väter genauso gut oder gar besser sind als die Mütter – z.B. die Kinder zu Bett bringen (mit ihrer tiefen, beruhigenden Stimme und ihren großen Schultern zum Schaukeln), längere Ausflüge machen (wieder die Schultern, auf die man die Kleinen setzt, wenn sie zu müde werden), Regale zusammenbauen (Väter können schnell genug arbeiten, um den Zweijährigen „mithelfen“ zu lassen, ohne dass er etwas kaputt macht), den Chauffeur spielen, usw. Jammern Sie nicht über Ihre Unterschiede in Körperbau und Temperament, sondern nutzen Sie sie – das ist ein praktischer Synergie-Effekt!

Es ist genau das Teamwork-Prinzip, das im Berufsleben gilt. Wie bei meinem Freund Rob G. und seiner Firma. Er bezeichnet sich selber als „quirlig und entschlussfreudig", während sein Geschäftsführer „ruhig und besonnen" ist. Rob vertritt die Firma nach außen, hält Reden und trifft die Blitzentscheidungen; sein Geschäftsführer führt Verhandlungen, erschließt neue Finanzquellen und ist wichtig bei den „langsameren" Entscheidungen. Die beiden ergänzen einander ideal.

Aber übertreiben Sie es nicht mit der Arbeitsteilung! Sie und Ihre Frau müssen beide in der Lage sein, füreinander einzuspringen. Wenn Ihr kleiner Sohn eine geeignete Pfütze zum Hineinspringen findet, Ihre Frau aber gerade nicht zu Hause ist, müssen halt Sie den Bademeister machen. Eine zu starre Aufgabenverteilung führt zu Effizienzverlusten. Wenn Sie merken, dass etwas klemmt, zögern Sie nicht, die Aufgaben notfalls anders zu verteilen.

Sie und Ihre Frau müssen beide in der Lage sein, füreinander einzuspringen.

Niemals sollten Sie sich die Arbeit so aufteilen, dass Sie das eine Ihrer beiden Kinder übernehmen und Ihre Frau das andere! Oder wollen Sie zwei Familien im Haus haben? *Jedes* Ihrer Kinder braucht eine Mutter und einen Vater. Und vergessen Sie nicht, dass die Kernkompetenz nur *ein* Faktor bei der Arbeitsteilung ist; der andere ist die Kernaufgabe – also die Dinge, die nur Sie oder nur Ihre Frau tun können.

Es gibt übrigens eine Aufgabe, die mit Sicherheit nur Sie übernehmen können: **Gut für Ihre Frau zu sorgen.** Ihre Frau ist so wichtig für die Kinder, dass ihre Gesundheit und Wohlergehen automatisch Auswirkungen auch auf das Wohlergehen der Sprösslinge hat. Ich gehe davon aus, dass Sie ein guter Ehemann sind, aber manchmal braucht Ihre Frau einfach noch ein Extraquantum an Fürsorge. Je gewissenhafter sie nämlich als Mutter ist, um so leichter bekommt sie „Mutter-Burnout".

Allein Ihre Aufgabe ist es jedoch, sich um Ihre Frau zu kümmern.

„Mutter-Burnout" kann ganz harmlos beginnen, aber es zieht Ihre Frau unerbittlich in ein Loch der Melancholie, Kraftlosigkeit, Verzagtheit, ja womöglich der regelrechten Depression hinein. Mütter verausgaben sich instinktiv für ihre Kinder, bis sie nicht mehr können. Das Problem entsteht, wenn die Mutter es nicht merkt, wie müde sie ist, und sich nach wie vor das Letzte abverlangt. Merkt sie dann, dass sie es nicht mehr schafft, fängt sie an, sich für eine Versagerin zu halten, und die Abwärtsspirale beginnt. Ihre Aufgabe als Ehemann ist es, das Problem rechtzeitig zu erkennen, bevor es zu groß wird.

Die „Hausmutter" ist mindestens so burnout-gefährdet wie die berufstätige Mutter. Ihr Selbstwertgefühl kann sich ja nur auf *einen* „Job" stützen; sie hat nicht das Büro, um sich moralisch aufzurüsten. Dafür hat sie einen der härtesten Jobs, den ich kenne; den ganzen Tag ist sie für die Kinder da, und kaum einer hilft ihr dabei.

Zum Glück sind die Warnzeichen für beginnenden Burnout recht deutlich: Die Mutter schläft schlecht, wird langsamer, vernachlässigt ihr Äußeres und weint ohne ersichtlichen Anlass. Sie meinen, dass sie sich doch wohl melden wird, bevor es so schlimm wird? Aber das tun nicht alle Mütter, und damit sind Sie an der Reihe: Springen Sie ein, ohne lange gefragt zu werden, lassen Sie Ihre Frau nicht zur Märtyrerin für ihre Kinder (oder für Sie!) werden.

Springen Sie ein, ohne lange gefragt zu werden, lassen Sie Ihre Frau nicht zur Märtyrerin für ihre Kinder (oder für Sie!) werden.

Ich weiß, ich weiß, Sie haben so schon genug zu tun, und als Geschäftsmann haben Sie gelernt, nie mehr zu geben als das, was ausgehandelt worden ist, und das übrige als Reserve für künftige Verhandlungen in der Hand zu behalten. *Aber Ihre Frau ist Ihre Partnerin, nicht Ihre Konkurrentin.* Und Partner wissen nicht immer selber, was sie wirklich brauchen. Kennen Sie das nicht? Eine Abteilung in Ihrer Firma hat Probleme, aber sie will nicht in aller Augen schwach dastehen, vielleicht auch niemandem zur Last fallen, und so versucht sie wacker weiter, sich aus dem Loch herauszuziehen, und rutscht immer tiefer hinein. Wo ist der Manager, der schlechte Nachrichten genauso schnell weitergibt wie die guten? Hier sind die Köpfe der Firma gefordert, rechtzeitig einzugreifen, bevor gar nichts mehr läuft.

Eine Ehefrau mit Burnout steckt bereits in einem Teufelskreis: In dem Maße, wie ihre Kinder ihr Problem spüren, klammern sie sich noch mehr an sie. Lassen Sie sie nicht noch in einen zweiten Teufelskreis fallen, indem Sie auf die sich verschlimmernde Lage mit Rückzug reagieren. Ziehen Sie sich jetzt, wo Ihre Frau Sie so dringend braucht, nicht hinter Ihren Schreibtisch zurück, sondern setzen Sie sich hin und besprechen Sie das Problem mit ihr. Gemeinsam werden Sie die richtigen Lösungen finden.

Die Burnout-Mutter braucht Verschiedenes von Ihnen. Zunächst einmal genügend Schlaf. Wir sind eine chronisch schlafgestörte Gesellschaft, und Mutter sein ist ein Knochenjob. Des Weiteren können Sie Ihren Anteil an der Hausarbeit erhöhen. Oder Ihrer Frau klar machen, dass die Gardinen nur ein Mal im Jahr gewaschen zu werden brauchen. Oder vorübergehend eine Putzfrau einstellen.

Doch vielleicht noch wichtiger ist, dass Sie die tägliche Sisyphus-Arbeit Ihrer Frau gebührend anerkennen. Die Kosmetik-Königin Mary Kay Ash hat gesagt: „Die beiden Dinge, die die Menschen mehr brauchen als Sex und Geld, sind Anerkennung und Lob." Und Anerkennung und Lob sind nicht schwer zu geben: Hören Sie Ihrer Frau jeden Abend zu, nehmen Sie Anteil am Geschehen des Tages, machen Sie ihr kleine Komplimente. Dies hilft Ihnen auch, Ihre eigene Einstellung zur Haus- und Erziehungsarbeit zu überprüfen. Wenn Sie nicht hinhören, wenn Ihre Frau Ihnen Juniors Nachmittag mit dem neuen Spielfreund schildert, verpassen Sie nicht nur wichtige Informationen, sondern signalisieren Ihrer Frau auch, dass ihr Alltag Ihnen egal ist.

Die **Sicherung Ihrer Ehe** können Sie erreichen, wenn Sie hinter Ihrer Frau stehen. Dies verbessert im Übrigen auch die Vaterarbeit.

Wenn Sie hinter Ihrer Frau stehen, verbessert das logischerweise Ihre Ehe, was wiederum Ihre Vaterarbeit verbessert. Glücklich verheiratete Männer sind einfach die besseren Väter. Kriselt es dagegen in der Ehe, zieht der Mann sich leicht zurück oder kommuniziert nur noch mit bleihaltigen Worten. Es kann sogar sein, dass die Kinder sich daneben benehmen, um die Eltern wieder zusammenzubringen;

die meisten Kids haben es lieber, wenn die Eltern *sie* anschreien, als wenn sie sich gegenseitig fertig machen.

Moral: Es lohnt sich, wenn Sie Ihre Ehe fit halten und sich regelmäßig Zeit nehmen, all das an Ihrer Beziehung zu feiern und zu pflegen, das Sie damals, lange bevor die Kinder kamen, zum dem Entschluss brachte: Mit dieser Frau will ich den Rest meines Lebens verbringen.

Für jeden Teufelskreis gibt es einen Gegenkreis. *So wie es Ihren Kindern hilft, wenn Sie in Ihre Ehe investieren, hilft es auch Ihrer Ehe, wenn Sie in Ihre Kinder investieren.* Erstens: Wenn Sie Ihre Kinder verstehen, werden Sie auch Ihre Frau und das, was sie leistet, besser schätzen. Zweitens: Bei dem wichtigsten Projekt Ihres Lebens mit ihr als Partnerin zusammenzuarbeiten, wird Ihre Beziehung enorm vertiefen. Drittens: Wenn Sie Ihren vollen Anteil an der Erziehungsarbeit übernehmen, machen Sie Ihrer Frau das Leben leichter, und sie wird Ihnen ewig dankbar sein. Und viertens: Unterschätzen Sie nie ihren eingefleischten Mutterinstinkt. Lieben Sie ihre Kleinen, schmusen Sie mit ihnen, helfen Sie, dass sie glücklich und gesund bleiben, bleiben Sie Ihrer Rolle als Vater (nicht als Ersatzmutter!) treu, und Ihre Frau wird Sie mit einer Leidenschaft lieben, von der ein Don Juan nur träumen kann.

So wie es Ihren Kindern hilft, wenn Sie in Ihre Ehe investieren, hilft es auch Ihrer Ehe, wenn Sie in Ihre Kinder investieren.

Wenn Partner uneins sind

Selbst die harmonischsten Partner sind nicht immer einer Meinung, und so ist das letzte Kriterium für erfolgreiche Joint Ventures ein konstruktiver Mechanismus zur Lösung von Meinungsverschiedenheiten. Wie der Film-Mogul Darryl F. Zanuck es ausgedrückt hat: „Wenn zwei Partner ständig einer Meinung sind, taugt der eine nicht. Wenn sie dauernd verschiedener Meinung sind, taugen sie beide nicht.“

Wenn Sie mit Ihrer Frau in Sachen Erziehung im Dauerclinch liegen, sind Sie möglicherweise versucht, sich und den anderen den ganzen Stress zu ersparen, indem Sie sich dezent zurückziehen und Mutter das Feld überlassen. Aber für diese Option ist der Erziehungsjob zu wichtig. Sie müssen beide weitermachen, so lange, bis Sie eine Lösung gefunden haben.

Wenn Sie erfolgreich zusammenarbeiten wollen, müssen Sie lernen, Meinungsverschiedenheiten konstruktiv zu lösen.

Solche Konflikte können Ihr väterliches Engagement sogar noch vertiefen, denn sie spornen Sie wie kaum etwas anderes an, die Probleme durchzudenken. Wenn Sie für etwas kämpfen, an das Sie glauben, überzeugen Sie nicht nur andere, sondern auch sich selbst. Doch je mehr Fakten Sie und Ihre Frau beide kennen, um so wahrscheinlicher ist es, dass Sie sich rasch einigen. Führungskräfte in der Wirtschaft gehen manchmal in eine Klausurtagung, um Probleme in Ruhe zu durchdenken; vielleicht sollten auch Ihre Frau und Sie sich einmal im Monat zurückziehen, um die härteren Familiennüsse gemeinsam zu knacken.

Es ist unbedingt wichtig, dass Sie zu einem Konsens kommen. Drastische Kursänderungen in Ihrem Erziehungsstil sind mit das Schlimmste, was Sie Ihren Kindern antun können; sie brauchen Stabilität, und nicht mal *Hü!* und mal *Hott!*. Hüten Sie sich davor, in Hörweite der Kleinen etwa Diskussionen darüber zu führen, wie viel Fernsehen gut für sie ist. Sie riskieren sonst gleich mehreres.

Ein Haus, das mit sich uneins ist

Undeutliche Botschaften. Die Marketing-Experten betonen, wie wichtig es ist, den Kunden nicht mit unterschiedlichen Aussagen zu verwirren. Ganz ähnlich zu Hause: Wenn die Mutter „Hü!“ und der Vater „Hott!“ sagt, weiß das Kind bald nicht mehr, wem es folgen soll, und was nun das Richtige ist. Zum Schluss verliert es jeden Glauben an den Sinn von Regeln.

Autoritätsverlust. Wenn Kinder merken, dass zwei Erwachsene sich streiten, folgern sie, dass mindestens einer von ihnen falsch liegt. Und wenn der eine Elternteil nicht die Autorität des anderen achtet (z.B. wenn Sie dem Kind Bonbons zuschieben, obwohl Ihre Frau „Nein" gesagt hat), werden die Kids nicht einsehen, warum sie ihren Eltern gehorchen sollen.

Waffen in Kinderhand. Wenn Sie sich vor den Kindern über sie streiten und sie den Standpunkt des Siegers der Diskussion nicht mögen, können Sie sicher sein, dass sie Ihnen die Argumente des Verlierers bis zum Sankt-Nimmerleins-Tag aufs Butterbrot schmieren werden.

Zwischen zwei Fronten. Haben Sie schon einmal in einer Firma gearbeitet, in der das Management in sich zerstritten war? Dann wissen Sie, was für eine Cliquenwirtschaft dort herrschte und wie die Arbeitsmoral vor die Hunde ging, bis nichts mehr lief. Zu Hause ist es genauso – nur noch schlimmer, denn Kinder sind noch nicht alt genug, um eine feste eigene Identität zu haben; sie brauchen unbedingt ein solides Fundament ohne Risse. Ein geteiltes Haus kann nicht bestehen.

Die falschen Lektionen. Kinder lernen viel von dem, was sie an uns beobachten, und es entgeht ihnen kaum etwas. Es ist okay, wenn sie ein konstruktives Gespräch über Erziehungsfragen mitbekommen, das ihnen zeigt, dass ihre Eltern einander achten, bestimmte Grundsätze gemeinsam haben und ihr Bestes wollen. Es ist nicht mehr in Ordnung, wenn dieses Gespräch in eine Streiterei ausartet; dies gibt den Kids ein völlig falsches Vorbild für den Umgang mit Meinungsdifferenzen.

*****

Doch es gibt etwas, das noch schlimmer ist, als wenn Sie sich vor den Kindern mit Ihrer Frau streiten: wenn Sie sie hinter ihrem Rücken vor den Kindern schlecht machen. Solch eine Illoyalität untergräbt ihr Ansehen bei den Kindern, zerstört ihr Vertrauen in Sie und schürt Ängste über den Zustand Ihrer Ehe. Sie sind geschieden? Dann ist Loyalität genauso wichtig, denn das Vertrauen Ihrer Kinder in Sie beide ist bereits angeschlagen. Alles, was in diesem Kapitel gesagt wurde, gilt genauso für Geschiedene wie für Verheiratete. Der geschiedene Vater muss sogar den Austausch mit der Mutter der Kinder noch mehr pflegen, egal, wer das Sorgerecht hat.

Wissen ist Macht

Warum informierte Väter besser sind

Den Kunden kennen

Bei einem meiner ersten Risikokapital-Deals investierten wir in eine tolle Firma, die Kabelfernseh- und Telefondienstleistungen an Fernfahrerraststätten anbietet, für die Brummi-Fahrer in ihren Schlafkabinen. Der Fahrer zahlt eine monatliche Gebühr und bekommt dafür zwanzig Kanäle Kabel-TV, Telefon und Internet-Zugang. Die Firma hat exklusive, lang laufende Verträge mit den größten Brummi-Raststättenketten in den USA und macht das Leben Hunderttausender von Fernfahrern, die zwanzig Nächte oder mehr pro Monat in ihren Schlafkabinen verbringen, ein wenig leichter.

Nach unserer Investition trat ich dem Vorstand bei, und die eigentliche Arbeit begann. Mehrere Male pro Woche (manchmal pro Tag) rief ich die Manager an, um herauszufinden, was sie gelernt und geleistet hatten, oder wo es Probleme gab. Dazu kamen natürlich Vorstandssitzungen, Vorstellungsgespräche und Trips zu solchen Events wie der jährlichen Mid-America Truck Show in Louisville (Kentucky).

Die Fragen, die wir durchackern mussten, wollten kein Ende nehmen. Wie viele Fernfahrer nahmen den Service in Anspruch? Was für TV-Kanäle bevorzugten sie? Wie viele Raststätten mussten den Service anbieten, bis der Sättigungsgrad erreicht war? Und so weiter und so weiter.

Warum ich dieses Beispiel hier erwähne? Wir hatten viel Geld in diese Firma gesteckt, und die einzige Möglichkeit, diese Investition zu schützen, bestand darin, dass wir so viel wie irgend möglich über die Firma, ihre Umgebung, ihr Tätigkeitsfeld und ihre Perspektiven in Erfahrung brachten. Jeden Augenblick konnten wir diese Informationen brauchen – für ein Brainstorming mit dem Management, für Strategie-Empfehlungen, für die Mittelbeschaffung oder das Anheuern neuer Manager. Und für das Management war das Wissen, dass wir Investoren gewisse Leistungsdaten mit Argusaugen verfolgten, natürlich ein Anreiz, sich noch besser um diese Dinge zu kümmern.

Information ist das Grund-Handwerkszeug jedes guten Geschäftsmanns, und unsere wichtigsten Aufgaben sind, sie zu sammeln, zu verarbeiten und anzuwenden. Natürlich ist nicht jede Information gleich wichtig. Sie muss detailliert und gründlich sein, denn der Teufel steckt bekanntlich im Detail.

Für den guten Vater steckt auch die Liebe im Detail.

Für den guten Vater steckt auch die Liebe im Detail. Um Ihre Kinder lieben zu können, müssen Sie sie kennen, und Sie kennen sie erst dann, wenn Sie Ihre Hoffnungen, Ängste, Freunde, Feinde, Stärken und Schwächen, ihre Leibspeise und neuesten Wörter kennen – kurz: alles, was Sie über sie herausfinden können, ohne zu aufdringlich zu sein.

Das erste Gebot für jeden Verkäufer lautet: „Kenne deinen Kunden." Viele Geschäftsleute legen großen Wert darauf, die persönlichen Daten ihrer Kunden und Kollegen zu kennen – den Namen des Ehepartners, das Alter ihrer Kinder, ihre Hobbys. Viele Unternehmen investieren große Summen in demographische und psychologische Profile ihrer Kunden, und oft lautet ihre unausgesprochene Werbe-Botschaft: „Unser Produkt ist nicht nur gut, es ist genau das Richtige für Sie, weil wir wissen, was Sie wollen." Die gleiche Regel gilt für unsere Kinder, die „Konsumenten" unserer väterlichen Bemühungen.

Was bringt es dem Vater, „seinen Kunden zu kennen"? Die Vorteile sind ganz ähnlich wie im Berufsleben.

Wissen ist Macht

Die Macht zu dienen. Die besten Bosse wissen, dass ein Großteil ihres Jobs darin besteht, ihren Mitarbeitern zu dienen – ihnen die Ermutigung, Information und Mittel zu geben, die sie brauchen, um die Vision des Unternehmens zu verwirklichen. Aber dazu müssen sie natürlich wissen, was gerade am dringendsten gebraucht wird. Genauso sind auch Ihre noch so selbstlosen Bemühungen, Ihren Kindern zu dienen, umsonst, wenn Sie ihre Bedürfnislage nicht kennen. Woran erkennen Sie, dass die Kinder Hilfe brauchen? Wie merken Sie, was am besten für sie ist? Oder wann Sie ihnen das geben sollten, was sie zu brauchen meinen?

Die Macht zu lehren. Sie müssen herausfinden, was Ihre Kids (oder Ihre Trainees) wissen, und wie sie zu diesem Wissen gekommen sind. Nur dann wissen Sie, was sie als Nächstes lernen können, und wie Sie es Ihnen am besten beibringen. Manchmal müssen Sie ihnen auch bei wichtigen Lebensentscheidungen mit Rat zur Seite stehen. Wenn Sie keine Ahnung haben, was in ihren Köpfen vorgeht, werden sie Ihren Rat ignorieren (oft sogar zu Recht).

Die Macht zu überzeugen. Der erste Schritt zur Motivierung Ihrer Kinder, wie übrigens auch zur Motivierung Ihrer Angestellten, ist, dass Sie ihre Wünsche und Vorlieben verstehen. Was ist ihr Motor? Welche Belohnungen geben ihnen den stärksten Anreiz? Nichts hilft Ihnen besser, eine Diskussion mit dem aufmüpfigen Junior zu gewinnen (wenn Sie denn auf Strafen und Zwang verzichten wollen), als zu wissen, wie er denkt.

Die Macht Fehler zu vermeiden. Die Leute von General Motors hatten kein spanisches Wörterbuch konsultiert, als sie den Chevy Nova in Lateinamerika unter demselben Namen auf den Markt brachten, sonst hätten sie gewusst, was ihnen jetzt grinsend erklärt wurde: dass *no va* „läuft nicht" bedeutet. Die Annalen des Marketings sind voll von solchen Fehlern – weil an und für sich intelligente Firmen sich nicht die Mühe machten, ihre Kunden zu studieren. Vermeiden Sie dieses Stümpertum bei Ihren Kindern!

Die Macht zu experimentieren. Doch manchmal kommt man nur durch Fehler zu Innovationen. Aber aus den Fehlern lernen können Sie nur, wenn Sie Ihre Kinder so genau beobachten, dass Sie die Fehler, die Sie machen, sofort registrieren. Die gelben Klebenotizzettel, die heute jeder benutzt, wären vielleicht nie erfunden worden, wenn die Experten bei 3 M sich nicht jenen Klebstoff genauer angesehen hätten, der nicht stark genug für ein Klebeband war.

Die Macht Entscheidungen zu treffen. Wie oft werden im Geschäftsleben große Gelegenheiten verpasst, weil jemand sich nicht die Mühe machte, die relevante Information einzuholen? Im Zweifelsfall sagt man lieber Nein oder schiebt die Sache auf, als ein Ja mit ungewissen Folgen zu riskieren. Zu Hause ist es oft umgekehrt: Die Eltern sagen Ja, um auf Nummer Sicher zu gehen, ohne zu wissen, worauf sie sich da einlassen. Wenn Ihr Elfjähriger Sie das nächste Mal fragt, ob er bei Markus übernachten darf, werden Sie eine fundiertere Entscheidung treffen können, wenn Sie wissen, wie Markus' Eltern so sind.

Die Macht zu beschützen. Um die Sicherheit von Leib und Leben ihrer Kinder zu gewährleisten, müssen Sie wissen, in welchen Situationen sie versucht sind, ihre Grenzen zu überschreiten. Wenn sie größer sind und es mehr um ihre innere Entwicklung geht, werden Eltern, die sich viel um sie kümmern, sehr früh Warnzeichen entdecken. Seit der Havarie der *Valdez* fährt Exxon diese Linie mit den fähigsten Kapitänen seiner Öltanker.

Die Macht zu verändern. Märkte und Kunden verändern sich, und Unternehmen, die damit nicht Schritt halten, gehen unter – ein Prozess, den der Ökonom Joseph Schumpeter „schöpferische Zerstörung" genannt hat. In der *Fortune*-Liste der 500 Top-Unternehmen sind in der Zeit von der ersten Ausgabe 1955 bis 1997 37 der 50 Firmen an der Spitze entweder weit abgerutscht oder ganz verschwunden. Ein Unternehmen, das sich nicht verändert, geht unter. Auch Ihre Kinder haben ihre Phasen der „schöpferischen Zerstörung", in denen bestimmte Züge ihrer Persönlichkeit durch andere ersetzt werden. Wenn Sie diese Veränderungen nicht erkennen, werden Sie Ihr eigenes Verhalten und Ihre Erwartungen erst dann ändern, wenn die (möglicherweise hässlichen) Umstände Sie dazu zwingen.

Die Macht Freundschaften zu schließen. Mal ehrlich: Sie können nicht der „Kumpel" Ihrer Kinder oder Mitarbeiter sein, das lassen Ihre Pflichten als Erwachsener nicht zu. Doch wenn Ihre Kinder selber erwachsen geworden und Sie nicht mehr der Erzieher sind, kann sich eine Freundschaft entwickeln, wie sie schöner nicht sein kann, weil Sie sich ja kennen, seit die Kinder geboren wurden. Auch wenn Sie also als „Chef" Ihrer Kinder noch nicht ihr Freund sein können – Sie können das Fundament für die spätere Freundschaft legen.

*****

Natürlich ist Wissen mehr als Macht. Ihre Kinder sind faszinierende Wesen, übersprudelnde Lebenswunder, die Sie selber mitgeschaffen haben, und je mehr Zeit Sie sich für sie nehmen, desto faszinierender werden sie. *Was kann es Spannenderes für einen Vater geben als seine eigenen Kinder?*

Was kann es Spannenderes für einen Vater geben als seine eigenen Kinder?

Fremde Kulturen

Amerikas zweitgrößter Hersteller von Haushaltgroßgeräten wie Kühlschränken und Geschirrspülern ist General Electric. In den 1990-er Jahren erkannte General Electric, dass Asien der am schnellsten wachsende Markt war. Die Firma verbrachte daraufhin Monate damit, jedes Land in der Region genau zu studieren: Marktgröße, Konkurrenz, Bevölkerung, Kultur, Geschichte. Erst dann ging sie auf den asiatischen Markt – mit für jedes Land maßgeschneiderten Produkten, Produktionsstätten, Marketing und Verkauf. Das Ergebnis? Ein Profit von ca. 320 Millionen Dollar in den Jahren 1994 – 1996; im gleichen Zeitraum *verlor* Whirlpool, der größte US-Hersteller, in Asien 142 Millionen Dollar.

General Electrics Erfolgsgeheimnis war, dass es erkannt hatte, dass die asiatischen Märkte nicht nur allesamt unamerikanisch, sondern auch voneinander verschieden waren. Karriere-Väter, aufgepasst: Was für fremde Kulturen gilt, gilt auch für jene unbekannten Wesen, unsere Kinder.

Kinder sind anders als Erwachsene, im Denken und Fühlen.

Kinder haben ein anderes Denken als wir (sie sind offener ichbezogen), andere „territoriale“ Bedürfnisse (nah und kuschelig) und eine andere Lärmempfindlichkeit (lauter ist meistens schöner). Und einer der allergrößten Unterschiede ist ihr Zeitgefühl, das viel gelassener und unschärfer ist als unseres. Stundenpläne, Termine, systematisches Planen müssen sie erst mühsam lernen. Kleinkinder sprechen sogar langsamer als wir, da sie ihre Sätze aus Wörtern bilden, die sie oft noch nie zuvor aneinander gefügt haben.

Apropos Sprechen: Die größte Kluft zwischen Kindern und Erwachsenen ist wahrscheinlich die Sprache: die Wörter, die die Kleinen nicht kennen, die Wörter, die sie als Ersatz erfinden, die Gefühle und Gedanken, die sie nicht ausdrücken wollen oder können. Kleinkinder sagen oft Nein, wenn sie Ja meinen (bei japanischen Geschäftspartnern ist es oft umgekehrt). Die Kindersprache lernen, das ist gerade so wie ein neues Land oder eine neue Branche erforschen.

In meinen acht Jahren bei Salomon Brothers konnte ich mit Unternehmen in vielen Ländern und Branchen arbeiten. Das Kennenlernen so vieler neuer Kulturen hat meinen Horizont sehr erweitert (und mich ein Stückchen demütiger gemacht). Dann kam das Rathaus, wo die Unterschiede noch größer waren (im privaten Sektor hatten wenigstens alle das Profit-Motiv), und jetzt bin ich Risikokapitalgeber, und meine Firma hat in alles Mögliche investiert, bis hin zu dem schottischen Unternehmen, das uns das Klon-Schaf „Dolly“ bescherte. All diese „grenzüberschreitenden“ Abenteuer haben mich gut vorbereitet auf den noch größeren Kulturschock mit meinen Kindern.

Man lernt eine fremde Kultur leichter, wenn man auf Tuchfühlung zu ihr geht. „Am Ball bleiben“ – dieser Rat gilt nicht nur bei unseren Kunden, sondern auch bei unseren Kindern. Die Methoden sind dabei ähnlich, wie die folgende Liste zeigt, aber Sie haben zu Hause einen großen Vorteil: *Sie lieben Ihre Kinder, und Ihre besten Methoden, auf Tuchfühlung mit ihnen zu kommen, sind eigentlich nichts als verschiedene Arten, diese Liebe zu zeigen.*

Man lernt eine fremde Kultur leichter, wenn man auf Tuchfühlung zu ihr geht.

Ran an die Kids!

Fangen Sie zeitig an. Einen wichtigen Neukunden kann man nicht früh genug kennen lernen. Fangen Sie am besten schon während der Schwangerschaft an, mit Ihrem Kind zu reden; dann gewöhnt es sich schneller an Ihre Stimme, und Sie bauen rascher eine Beziehung zu ihm auf.

Nehmen Sie sich Zeit. Wenn ich eine potenzielle Investition prüfe, werde ich stutzig, wenn wichtige Kunden mir berichten, dass die Firma sich in der letzten Zeit wenig um sie gekümmert hat. Das gleiche mulmige Gefühl kriege ich, wenn ich lese, dass der Durchschnittsvater in jedes seiner Kinder pro Tag nur fünf Minuten investiert. Ich werde auf das Problem „Zeit haben" in dem Kapitel „Wenn Mann zwei Berufe hat" noch näher zurückkommen. Hier möchte ich nur vorweg festhalten, dass Mehr besser ist. Das braucht keine geplante Zeit zu sein; mit die schönsten Augenblicke ergeben sich auf dem Weg vom Sofa zum Kühlschrank. Kommunikation per Handy mag's zur Not einmal tun, aber nichts bringt einen so nah wie der direkte Kontakt.

Mein leuchtendes Vorbild ist hier mein Vater, der trotz seiner vielen Verpflichtungen im Sommer unermüdlich Pingpong mit mir spielte, immer die nächste „nur noch eine Runde". Was waren das für Geschenke, diese Vater-Sohn-Stunden in unserer Garage!

„Vergeudete Zeit". Das zweitausendste „Guck-guck!"-Spiel mag nicht unsere erste Wahl in Sachen Freizeit sein, aber es ist eine echte Investition in das Miteinander mit unseren Kids – und je besser wir sie kennen, um so weniger werden sie uns langweilen. „Vergeudete Zeit" ist selten wirklich vergeudet.

Nutze den Augenblick. Sie verpassen jene goldenen Momente, die das Vatersein so lohnend machen, und werden Ihre Kinder nicht kennen lernen, wenn Ihre Gedanken ständig bei der Konferenz von morgen sind und nicht bei dem Märchenbuch, aus dem Sie gerade vorlesen. Planen Sie die Konferenz während Ihrer Arbeitszeit; Sie werden sich in ihr besser konzentrieren können, wenn nicht das schlechte Gewissen an Ihnen nagt, weil Sie wieder keine Zeit für die Kleinen hatten.

Lernen Sie die Sprache. Wenn Sie in eine neue Branche einsteigen wollen, müssen Sie ihre Sprache lernen. Sie kommen nicht weit im Computer-Business, wenn Sie Mäuse beim Zoohändler bestellen. Mindestens genauso wichtig ist, dass Sie die Sprache Ihrer Kinder lernen. Die Regel Nr. 1 lautet hier, die Junioren weder von oben herab zu behandeln noch wie kleine Erwachsene. Diese richtige Balance ist so wichtig, dass ich gleich noch genauer auf sie zurückkomme.

Benutzen Sie Körpersprache. Der Händedruck, den Sie mit Ihrem Kunden wechseln, wird natürlicher, wenn Sie diesen Menschen mögen. Bei unseren Kindern sollten Körperkontakte jeglicher Art – das leichte Tätscheln, das Schmusen mit Kuss oder die ganz dicke, feste Umarmung, die nur Papa richtig kann – natürlich sein. Wenn mein Vater und ich nach unseren Pingpong-Runden zurück ins Haus gingen, legte er oft seinen Arm um meine Schultern – einfach so. Ich erinnere mich an diese Augenblicke wie an einen goldenen Traum.

Erleben Sie die Kinder zusammen mit ihren Freunden. Wenn ich eine Firma prüfe, besuche ich immer ihre Geschäftsräume, um zu sehen, wie die Atmosphäre dort ist. Diese unangemeldeten Besuche geben mir ein realistischeres Bild von dem Unternehmen als extra vorbereitete Präsentationen.

Ähnlich verhalten unsere Kinder sich unter ihren Freunden anders als gegenüber uns. Je mehr Sie sie zusammen mit anderen Kindern erleben, um so besser verstehen Sie, mit was für Augen sie die Welt sehen. Diese Freunde bieten Ihnen auch den nötigen Vergleichsmaßstab, um die Individualität Ihrer Kinder besser einschätzen zu können. Ich glaube, mit der Hauptgrund, warum die meisten Mütter ihre Kinder besser kennen als die Väter, ist eben dies, dass sie sie öfter beim Spielen mit Freunden erleben.

Zeigen Sie Ihre Prioritäten. Würden Sie vor einem Kunden, der nach einer Stunde Wartezeit endlich vor Ihnen sitzt, Ihre Post durchgehen? Wenn Sie von der Arbeit nach Hause kommen, dann rennen Sie nicht zu Ihrem Faxgerät, sondern setzen Sie sich – vielleicht, nachdem Sie sich vorher umgezogen haben – mit Ihren Lieben hin und lassen Sie sich erzählen, wie ihr Tag war. (Sie müssen erst „zu sich kommen"? Versuchen Sie das auf dem Nachhauseweg und nicht erst, wenn Sie da sind.)

Ihre Frau und Kinder werden es zu schätzen wissen, wenn für Sie „zu Hause" wirklich „zu Hause" bedeutet. Wenn Sie länger gearbeitet haben als Ihre Frau, können sie und die Kleinen wahrscheinlich eine Pause voneinander gebrauchen, während Sie frisch sind. Sie meinen, Sie sind nicht frisch, sondern müde? Aber Ihre Familie ist ja nicht Ihr Büro; sie verlangt Energie aus anderen Batterien. Wenn Sie als Erstes an Ihren Schreibtisch gehen und erst danach zu den Kindern, werden Sie (und die Junioren) freilich wirklich zu müde sein. Fangen Sie mit dem Spielen an, dann werden Ihre Berufsbatterien wieder aufgeladen sein, wenn die Kleinen im Bett sind. (Dies ist eine Regel mit Ausnahmen; jeder Abend ist anders.)

Ihre Frau und Kinder werden es zu schätzen wissen, wenn für Sie „zu Hause" wirklich „zu Hause" bedeutet.

Als unsere Kinder klein waren, hatten wir folgendes Ritual, wenn ich abends an der Haustür klingelte: Alle begrüßten mich am Lift, und dann zogen wir in einer kleinen Prozession in unsere Wohnung, hinein in die Welt der Familie. Es gab dem Abend die richtige Atmosphäre und dem müden Papa die nötigen inneren Streicheleinheiten.

Sehen Sie durch die Fassade hindurch. Ihre Kunden kommen womöglich aus einem anderen Land oder einer anderen Kultur und Religion; unsere Kinder scheinen manchmal von einem anderen Stern zu kommen. Doch innen drin brauchen sie Ihre Liebe und Verständnis so wie eh und je. Selbst in der Pubertät ist Papa immer noch der wichtigste Mann in ihrem Leben

Geben Sie Ihre Kinder nicht auf. Jeder gute Verkäufer kann Ihnen sagen, dass „Nein" der Punkt ist, wo das Verkaufen beginnt. Wenn Ihre Kinder Sie mit Kater Karlo vergleichen und Ihnen den baldigen Tod wünschen, ist die natürliche Reaktion, dass Sie sich enttäuscht zurückziehen und Ihre Wunden lecken. Aber vergessen Sie nicht: Sie sind erwachsen, die Kids nicht. Sie werden nicht zugeben, wie sehr sie Sie brauchen; folglich müssen *Sie* die Friedensfühler ausstrecken. Bewusst oder unbewusst testen Ihre Kinder vielleicht nur, wie ernst Sie es mit ihnen meinen. Zeigen Sie ihnen, dass ihr Verhalten nicht akzeptabel ist, aber brechen Sie nicht mit ihnen.

Es darf Ihnen Spaß machen! Ihr Kunde wird sich seinen Reim darauf machen, wenn Sie bei dem Geschäfts-Lunch gelangweilt auf Ihrem Teller herumstochern. Auch Ihre Kinder merken es unweigerlich, wenn sie für Sie nur eine lästige Pflicht sind. Nun, wenn Sie es schaffen, an ihrem großen, aber langweiligen Kunden etwas Interessantes zu entdecken, dann doch sicher erst recht an Ihren so faszinierenden Kleinen.

*****

Ich hatte Ihnen versprochen, noch mehr zu dem Thema „Sprache" zu sagen. Wie gehen wir damit um, dass Kinder so anders kommunizieren als wir? Die Lösung: Kommen Sie ihnen auf halbem Weg entgegen; lernen Sie ihre Sprache so weit, dass Sie sie verstehen können, aber zeigen Sie ihnen auch, wie die Erwachsenen es machen. Nichts lernen Kinder so schnell wie das Sprechen.

Aber wie lernen wir *ihre* Sprache? Das Ideal wäre sicherlich ein Wörterbuch Kinderdeutsch – Erwachsenendeutsch. Das Zweitbeste ist eine Anleitung zum „Übersetzen", und das ist es, was ich Ihnen im Folgenden bieten möchte. Ich habe diese Anleitung, der Struktur jeder Kommunikation entsprechend, in zwei Abschnitte aufgeteilt: in das *Hören* und das *Reden*.

Beginnen wir mit dem Hören. Entgegen der Meinung mancher Manager ist das Gegenteil von „Reden" *nicht* „darauf warten, dass man selber reden kann". Unsere Ohren haben wir von Geburt an, ihre richtige Benutzung müssen wir lernen. Wussten Sie, dass manche Krankenhäuser und Fluglinien ihren Ärzten und Piloten Kurse im richtigen Hören verordnen? Ein falsch verstandener Satz kann den Unterschied zwischen Tod und Leben bedeuten.

Entgegen der Meinung mancher Manager ist das Gegenteil von „Reden" *nicht* „darauf warten, dass man selber reden kann".

Was ist wohl wichtiger – verstehen, was die Kids uns sagen wollen, oder den Kaffee genau richtig machen? (Kaffee-Fanatiker wollen vielleicht eine Minute darüber nachdenken.)

Alle herhören!

Hören Sie gut zu. Klingt trivial, ist aber nicht einfach. Unser Kopf ist ja so voll mit hundert anderen Dingen. Aber die Kids haben, wie gesagt, Röntgenaugen für Desinteresse. Sie werden Ihnen die wichtigen Dinge nicht erzählen, solange Sie nicht bewiesen haben, dass Sie selbst die unwichtigsten ernst nehmen – die gar nicht so unwichtig sind, denn mit ihnen versuchen die Kinder ja, Ihr Ohr zu bekommen. Sie haben beim Zuhören zwei Aufgaben: zu verstehen und Interesse zu zeigen. Sie versagen bei beiden, wenn Sie gar nicht erst hinhören.

Hören Sie „nah" zu. Viele Führungskräfte machen den Fehler, zu viel Abstand zu ihren Mitarbeitern zu halten. Sie residieren in gut isolierten Bürosuiten, in die Gerüchte und Informationen nur zögernd dringen. Auf unseren Job zu Hause angewandt: Es ist schwierig, Ihrem Dreijährigen zuzuhören, wenn Ihr Kopf einen Meter über dem seinen schwebt. Begeben Sie sich auf seine Ebene; sitzen, knien, legen Sie sich hin – es sei denn natürlich, Sie ziehen es vor, ihn auf den Arm zu heben.

Schauen Sie nicht auf die Uhr. Sie wollen, dass Ihre Kinder Sie als jemanden erleben, der Zeit für sie hat. Es ist in Ordnung, wenn Sie ihnen gleich zu Beginn des Gesprächs sagen, dass Papa zu tun hat. Aber wenn die Kleinen bereits in Fahrt sind, ist nichts eine kälte re Dusche als der Vater, der dauernd auf die Uhr schaut, mit den Fingern trommelt oder ihre Sätze für sie zu Ende führt und Ihnen so zeigt, dass er keine Zeit hat.

Fühlen Sie sich in das Kind hinein. Das Leben ist oft subjektiv, wie der Philosoph George Berkeley mit dem folgenden Experiment demonstrierte: Tauchen Sie Ihre linke Hand in kaltes und die rechte in heißes Wasser, und dann tauchen Sie beide in lauwarmes Wasser. Ihre linke Hand wird Ihnen signalisieren, dass das lauwarme Wasser heiß ist, die rechte wird es kalt finden! Wir können nie davon ausgehen, dass die anderen die Dinge genauso sehen wie wir – das macht ja das Leben so spannend.

Wer nicht die Perspektive des anderen bedenkt, ist wie jene Cartoon-Figuren, die fröhlich über die Kante einer Klippe marschieren und zu spät merken, dass sie nur noch Luft unter den Füßen haben. Wir müssen eine gemeinsame Basis schaffen, und das geht nur, wenn wir ehrlich versuchen, den anderen zu verstehen. Wie man das macht? Indem man „mit beiden Ohren zuhört", wie Julie das ausdrückt, und *echtes* Interesse zeigt. Dieser Prozess führt nicht immer dazu, dass wir einer Meinung sind, aber nur er kann uns helfen, zu begreifen, wo unser Gegenüber anders ist als wir, und so Missverständnisse zu vermeiden.

Wir müssen eine gemeinsame Basis schaffen, und das geht nur, wenn wir ehrlich versuchen, den anderen zu verstehen.

Machen Sie den Spiegel. Schon das Kleinkind, das noch nicht sprechen kann, ist ein energischer Kommunikator. Helfen Sie ihm, indem Sie ihm zeigen, dass Sie es verstehen. Wenn es z.B. seine Rassel will, geben Sie sie ihm, oder, noch besser, sagen Sie: „Willst du deine Rassel?" und reichen Sie sie ihm erst dann, sodass es das Wort lernt. Oft wollen die Kids Ihnen auch nur ihre Gefühle zeigen oder einen neuen Gesichtsausdruck, den sie erfunden haben. In solchen Situationen machen Sie am besten ihren Spiegel: Ahmen Sie die Grimasse nach, zusammen mit dem passenden Antwortgeräusch, und sie werden begeistert sein: Papa hat's begriffen!

Dies funktioniert auch im Büro. Ihre Kollegen haben schließlich alle ihr „inneres Kind", und sie mögen es unbewusst, wenn Sie auf ihr Lächeln oder ihre hochgezogenen Augenbrauen mit der gleichen Geste reagieren. Beobachten Sie sich einmal selber im Büro; Sie werden merken, wie Sie automatisch solche Reaktionen zeigen, als instinktive Strategie, sich Freunde zu machen und Ihre Mitmenschen zu beeinflussen. Und wenn Sie in München residieren und das nächste Mal einen Kunden in Hamburg anrufen, achten Sie darauf, ob Ihr Akzent sich nicht ein wenig dem des Kunden anpasst.

Geben Sie Feedback. Wenn die Kinder größer werden, vertieft sich das „Spiegeln" zur „paraphrasierenden Antwort". Wiederholen

Sie das, was die Kids Ihnen sagen, mit anderen Worten; wo nötig, verbessern Sie die Grammatik. Zum Beispiel so:

„Papa, wir haben das Ballspielen gestern gewinnt!" – „Ihr habt das Fußballspiel gewonnen? Das ist ja toll!"

Hüten Sie sich aber davor, in den Slang Ihrer Teenager zu fallen; sie benutzen ihn ja gerade, um sich von Ihnen abzusetzen. Beim Paraphrasieren geht es darum, die Dinge mit Ihren eigenen Worten auszudrücken.

Es gibt Firmen, die die paraphrasierende Antwort routinemäßig, z.B. bei der Entgegennahme von Aufträgen benutzen, und so die Fehlerquote erheblich senken. Zu Hause bringt diese Technik Ihnen nicht weniger als acht Vorteile:

- Sie zwingt Sie gut aufzupassen.
- Sie *zeigt*, dass Sie gut aufpassen.
- Sie demonstriert auf taktvolle Weise, wie man etwas korrekter ausdrückt.
- Sie verhindert Missverständnisse.
- Sie hilft Ihnen zu formulieren, was die Kids eigentlich sagen wollen.
- Wenn Ihr Kind ein Gefühl ausdrückt, ist die Benutzung des gleichen Tonfalls in Ihrer Antwort ein Zeichen, dass Sie mit ihm fühlen und sein Gefühl akzeptieren.
- Die Technik hilft Ihnen, bessere Fragen zu stellen. Fragen aus *Ihrer* Perspektive sind meist weniger geeignet, den Kindern die wichtigen Antworten zu entlocken.
- Wenn Sie dem Kind gezeigt haben, dass Sie es verstehen, besitzen Sie das nötige Fundament, um zu handeln – ob es nun um die Lösung des Problems geht, das das Kind plagt, oder darum, Ihrem Willen Geltung zu verschaffen. „Ja, du willst noch nicht nach Hause, nicht wahr? Aber jetzt müssen wir gehen, sonst können wir Mama nicht pünktlich abholen."

Helfen Sie auf die Sprünge. Kinder können nicht immer formulieren, was sie denken oder fühlen. Ihnen mit dem richtigen Wort auszuhelfen oder ihre Gedanken zu Ende zu denken, wenn sie ausgeredet haben, zeigt ihnen nicht nur, dass Papa sie versteht, sondern auch, welche Wörter sie das nächste Mal benutzen können.

Unterbrechen Sie nicht. Helfen ist nicht dasselbe wie Unterbrechen. Bestimmt wissen Sie manchmal schon eine ganze Minute, bevor Ihr Kind seinen Satz zu Ende gebracht hat, was es sagen will. Lassen Sie es ausreden; es braucht die Übung. Andere abwürgen ist zu Hause genauso unhöflich wie im Büro.

Als junger Mann versuchte Randolph Churchill einmal, etwas darzulegen, als sein Vater Winston ihn unterbrach. Als Randolph sein Argument weiterführen wollte, schimpfte Winston: „Unterbrich mich nicht, wenn ich am Unterbrechen bin!“ So sollte es bei Ihnen nicht sein ...

Vorsicht – Fernseher! Vermeiden Sie Gespräche mit den Kindern, während der Fernseher oder das Radio läuft. Sie werden den Kasten nur als Konkurrenz empfinden und meinen, dass er Ihnen wichtiger ist als das, was sie auf dem Herzen haben. Wenn die Kinder Ihnen etwas sagen wollen, während Sie gerade die Zeitung lesen, sollten Sie die Höflichkeit haben, die Zeitung so lange beiseite zu legen. Sie können sich gerne eine Lese- oder Fernsehstunde reservieren, in der Sie nicht gestört werden dürfen, aber ansonsten sollten Sie für die Kids da sein.

Achtung - Telefon! Ihr Telefon ist wichtig, aber es muss nicht Ihr Herrgott sein. Sie führen ja auch keine Marathongespräche während eines Termins mit einem Kunden, und Ihre Kinder sind mindestens genauso wichtig. Wenn Sie während der Spielstunde einen wichtigen Anruf erwarten, sagen Sie den Kindern dies vorher und halten Sie den Anruf kurz. Einige „anruffreie Zonen“ pro Woche oder pro Tag (z.B. wenn Sie die Kleinen ins Bett bringen) sind keine schlechte Idee. (Später können Sie dann die gleiche Rücksichtnahme von Ihren handysüchtigen Teens erwarten.)

Dies bedeutet nicht, dass Sie den Hörer hinlegen müssen, sobald die Kinder zu quengeln beginnen; das würde ihnen nur zeigen, dass Quengeln sich lohnt. Sagen Sie ihnen, dass sie ruhig sein sollen, und legen Sie nicht auf, aber versuchen Sie, das Gespräch kurz zu halten. (Manche Eltern versüßen ihren Kids das Telefon-Warten mit bestimmten Spielzeugen, mit denen sie sonst nicht spielen dürfen.)

Hören Sie auch mit den Augen zu. Selbst größere Kinder können oder wollen nicht alles in Worte fassen. Achten Sie auf Mimik und Körpersprache. Es verstärkt das Geborgenheitsgefühl des Kindes, wenn es merkt, dass Sie es auch ohne viele Worte verstehen (auch wenn es Teenager manchmal an den Rand des Wahnsinns treibt).

Ziehen Sie keine voreiligen Schlüsse. Trotz allen Hörens „zwischen den Zeilen" haben Sie womöglich einen Teil der Botschaft Ihrer Kids nicht mitbekommen. Stellen Sie die nötigen Verständnisfragen, damit es hinterher nicht heißt: „Du verstehst einen ja nie!"

Hören Sie auch bei unangenehmen Dingen zu. Manche Firmen haben interne E-Mail-Foren, in denen die Angestellten das Management nach Herzenslust kritisieren können. Geben Sie Ihren Kids eine Chance, ähnlich offen zu sein. Korrigieren Sie sie, wenn sie falsch liegen oder sich ungehörig ausdrücken, aber rechnen Sie damit, dass sie auch ein Stück weit Recht haben könnten.

*****

Wie wir zuhören, kann wichtiger sein, als das, was wir sagen. In Firma wie Familie gilt das folgende Gesetz des Hörens: Die Menge an Information, die man mitbekommt, ist umgekehrt proportional dazu, wie viel man redet. Aber Neues lernen ist nicht das einzige Ziel von Kommunikation; wir wollen auch belehren, überzeugen und unsere eigenen Gefühle ausdrücken. Eltern wollen nicht nur verstehen, sondern auch verstanden werden. Darum jetzt die folgenden Tipps für das *Reden* mit Ihren Kindern.

Wie wir zuhören, kann wichtiger sein, als das, was wir sagen.

Die Kunst des Gesprächs

Seien Sie nicht Mr. Abrupt. Die meisten wichtigen geschäftlichen Besprechungen beginnen mit Smalltalk. Ähnlich bei den Kids. Es ist besser, erst einmal zu fragen: „Was spielt ihr denn da?", als gleich zu befehlen: „Hört auf und macht euch fertig, die Geschäfte schließen in einer Stunde!" Oder würden Sie in das Büro einer potenziellen Partnerfirma stürmen und ohne Vorbereitung rufen: „Wir zahlen zwei Millionen und keinen Pfennig mehr!"?

Seien Sie konkret. Sie bekommen bessere Antworten auf Ihre Fragen, wenn diese nicht zu allgemein sind. „Habt ihr im Sandkasten gespielt?" ist besser als „Was habt ihr gemacht?". Konkrete Fragen führen zu konkreten Antworten und damit häufig zu lohnenden weiteren Fragen.

Benutzen Sie die sokratische Methode. Vor etwa zehn Jahren schickte Salomon Brothers meine ganze Abteilung in ein teures Tagesseminar über „sokratische Verkaufstechnik". Sie erinnern sich: Sokrates war der griechische Philosoph, der den Schierlingsbecher trinken musste, weil er den jungen Leuten zu viele Ideen in den Kopf gesetzt hatte. Plato hat der Nachwelt die Unterweisungsmethoden seines Lehrers in zahlreichen Dialogen erhalten. Sokrates lehrte vor allem durch Fragen, und in dem Seminar ging es um die Macht des Fragens. Ich lernte, nicht sofort meine Verkaufsargumente herunterzurasseln, sondern etwa so zu beginnen: „Wir wollen ja heute über mögliche Zins-Swaps reden. Aber vielleicht haben Sie noch andere Themen. Was wäre Ihnen noch wichtig für unser Gespräch?" Und wissen Sie, was? Es funktionierte. Bald lernte ich in den ersten zehn Gesprächsminuten Dinge, die die folgenden zwei Stunden viel effektiver machten. Ich erfuhr, was die Kunden wirklich wissen wollten, und oft war das, was sie im Vorfeld sagten, bereits die richtige Antwort. Und: Sie schätzten es, dass da einer sie fragte, was *sie* dachten.

Auf Ihre Junioren angewandt: Es ist besser, sie kommen selber auf das, was Sie ihnen zeigen wollten. „Nimm Udo nicht immer seine Spielsachen weg! Das ist böse und macht ihn traurig!" ist nicht schlecht, aber vielleicht versuchen Sie einmal den folgenden sokratischen Dialog: „Hast du Udo das Auto weggenommen?" – „Ja." – „Was würdest du machen, wenn andere Kinder dir deine Spielsachen wegnähmen?" – „Ich wär' wütend und würd' sie hauen." – „Würdest du denken, das war böse von ihnen!" – „Na, klar!" – „Dann weißt du ja jetzt, wie Udo zumute ist." Und danach erst Ihre Moralpredigt und die Strafe, die Sie für nötig halten.

Reden Sie über sich selber. Kinder wollen alles wissen – vor allem über Sie, der doch so wichtig für sie ist. Aber oft sind sie zu schüchtern, um zu fragen, oder wissen nicht, was sie fragen sollen. Kommen Sie Ihnen entgegen; erzählen Sie ihnen aus Ihrem Berufsleben. Das bringt Sie ihnen näher, zeigt ihnen, warum Sie morgens aus dem Haus müssen – und macht sie vielleicht sogar offener, wenn Sie *sie* fragen.

Manchmal ist Spielen besser. Wenn den Kids gerade nicht nach Reden zumute ist, dann (sofern sie keine Teens sind) wollen sie doch oft spielen. Gemeinsam eine Burg bauen kann das Gesprächs-Eis brechen, zeigt den Kindern, dass Sie sich für Sie interessieren, und entspannt den gestressten Vater.

Beachten Sie jedoch, dass für das Kind beim Spielen der Prozess wichtiger ist als das Ergebnis. Womöglich muss Vater seine „Burgenbau-Kompetenz" etwas zügeln. Dem Kind ist es egal, ob die Türme exakt gerade und symmetrisch sind; es will Bauklötze aufeinander setzen. Und vor allem mag es keinen Zeitdruck. Legen Sie sie für den Abend beiseite, die rastlose Effizienz, für die Ihr Chef Sie so belohnt.

Wählen Sie den richtigen Augenblick. Würden Sie mit einem Mitarbeiter über seine Gehaltserhöhung sprechen, wenn Sie ihn in der Toilette treffen? Auch bei Ihren Kindern will der Augenblick für ein Gespräch richtig gewählt sein. Viele Kids haben Lieblingsorte, wo sie besonders zugänglich sind – z.B. im Auto oder in der Küche beim Abwasch. (Unser Benjamin taut im Bus und beim Gutenachtsagen auf.) Je mehr Zeit Sie sich für sie nehmen, um so besser werden Sie diese „richtigen" Augenblicke kennen lernen.

Servieren Sie „verbale Sandwiches". Wenn Sie einem größeren Sprössling etwas Unangenehmes sagen müssen, können Sie es ihm schmackhafter machen, indem Sie ihm, wie der Autor Paul Lewis das nennt, ein „verbales Sandwich" richten. Beginnen Sie mit etwas, das weich und persönlich ist (Ihre Brotscheibe), streichen Sie eine Lage positive Ermutigung darauf (der Senf oder Ketchup), legen Sie darauf die Wurstscheiben Ihres Anliegens und deckeln Sie das Ganze wieder mit etwas Weichem. Wenn Ihre Teenagerin z.B. Ihre Bitte, im Januar nicht mit nacktem Bauch herumzulaufen, zurückweist, muss sie damit auch den Rest des Sandwiches (das Kompliment für ihre Figur, Ihre Besorgnis um ihre Gesundheit usw.) zurückweisen. Keiner soll sagen können, dass Sie Ihre Kritik nicht schmackhaft verpackt haben.

Reden Sie nicht gegen die Wand. Ein guter Redner merkt es, wenn seine Zuhörer abschalten. Halten Sie den Augenkontakt zu Ihren Junioren, und wenn Sie merken, dass ihre Gedanken ganz woanders sind, holen Sie sie zurück – mit einer passenden Frage oder einfach mit dem altbewährten „Hör zu, wenn ich mit dir rede". Wenn dies oft passiert, reden Sie vielleicht zu viel und hören zu wenig zu; legen Sie dann den sokratischen Gang ein oder – noch besser – fassen Sie sich kurz.

Ein guter Redner merkt es, wenn seine Zuhörer abschalten.

Geben Sie nicht so schnell auf. Ian W., ein Unternehmer aus Florida und Witwer mit zwei Teenagern, erzählte mir von zwei wichtigen Lektionen, die er im Geschäftsleben gelernt hat. Erstens: Nehmen Sie die Meinungen der Kids ernst. „Wir denken ja schnell: Ich bin der Erwachsene, ich weiß alles. Das hassen Teenager." Und zweitens: Akzeptieren Sie kein Nein, wenn Sie die Kids von etwas überzeugen wollen. Finden Sie heraus, was ihre Probleme sind, und gehen Sie sie systematisch durch. Ian: „Ich kenne mich aus mit Einwänden. In meiner Firma muss ich bei jedem Deal zehn Einwände überwinden."

Erzwingen Sie nichts. Es gibt Phasen, wo Sie die Kinder nicht aus ihrem Schneckenhaus herausbekommen. Drängeln Sie sie dann nicht zu sehr, denn sonst ziehen sie sich noch mehr zurück. Beschränken Sie Ihre Fragen in solchen Situationen auf das Allernötigste – was natürlich voraussetzt, dass Sie sich bei Ihren anderen Quellen kundig gemacht haben.

Scheren Sie nicht alle über einen Kamm. Ihre Kinder sind verschieden. Das eine spricht vielleicht am besten auf Humor an, das zweite auf Strenge, das dritte auf nüchterne Aussagen.

Wischen Sie Probleme nicht beiseite. Männer sehen sich gerne als die großen Problemlöser, und unsere Chefs bezahlen uns sogar dafür. In der Familie funktioniert dies so lange, wie es sich um ein

„technisch" lösbares Problem handelt – etwa den umgekippten Turm, den man wieder aufbauen kann. Kann das Problem nicht so leicht gelöst werden (z.B. weil das Spielzeug schlicht kaputt ist), verlegen manche Väter sich darauf, das Problem beiseite zu wischen: „Deswegen braucht man doch nicht zu weinen." Was just das ist, was Ihre Lieben *nicht* hören wollen. Sie brauchen eine Schulter, an der sie sich ausweinen können. Noch schlimmer ist nur der Vater, der ihnen auch noch die Schuld an dem Unglück gibt („Wenn du aufgepasst hättest, wäre das nicht passiert").

Kehren Sie negative Gefühle nicht unter den Teppich. „Ich hasse meine kleine Schwester." – „Das stimmt doch gar nicht." Falsch! So bringen Sie dem Sprössling nur bei, Ihnen unangenehme Dinge nicht mehr zu erzählen. Die richtige Antwort, nach Sokrates, ist eine Frage. Zum Beispiel: „Du hasst deine Schwester? Warum denn?" – „Sie macht dauernd mein Puzzle kaputt!" – „Das ist schlimm, da hast du Recht. Aber sie ist ja noch ein Baby und weiß nicht, was sie da macht. Du, ich habe eine Idee!" – „Was?" – „Leg dein Puzzle doch einfach oben auf den Tisch, da kommt sie nicht dran."

Meinen Sie das, was Sie sagen. Kinder haben einen siebten Sinn für Unehrlichkeit. Sie merken es, wenn Sie etwas nur so dahersagen. Jedes Mal, wo Sie so etwas tun, begehen Sie einen Anschlag auf das Vertrauen Ihres Kindes.

*****

Ich habe jetzt sehr viel darüber geschrieben, wie wichtig es ist, für seine Kinder da zu sein. Vielleicht ist hier eine Klarstellung nötig. Ich plädiere nicht dafür, dass Sie zu Hause zu 100 Prozent nur für die Kinder da sein sollten, und das aus mehreren Gründen:

- Es ist nicht realistisch. Sie können den Firmen- und den Vaterjob nicht total voneinander abschotten. Ihre Kids müssen damit leben, dass Papa manchmal auch zu Hause arbeiten muss. Oder Zeit für Mama oder sich selber braucht.

- Ihre Kids bekommen falsche Erwartungen. Wenn sie den Eindruck haben, dass Sie jederzeit alles liegen und stehen lassen, um ihren Weihnachtswunschzettel durchzugehen, ist der Frust nur um so größer, wenn das Unvermeidliche geschieht und Sie das einmal nicht können.
- Es ist nicht gut für die Entwicklung Ihrer Kinder. Die Welt ist nun einmal nicht so, dass sich ständig alles nur um mich dreht. Der früher oder später kommende Zusammenstoß mit der Realität kann schmerzlich sein und die Kids im schlimmsten Fall zurück in die alte Kuschelwelt zu Hause treiben.
- Es ist auch nicht gut für *Sie*. Wenn Sie meinen, nie arbeiten zu dürfen, wenn Ihre Kinder dabei sind, werden Sie auf Dauer *weniger* Zeit mit ihnen verbringen – und die Kids erleben nicht das Rollenvorbild des arbeitenden Vaters.

Zögern Sie also nicht, dem quengelnden Junior klar zu machen, dass Sie gerade ein wichtiges Gespräch mit Mama oder am Telefon haben. Sagen Sie ihm, dass Sie in ein paar Minuten Zeit für ihn haben werden, aber dass er bis dahin Geduld haben muss. Wenn er nicht gehorcht, benutzen Sie geeignete Disziplin-Maßnahmen (siehe das Kapitel über Konfliktlösung).

Machen Sie Ihrem Junior gelegentlich auch klar, dass Sie nicht immer sofort Zeit haben.

Informationstransfer

Erinnern Sie sich an den Fernfahrerservice vom Beginn dieses Kapitels? Wir erfuhren damals eine ganze Menge durch Befragen des Managements, aber das Management war mitnichten unsere einzige Informationsquelle. Wir sprachen u.a. mit über 50 Inhabern von Fernfahrer-Raststätten, vielen Fahrern, Speditionsunternehmern, Herstellerfirmen und potenziellen Konkurrenten. Nicht, dass wir dem Management nicht getraut hätten; aber das Management konnte unmöglich wissen, was in den Köpfen all dieser Leute vorging. Wir mussten uns über die gesamte Branche und darüber, mit welchen Augen sie dieses Unternehmen sah, kundig machen. Wir erfuhren bei diesen Sondierungen Dinge, die unsere Gesprächspartner dem Management womöglich nie gesagt hätten, und bekamen ein eindrucksvolles Bild des Unternehmens und seines Platzes im Fernfahrer-Raststätten-Milieu.

Diese Fähigkeit, aus anderen Quellen Informationen über eine Person oder Firma zusammenzutragen, braucht jeder gute Geschäftsmann. Die beste Entscheidung, die man treffen kann, ist stets die *bestinformierte* Entscheidung.

Die beste Entscheidung, die man treffen kann, ist stets die *bestinformierte* Entscheidung.

Das gilt auch für den Vater-Job. Sie können sich noch so viel mit Ihren Kindern beschäftigen – den Großteil Ihres Tages verbringen Sie nun einmal im Büro oder im Auto. Mutter, Geschwister, Lehrer, Tagesmutter oder Kindermädchen – sie alle bekommen mehr von Ihren Kids mit als Sie und sehen Eigenschaften, Schwächen und Stärken, die Ihnen vielleicht noch gar nicht aufgefallen sind.

Die Informationen, die Sie aus den folgenden Quellen erhalten, können relativ banal sein (z.B. was die Kids gerade in der Schule durchnehmen oder wie ihre Stimmung abends ist), aber auch brisanter (die Prügelei auf dem Spielplatz oder dass die Jüngste jetzt selbständig zur Toilette gehen kann). In jedem Fall helfen sie Ihnen, ein besserer Vater zu werden.

Nutzen Sie Ihre Quellen!

Die Mutter. Ihre Frau ist Ihre wichtigste Tür in die Welt Ihrer Kinder – auch dann, wenn sie selber berufstätig ist. Sie hat heute Gespräche mit Babysittern, Lehrern, anderen Eltern oder den Kids selber gehabt, die Sie nicht hatten. Aber Mutter allein tut es noch nicht, aus folgenden Gründen:

- Sie müsste übermenschliche Fähigkeiten haben, um sich wirklich an alles erinnern zu können, was sie selber aus den anderen Quellen erfahren hat.
- Die Zeit, die Sie für die Pflege Ihrer Ehe haben, ist schon so knapp genug; warum sie noch mehr strapazieren, indem alles über Ihre Frau laufen muss?
- *Sie* bewerten das, was aus den anderen Quellen kommt, vielleicht anders, und sollten sie schon deswegen selber anzapfen.

Kindermädchen/Tagesmutter/Babysitter. Diese Personen sind so wichtig, dass Sie sie eher als dritten Elternteil denn als Teilzeitangestellte betrachten sollten. Versuchen Sie, zusammen mit Ihrer Frau die „Sieben Gebote" für gute Kindermädchen-Beziehungen zu halten:

1. Suchen Sie sich das Kindermädchen/die Tagesmutter gemeinsam aus. Sie wird sich dann Ihnen beiden verantwortlich fühlen.
2. Sorgen Sie für reibungslose „Schichtwechsel" zwischen Ihnen und dem Kindermädchen. Wann ist das Kind das letzte Mal gewindelt worden? Wie viel hat es zu trinken bekommen, wann das letzte Mal geschlafen? Usw.
3. Tauschen Sie sich über Ihre Pläne für den kommenden Tag/die kommende Woche aus. Ich sage es unserer Kinderfrau z.B., wenn ich Termine am Abend habe oder geschäftlich unterwegs bin.
4. Behandeln Sie die Kinderfrau respektvoll, und sie wird auch Sie respektieren und ein gutes Bindeglied zu Ihren Kindern werden.
5. Beziehen Sie bei Problemen mit den Kids oder anstehenden Veränderungen die Kinderfrau wenigstens zum Teil in Ihre Beratungen mit ein. Es könnte sein, dass Sie von ihren Gedanken profitieren.
6. Vergessen Sie nicht, dass Ihre Kinderfrau ihr eigenes Leben, vielleicht auch eigene Kinder hat. Sie kann sich nicht immer nur nach Ihrem Terminplan richten. Seien Sie in solchen Situationen vernünftig, sonst müssen Sie ständig ein neues Kindermädchen suchen.

7. Bezahlen Sie ihr Kindermädchen gut. Entscheiden Sie gemeinsam über die Höhe der Bezahlung.

Schule. Einen sehr großen Teil ihrer Zeit verbringen Ihre Kinder in der Schule (die jüngeren im Kindergarten). Halten Sie also engen Kontakt zu ihren Lehrern. Prägen sie sich Namen und Gesichter der Klassenkameraden ein, damit Sie eine Vorstellung von den Akteuren im Alltagsdrama Ihrer Kids haben.

Wie Sie das hinkriegen? Bringen Sie die Kinder gelegentlich selber zur Schule. Nutzen Sie Elternsprechtage und Elternabende. Vielleicht können Sie im Rahmen einer Unterrichtsstunde oder eines Projektes etwas aus Ihrem Berufsleben oder Hobby vorführen. Oder Sie machen in einer Arbeitsgruppe oder beim nächsten Klassenausflug mit. Ihr Kind ist in der Theatergruppe? Gehen Sie nicht nur zur Gala-Vorstellung (dies sowieso), sondern vielleicht auch zu einer der Proben. Ähnliches gilt für den Abenteuerspielplatz oder den Arztbesuch. Drängen Sie sich nicht auf, aber schaffen Sie sich Fenster in die Welt Ihrer Kinder.

Eltern von Freunden. Ein weiterer Grund, auf Spielplätze, zu Proben und anderen Kinder-Events zu gehen, ist, dass Sie hier die Eltern anderer Kinder kennen lernen, die vielleicht manches Hilfreiche zu Verhalten und Charakter Ihrer Kids zu vermelden haben – weil ihre eigenen im letzten Monat dasselbe Problem hatten oder weil sie ganz einfach die Kinder mit anderen Augen sehen. Es könnte sein, dass Sie von anderen Vätern einiges an Tipps und Tricks (oder aus ihren Fehlern!) lernen können. Gibt es in Ihrer Gegend eine Vätergruppe, die sich regelmäßig zum Austausch uber die Sprösslinge trifft?

Großeltern. Großeltern sind wahre Schätze. Sie kennen Ihre Kids, haben viele Jahre Erfahrung (wenn auch vielleicht etwas eingerostet), kennen Sie oder Ihre Frau von der Wiege an und genieren sich nicht, Ratschläge zu erteilen. Scheuen Sie sich nicht, Sie zu fragen, warum Ihr Vierjähriger plötzlich mit Gabeln um sich wirft. Ob und wie Sie ihren Rat annehmen, kann ein kitzliges Thema sein, aber ihn zu bekommen ist meist ein Vorteil.

Bücher und Medien. Verachten Sie auch nicht den guten Rat, den Erziehungsexperten Ihnen geben, von der Briefkastentante in der Illustrierten bis zum dicken Handbuch. Sie kennen Ihre Kids natürlich nicht persönlich, aber manchmal trifft ihr Rat unglaublich ins Schwarze. Im Anhang dieses Buches habe ich einige nützliche Titel für Sie zusammengestellt.

Manche der nützlichsten Quellen für Rat und Hilfe finden Sie nicht auf Papier, sondern im Internet. Schauen Sie mal bei www.pappa.com, www.paps.de oder www.vaterforum.de rein. Falls Sie sich mit amerikanischen Karriere-Vätern austauschen oder amerikanische Links anbohren wollen, versuchen Sie es mit www.businessdad.com („unsere" Website).

*****

Dies also sind die Hauptinformationsquellen über Ihre Kids. Halten Sie es mit ihnen wie mit dem Bericht eines Unternehmensberaters: Übernehmen Sie das, was Sie nützlich finden, aber schlucken Sie nicht alles blind. Leo Tolstoi verriet seine Unkenntnis in Sachen Familienglück, als er schrieb: „Glückliche Familien sind alle gleich, aber jede unglückliche Familie ist auf ihre eigene Art unglücklich." Jeder gute Vater weiß, dass die Menschen und die Familien *alle* verschieden sind, ob glücklich oder nicht, und dass jede ihren eigenen Weg finden muss.

Empfehlungen (auch viele in diesem Buch) sind oft subjektiv, und jeder Vater (wie jeder Geschäftsmann) hat seinen eigenen Stil, dem er treu bleiben sollte. *Nur Sie kennen Ihre Kinder aus der Vaterperspektive, und nur Sie kennen sich selbst.* Tun Sie das, was Ihnen richtig erscheint, aber achten Sie darauf, dass Sie sich alle nötigen Informationen besorgt und über sie nachgedacht haben. Wenn Sie dieses Prinzip befolgen, werden Sie der beste Vater für Ihre Kinder werden, der (nur) Sie sein können.

Tun Sie das, was Ihnen richtig erscheint, aber achten Sie darauf, dass Sie sich alle nötigen Informationen besorgt und über sie nachgedacht haben.

Menschliches Kapital

Wie man glückliche Kinder erzieht

Kundenbetreuung

Glückliche Kinder erziehen bedeutet erstens, sich um ihre seelischen Grundbedürfnisse kümmern. Diese Bedürfnisse sind: *Liebe, Annahme, Selbstachtung* und *Stabilität.* Sie klingen alle gut, aber manche Familien-„Experten" haben es mit ihnen übertrieben. Was bedeuten sie für den Karriere-Vater?

Liebe bedeutet auf der fundamentalsten Ebene jede Menge Streichel- und Schmuseeinheiten. Studien zeigen, dass Tierkinder, die nie gestreichelt werden, eingehen, und für den Karriere-Vater sollte die Regel gelten: Im Zweifelsfall umarmen.

King L., ein Software-Unternehmer in Kalifornien mit drei tollen erwachsenen Kindern, erinnert sich: „Wir haben uns viel umarmt und geküsst." Er selbst war ganz anders aufgewachsen. „Mein Vater war von der alten Schule: Wenn du deinen Sohn umarmst, machst du ihn nur schwul." Erst als Erwachsener beschloss King, mit der Familientradition zu brechen. „Als ich meinen Vater das erste Mal umarmte, wurde er ganz steif und sah mich an, als ob er dachte: ‚Na, wenn er verheiratet ist und drei Kinder hat, ist er wohl normal.' Darauf umarmte ich ihn bei jedem Besuch, und schließlich ließ er sich bekehren. Als er starb, war er selber ein großer Umarmer geworden."

Dann die anderen Arten, Liebe zu zeigen, wie spontane Nettigkeiten oder ein liebes Wort beim Zubettgehen (es wärmt die Kinder die ganze Nacht). Auch Anteil an ihren Problemen nehmen zeigt Liebe, aber nicht vergessen: Man macht es nur richtig, wenn es einem weh tut. Mitgefühl ist billig, wenn die Sonne scheint, aber wenn die Stürme kommen, spüren Sie wirklich den Schmerz der Kinder mit. Ihr Mitgefühl sollte auch nicht davon abhängen, ob Sie die Not

Mitgefühl – das bedeutet, dass ich jenen inneren Schutzschild, der im Beruf so nützlich ist, ablege.

Ihrer Kinder wirklich verstehen. Die Kids brauchen Ihr bedingungsloses Mitgefühl. Der wirklich mitfühlende Vater kann nicht glücklicher sein als sein am wenigsten glückliches Kind. Mitgefühl – das bedeutet, dass ich jenen inneren Schutzschild, der im Beruf so nützlich ist, ablege.

Ich rufe Geschäftspartner, die mir wichtig sind, immer an, um ihnen zu guten Nachrichten zu gratulieren, aber ich rufe sie doppelt schnell an, wenn sie Probleme haben. Loyalität in Krisenzeiten vergessen Geschäftsfreunde nicht so leicht. Kinder auch nicht.

Es ist schwer, Liebe zu zeigen, ohne sich Zeit zu nehmen. Und auch diese Zeit darf nicht von Bedingungen abhängig sein (z.B. dass die Kinder immer brav sind). Kinder stellen die verrücktesten Sachen an, um Ihre Aufmerksamkeit zu bekommen, und wenn Sie das ignorieren, wird es nur schlimmer. Ein verbitterter Teen klagte einmal: „Mein Vater machte sich immer Sorgen um mich - an seinem Schreibtisch."

Es ist schwer, Liebe zu zeigen, ohne sich Zeit zu nehmen.

Liebe bedeutet *nicht,* dass Sie Ihren Kindern alles geben, was sie wollen, und sie so unfähig machen, soziale Wesen zu werden. Liebe bedeutet schlicht, dass Sie ihnen die menschliche Wärme geben, die sie für ihr Wachsen brauchen – jene innere Gewissheit, dass sie geschätzt sind, und zwar nicht nur so allgemein, sondern von *Ihnen*, Ihrem Vater.

Nebenbei bemerkt: Im Büro kann Verwöhnen manchmal das Richtige sein. Wie bei jenem Mitarbeiter, der jeden Mittag um halb zwei eine geschälte Orange auf seinen Schreibtisch bekam. Arbeitgeber können von solchen Orangen profitieren – aber sie haben auch nicht die Aufgabe, ihre Angestellten zu sozialen Wesen zu erziehen ...

Mit die beste Investition, die eine Fluggesellschaft machen kann, ist der Vorhang zwischen der Zweiten und der Ersten Klasse. Manche Passagiere *müssen* einfach hinter diesem Vorhang sitzen – nicht, weil der Service dort so viel besser wäre, sondern damit sie jenes magische Gefühl haben, die Lieblinge der Airline zu sein. Eigentlich benutzen alle Geschäftsleute solche Vorhänge in ihrem Leben. Das Ziel ist dabei immer das Gleiche: zu zeigen, wer und was ihnen ganz besonders wichtig ist. Und unsere Kinder registrieren mit Argusaugen, auf welcher Seite von Vaters Vorhang sie sitzen. Liebe heißt: Ich zeige meinen Kindern, dass sie im Erste-Klasse-Abteil meines Lebens sitzen. Wenn Ihr Chef bei Ihnen Erste Klasse fliegt und die Kids nur Economy, ist es Zeit, etwas zu ändern!

Annahme bedeutet nicht, dass Sie alles billigen, was Ihre Kids tun. Oder dass es Ihnen egal ist, ob sie im Leben ihr Bestes geben oder nicht. Dies wäre ein Bärendienst für sie in dieser Welt, die die Kinder – ob in der Schule oder in der Freizeit – manchmal als eine unbarmherzige Wüste erleben. Sie annehmen bedeutet, ihnen eine Oase in dieser Wüste zu bieten – *das Wissen darum, dass ihr Erfolg im Leben Ihnen wichtig ist, aber dass Sie nicht ihren Wert danach bemessen.* Sobald Sie Ihr Annehmen an Bedingungen knüpfen, wird die Oase zur Fata Morgana. Die Kinder merken das. Unweigerlich.

Sie können Ihren Kids nicht kündigen, und Sie können sie nicht mit Ablehnung strafen, weil sie etwas falsch gemacht haben. Sonst kriegen Sie bald nur noch die guten Nachrichten zu hören; *ich* möchte gerne *alle* hören. Kinder, die „schwierig" oder „leistungsschwach" sind, brauchen Ihre Annahme sogar ganz besonders, weil die Welt ihnen so viele „Neins" entgegenschreit.

Kinder, die „schwierig" oder „leistungsschwach" sind, brauchen Ihre Annahme sogar ganz besonders, weil die Welt ihnen so viele „Neins" entgegenschreit.

Aber wie nehme ich ein schwieriges Kind an? Indem ich zwischen seiner Person und seinem Verhalten unterscheide. Ich kann ihm sagen, dass sein Verhalten oder seine Schulnoten inakzeptabel sind, aber ich darf es nicht als mein Kind abschreiben. Und wenn der Tag noch so schwierig war, beenden Sie ihn versöhnlich. (Das ist auch für das Büro kein schlechter Rat.)

Selbstachtung ist das Grundbedürfnis, das wohl am meisten missbraucht und übertrieben worden ist. Selbstachtung ist ein sehr realer Faktor im Leben unserer Kinder, einschließlich ihrer finanziellen Zukunft (die Experten haben einen deutlichen Zusammenhang zwischen der Höhe der Selbstachtung und der des Gehaltschecks gefunden). Aber viele Pädagogen und Erziehungs-„Experten" sehen nur die kurzfristige Seite der Gleichung, frei nach dem Motto: Mach, was du willst, Hauptsache, du fühlst dich wohl dabei. Doch das zu einem kleinen Egoisten erzogene Kind wird sich auf Dauer nicht beliebt machen – und damit gar nicht mehr wohl fühlen. Wenn alle Kinder gleich wunderbar sind, egal, was sie lernen oder leisten, nimmt man ihnen auch jeden Anreiz in Schule und Sport.

Manche Pädagogen rümpfen die Nase über solche „elitären" Sätze (vielleicht sind sie deswegen nicht in die Wirtschaft gegangen). Nun, wenn „elitär" bedeutet, dass ich meinen Kindern beibringe, dass sie ein tolles Potenzial haben, aber auch die Verantwortung, etwas aus diesem Potenzial zu machen, dann bin ich gerne elitär. Sobald sie nämlich in die wirkliche Welt hinausgehen, wird eine noch so hohe Meinung von sich selber ihnen nichts nützen, wenn sie nicht mit Wissen und Kompetenz verbunden ist – und was wird dann aus ihrer Selbstachtung?

Ein Karriere-Vater hat „Selbstachtung" so definiert: ein Gefühl des Wertvoll-Seins, das unabhängig von meinen Fähigkeiten ist, das aber nicht meine Beurteilung dieser Fähigkeiten ändert. Wie so viel in Firma und Familie erfordert auch Selbstachtung die rechte Balance – hier die zwischen Egoismus und Unsicherheit. Eine Methode, diese Balance zu erreichen, ist, die Kinder anzuleiten, bei anderen Menschen immer den persönlichen Wert *und* die Leistungen zu sehen, sodass sie lernen, dass beides seinen Platz hat.

Wie so viel in Firma und Familie erfordert auch Selbstachtung die rechte Balance – hier die zwischen Egoismus und Unsicherheit.

Selbstachtung ohne die erfolgreiche Bewältigung von Herausforderungen hält nicht lange. Und wie Ihre Kids den Herausforderungen des Lebens begegnen, hängt natürlich von dem Selbstbild ab, das Sie ihnen vermitteln. Sagen Sie ihnen, dass sie alles anpacken können, und Sie werden es Ihnen beweisen. Aber mit einem schwachen Selbstbild werden sie nicht nur Angst haben, etwas anzupacken, sondern auch durch andere Arten von Fehlverhalten zu „beweisen" versuchen, dass ihr Minderwertigkeitsgefühl begründet ist. Begegnen Sie ihnen mit Achtung (nicht der Achtung wie vor einem Erwachsenen, sondern der allgemeinmenschlichen Achtung), und sie werden sich selber und andere ebenso behandeln; verachten Sie sie, und sie werden sich verachtenswert fühlen und auch so benehmen. Kurz: Behandeln Sie die Kids als Minderjährige, nicht als Minderwertige!

Ein aktiver Vater muss kein Tyrann sein. Lassen Sie Ihre Kinder ihre eigenen Entscheidungen treffen, ihre eigenen Ziele verfolgen, auch mit ihren eigenen Windmühlenflügeln kämpfen. Eltern, die ihren Junioren alles abnehmen wollen, schaden ihrer Selbstachtung nur. Versuchen Sie nicht hektisch, Ihre Kids vor Fehlern zu bewahren; zeigen Sie ihnen stattdessen, wie sie aus ihnen lernen, sie korrigieren und sie in Zukunft vermeiden können. Überbehütete Kinder bleiben auf Dauer unter ihrem Potenzial.

Eltern, die ihren Junioren alles abnehmen wollen, schaden ihrer Selbstachtung nur.

Wenn sie auf die Nase fallen, dann bedauern und bespötteln Sie sie nicht, sondern machen Sie ihnen klar, dass sie es das nächste Mal besser machen können. Halten Sie sie an, Niederlagen wie Siege als Chancen zu sehen. Lassen Sie sie die Ursachen ihrer Fehler analysieren, damit sie nicht in ein undifferenziertes „Ich tauge ja zu nichts" hineinfallen.

Zeigen Sie ihnen, dass Sie sie *und* ihre Leistungen schätzen. Ein direktes Lob ist nie falsch, aber das indirekte Lob klingt noch glaubwürdiger. Mein Vater hatte fast fünfzig Jahre lang eine gut gehende Zahnarztpraxis. Dann und wann begegneten meine Brüder und ich einem seiner Patienten, und dann erzählten sie uns, was unser Vater ihnen, während sie geduldig auf dem Marterstuhl saßen, Schönes über uns erzählt hatte. Wir wussten auch so, dass er uns liebte, aber dass er zu anderen Menschen so gut über uns sprach, machte uns das

Herz warm. Moral: Sagen Sie ruhig einmal hinter dem Rücken Ihrer Kinder etwas Positives über sie.

Selbstachtung gibt den Kindern Geborgenheit in sich selbst, Stabilität gibt ihnen Geborgenheit in ihrer Umgebung.

Stabilität schließlich ist rar in dieser immer schnelleren Welt, ganz besonders für Kinder, die sich ja selber ständig verändern, aber um so mehr feste Anker in ihrem Leben brauchen. Wenn Ihre Teenagerin stöhnt: „Papa, du bist so berechenbar", ist dies im Grunde ein Kompliment. *Selbstachtung gibt den Kindern Geborgenheit in sich selber, Stabilität Geborgenheit in ihrer Umgebung.*

Ein früherer Partner in meiner Firma, Paul R., sprach oft von der Angst der Unternehmer „vor dem Dunkeln", womit er die Angst vor all dem meinte, was im Geschäft schiefgehen konnte. Auch Kinder kennen die Angst vor dem Dunkeln, jene Angst vor dem Unbekannten, die auch dann noch weiterlebt, wenn die Kids kein Nachtlicht mehr brauchen. Der Mythos von der sorgenfreien Kindheit ist unrealistisch, vor allem heute, wo die Kinder so viel von dem Bösen in der Welt mitbekommen. Trotzdem: Je mehr Geborgenheit wir ihnen in ihrer unmittelbaren Umgebung bieten, um so fester ist ihr Fundament an dem Tag, wo sie hinaus in die Welt gehen.

Wie Paul R. seinen Unternehmern, müssen wir unsern Kindern zeigen, dass ihr Zuhause nach festen Regeln funktioniert. Natürlich braucht es auch Raum für Flexibilität und Kreativität, aber *innerhalb* der Strukturen, die wir geschaffen haben. Wir Väter müssen drei Arten von Stabilität demonstrieren: Stabilität *bei uns selber, in unserer Ehe* und *in unserer Familie.*

1. *Wir selber* sollten einen geraden Kurs fahren. Unsere Kinder sollten wissen, was sie erwartet, wenn sie uns erfreuen, enttäuschen, faszinieren oder wütend machen. Wenn ich das erste Mal, wo unser Zweijähriger absichtlich seinen Saft über die Tischdekke schüttet oder die halbflügge Tochter erst nach Mitternacht nach Hause kommt, schön cool bleibe, aber das nächste Mal ex-

plodiere, was zeigt das den Kids über meine Konsequenz als Vater? Oder über die Konsequenz anderer Menschen (es könnte ja sein, dass wir typische Exemplare der Spezies Mensch sind)? Oder über den Wert der Tugend der Konsequenz für ihr eigenes Leben?

Unsere Kinder sollten wissen, was sie erwartet, wenn sie uns erfreuen, enttäuschen, faszinieren oder wütend machen.

Wir dürfen uns nicht von unserem Berufsfrust diktieren lassen, wie wir unsere Lieben zu Hause behandeln. Wir können unseren Kids die Angst vor dem Dunkeln nie ganz nehmen, wohl aber die vor den dunklen, unberechenbaren Flecken in ihren Vätern. Wenn sie nicht wissen, ob der Mann, der da nach Hause kommt, der liebe Papa ist, der sie drückt, oder der wütende Vater, der wortlos die Tür zuknallt, ist es nur ein Schritt zu der Frage, ob Papa das nächste Mal überhaupt nach Hause kommen wird, und schließlich zu der Hoffnung, dass er nicht kommt. Kein Karriere-Vater kann pausenlos glücklich sein, aber wir können den Kindern wenigstens zeigen, wie man mit Frust konstruktiv umgeht.
Besondere Behutsamkeit ist gegenüber den Kleinsten angebracht, deren Bild von der Welt und von uns noch im Entstehen ist und die alles, was um sie herum vorgeht, auf sich beziehen. Wenn sie uns schlecht gelaunt erleben, nehmen sie nicht an, dass wir einen schlechten Tag im Büro hatten, sondern dass irgendwie sie schuld sind. Es macht ihnen Angst, wenn wir sie anfahren oder auf den Tisch hauen. Sie sind so sensibel, dass sie selbst unsere versteckte schlechte Laune spüren, und wir sollten ihnen dann erklären, was ihre wirkliche Ursache ist, damit sie sich nicht selber die Schuld geben.
Die alten Seefahrer navigierten nach dem Polarstern, dessen Position am Nachthimmel sich nicht ändert. Ähnlich brauchen unsere Kinder uns als Orientierungsmarke zur Erforschung ihrer Welt. Sie müssen wissen, dass sie jederzeit zu uns kommen können und dass auf unsere Reaktion Verlass ist. Wenn unsere Position an ihrem inneren Sternenhimmel sich ständig ändert, werden die Karten, die sie zeichnen, wenig mit der Realität zu tun haben.

2. Die Stabilität *in unserer Ehe* zeigt den Kindern, dass ihr Zuhause auch morgen noch intakt sein wird. Sie brauchen Eltern, die glücklich miteinander sind, Probleme konstruktiv angehen, einander Komplimente machen, Rücksicht aufeinander nehmen, miteinander lachen und einander achten. Viele Väter haben Hemmungen, ihre Frau vor den Kindern zu umarmen – sei es, dass sie sich genieren, sei es, dass die Kinder gleich schreien: „Ich auch!" Lassen Sie sich nicht beirren von den Ödipus- und Elektra-Komplexen Ihrer Junioren. Zeigen Sie ihnen, dass sie von viel Liebe umgeben sind. (Unsere Leila machte schon mit 16 Monaten fröhliche Kussgeräusche, wenn sie sah, wie Julie und ich uns umarmten.) Diese Botschaft überlebt die Ödipus- wie die Teenagerjahre, ein trautes Licht der Geborgenheit.
3. Die dritte Art Stabilität, die Kinder brauchen, ist, dass die Regeln, die *in der Familie* gelten, sich nicht mit dem Wetter ändern. Sie beruht auf Konsequenz in der Erziehung und einer starken Familienkultur. Wie jede Firma, so hat auch jede Familie ihre Kultur. Diese Kultur kann ein wahlloser Flickenteppich sein oder sorgfältig geplant. Die besten Kulturen (zu Hause wie im Büro) ergeben sich aus einer gesunden Mischung aus Planen und natürlicher Entwicklung.

Die besten Kulturen (zu Hause wie im Büro) ergeben sich aus einer gesunden Mischung aus Planen und natürlicher Entwicklung.

Stabilität bedeutet *nicht,* dass die Umgebung sich nie verändern darf, sondern vielmehr, dass Sie bei allen Veränderungen erklärend und helfend einspringen. Wenn Sie z.B. eine besonders stressige Woche im Büro haben und nicht so viel Zeit und Kraft zum Spielen wie sonst, erklären Sie den Kids dies. Oder sprechen Sie mit ihnen darüber, warum der Ausflug zum Zoo künftig nicht mehr samstags, sondern jeden zweiten Sonntag stattfinden soll.

*****

Liebe, Annahme, Selbstachtung, Stabilität – sie sind ein wenig wie die vier Grundelemente der Antike: Feuer, Wasser, Erde, Luft. Liebe ist das Wasser, das unsere Kinder zum Wachsen brauchen, Annahme die Luft, ohne die ihr Wachstum erstickt, Selbstachtung das Feuer, das ihre explosiven Fortschritte entzündet, Stabilität die Erde, die ihnen festen Boden unter den Füßen gibt. Je nach Temperament der Kinder und Situation der Familie kann die richtige Mischung dieser Elemente für jedes Kind anders sein, aber immer sind alle vier nötig.

Es ist Arbeit, unseren Kindern diese vier Dinge zu geben. Und die größte Einzelaufgabe, die wir als Väter haben. So wie kein Lebewesen ohne Wasser, Luft, Feuer und Erde existieren kann, kann kein Kind ohne Liebe, Annahme, Selbstachtung und Stabilität auf Dauer glücklich werden.

Intellektuelles Kapital

Bildung ist ein großer Schlüssel zum Glück, den Eltern ihren Kindern in die Hände geben. Ein Teil ihres Wertes ist natürlich finanziell. In der Informationsgesellschaft wird es immer schwieriger, sein Brot ohne eine gute Ausbildung zu verdienen, und eine unserer größten Vateraufgaben ist, unseren Kindern die Werkzeuge in die Hand zu geben, um eines Tages aus eigener Kraft durch die Welt zu gehen.

Aber Bildung ist nicht nur eine Investition in menschliches Produktivkapital; sie spielt auch eine zentrale Rolle beim Aufbau von dem, was ich Konsumptivkapital nennen möchte. Konsumptivkapital heißt, die Menschen nicht nur in Stand zu setzen, mehr Geld zu verdienen, sondern auch, mehr von dem zu haben, was das Leben uns schenkt. Die besten Dinge im Leben kosten bekanntlich nichts – aber ohne den Schlüssel des Verstehens bleiben manche uns verborgen. Kinder, die nie die Schönheit einer eleganten mathematischen Gleichung, die Magie eines Sonetts, die Musik einer Fremdsprache, die eichene Solidität eines Syllogismus oder das Panorama der Geschichte kennen lernen, sind zu einem Leben relativer Plattheit verdammt, egal wie hoch ihr Monatsgehalt ist.

Dass mich niemand missversteht: Ich plädiere hier nicht für gute Schulnoten um jeden Preis. Als Mentoren unserer Kinder müssen wir auf das zielen, was *wirklich* zählt. Wenn man seine Kinder per Zeitungsannonce bekäme, wie würde Ihre Annonce aussehen? So? „Kind gesucht. Muss groß, hübsch und sportlich sein und lauter Einser haben.“ Oder nicht lieber so? „Kind gesucht, das freundlich, liebevoll, aufgeweckt, ehrlich und taktvoll ist und das Beste aus seinen Gaben macht.“ Albert Einstein (wahrlich kein Anti-Intellektueller) schrieb einmal: „Wir sollten uns davor hüten, den Intellekt zu unserem Gott zu machen; er hat zwar starke Muskeln, aber keine Seele.“

Zeigen Sie Ihren Kindern, dass Sie in erster Linie sie selber schätzen, und nicht ihre Leistungen! Seien Sie konstruktiv, wenn Sie ihre Schulnoten kritisieren oder ihre Hausaufgaben verbessern. Kritisieren Sie ihre Fehler, nicht ihren Wert als Menschen. Lieben Sie die Kinder, die Sie haben, nicht die, die Sie gerne hätten. (Wenn Sie dieser Regel folgen, haben Sie neckischerweise viel größere Chancen, dass sie die Kinder werden, die Sie haben wollen.)

Zeigen Sie Ihren Kindern, dass Sie in erster Linie sie selber schätzen, und nicht ihre Leistungen!

Eine zu starke Betonung der Schulnoten lässt Sie auch leicht die Fortschritte Ihrer Kids auf anderen Gebieten übersehen, z.B. in der emotionalen Intelligenz. Zu oft wird in der Wirtschaft Information mit Wissen und Wissen mit Weisheit verwechselt. Machen Sie diesen Fehler zu Hause nicht. Und es gibt sogar einen strategischen Grund, die Noten Ihrer Kinder nicht überzubewerten: Die Junioren könnten den Spieß umdrehen und ihre Leistungen absichtlich schleifen lassen, um Sie zu ärgern.

Doch zurück zum Thema: Kein Karriere-Vater wird seine Kids in die Welt entlassen wollen, ohne ihnen den bestmöglichen Schlüssel zum Erfolg mitzugeben. Um in unseren Kindern intellektuelles Kapital zu bilden, müssen wir ihnen eine gesunde *intellektuelle Neugierde* mitgeben, ihr *Gehirn trainieren*, *zu Hause ihr Lehrer sein*, sie *zum Lernen ermutigen*, den *Kontakt zur Schule halten*, ihnen die richtige *Hausaufgaben-Kultur* vermitteln und ihnen genügend *Freiheit* geben.

Intellektuelle Neugierde ist die Eigenschaft, die Kinder „Warum?“ fragen lässt. Kinder, die sich für alles interessieren, sind selber interessant, während Kids, die alles anödet, selber langweilig werden – und Langeweile ist tödlich für Lernen, Spielen, Fragen und Basteln. Aber Langeweile muss nicht sein. Wenn Ihre Kinder sagen, dass ihnen langweilig ist, geben Sie ihnen etwas zu tun, und sie sind bald kuriert. Die Kindheit ist zu kostbar, um sie mit Langeweile zu vergeuden.

Der Schlüssel zum Lernen, im Beruf wie im übrigen Leben, ist die Fähigkeit, überrascht zu sein. Es ist ein klassischer Anti-Teufelskreis: Je mehr man sich für das Leben interessiert, um so mehr lernt man; je mehr man lernt, um so mehr weiß man; je mehr man weiß, desto öfter ist man überrascht, wenn etwas anders ist, als man es gelernt hat; je interessierter man diesen Dingen nachgeht, um so mehr lernt man, usw. Wenn Sie diese Fähigkeit zum Überrascht-Sein besitzen, werden Sie sie bestimmt an Ihre Kinder weitergeben wollen; bei ihnen nennt man sie die Fähigkeit zum Staunen. Und zum Fragen.

Der Schlüssel zum Lernen, im Beruf wie im übrigen Leben, ist die Fähigkeit, überrascht zu sein.

Wie können Sie Ihren Kindern diese Fähigkeit vermitteln? Die meisten haben sie von Natur aus, und die Eltern brauchen die Flamme nur vor den Winden unserer modernen Kultur zu schützen. Sprechen Sie mit Ihren Kindern über das, was Sie begeistert, Ihnen Freude macht, Sie überrascht. Und falls Ihr Erwachsenenleben das Feuer Ihres eigenen Staunens schon fast erstickt hat, werden Ihre Kinder es vielleicht wieder anfachen – ein wunderbares Geschenk!

Und die Fragen, die sie haben! Sie schließen Ihren Kindern die Welt auf – und Ihnen Ihre Kinder; sie zeigen Ihnen, was sie denken, was ihnen wichtig ist; sie sind Gold wert. Hören Sie sie sich aufmerksam an und geben Sie ernste, vollwertige Antworten. Das Kind, das sich als Frager ernst genommen weiß, wird ermutigt, noch mehr zu fragen.

Wenn Sie die Antwort einmal nicht wissen, geben Sie das ruhig zu und sagen z.B.: „Komm, das schauen wir uns im Lexikon an." Eine solche Antwort zeigt den Kindern, dass es nichts Böses ist, wenn man etwas nicht weiß, dass Ehrlichkeit wichtiger ist als toll dazustehen, dass man sich Wissen aktiv aneignen kann und dass Sie ihnen dabei helfen. Und noch etwas: Geben Sie *nie* Antworten, die erfunden oder erlogen sind. Früher oder später kommen die Junioren Ihnen auf die Schliche und fühlen sich verschaukelt.

Das Trainieren des Gehirns ist das Gegenteil der erlernten Passivität, die für viele Zeitgenossen heute so typisch ist. In gewissem Sinne sind wir ja Opfer unseres eigenen technischen Fortschritts. Unsere Großeltern, die keine elektronischen Medien kannten, mussten sich noch selber informieren und unterhalten. Das Lesen von Büchern und Zeitungen trainierte Gedächtnis und Vorstellungsvermögen. Aber Gedächtnis und Vorstellungsvermögen (gerade so wie Muskeln und Markennamen) verkümmern, wenn man sie nicht benutzt. Ein Kind mit der TV-Fernbedienung in der Hand ist wie ein Affe im Labor, der nur einen Hebel zu drücken braucht, um Futter zu bekommen. Man setze den Affen im Urwald aus, und er verhungert jämmerlich. Der amerikanische Kultusminister Richard Riley warnt: „Der Teen, der ständig vor dem Fernseher hockt, stumpft sein Gehirn und seine Zukunft ab."

Richtig benutzt, hat das Fernsehen durchaus seinen Erziehungs- und Unterhaltungsnutzen. Es ist ein fester Bestandteil unserer Kultur geworden, und die absolut fernsehfreie Familie wäre meines Erachtens ein Fehler. Manchmal ist der Kasten wirklich das einzige Mittel, die Kids beschäftigt zu halten, manche Videos unterstützen die Werte-Erziehung, und das Totalverbot würde nur den Reiz des Verbotenen schaffen. Machen Sie es also anders. Beschränken Sie den täglichen TV-Konsum auf maximal eine Stunde und meiden Sie die geistloseren Sendungen. Dies kann ein Kampf sein angesichts der Angebots-Vielfalt und des Gruppendrucks in der Schule. Wir kennen eine Familie, die dazu übergegangen ist, ihre Kids die heiße Abend-Show auf Video aufnehmen zu lassen, während sie ihre Hausaufgaben machen, so dass sie sie sich am folgenden Morgen beim Frühstück anschauen können, damit sie wissen, was ihre Freunde so sehen.

Wenn Sie einen neuen Computer kaufen, hat er hundert verschiedene „Voreinstellungen". Sie haben die Chance, bei Ihren Kindern die „Voreinstellungen" für ihr späteres Freizeitverhalten vorzunehmen. Ihre Standardbeschäftigung sollte nicht die Glotze sein, sondern ein Buch oder Ballspielen oder etwas bauen oder basteln. Haben Sie den Nerv, Nein zum Fernsehen zu sagen, und suchen Sie sich Babysitter und andere Eltern, die genauso denken.

Sie haben die Chance, bei Ihren Kindern die „Voreinstellungen" für ihr späteres Freizeitverhalten vorzunehmen.

Die dritte Voraussetzung für intellektuelles Kapital ist das **Lernen zu Hause**. Dies ist nicht das Gleiche wie Hausunterricht. Die allermeisten Eltern schicken ihre Kinder selbstverständlich zur Schule. Aber Schule – das bedeutet nicht, dass Sie Ihre Mentoren-Aufgabe als erledigt betrachten können. Lesen Sie Ihren Kids vor, zeigen Sie Ihnen, wie gerne *Sie* lernen, und Sie führen sie ganz zwanglos in die Welt des Wissens ein und bereiten Sie auf die Schule vor bzw. begleiten diese.

Zum Lernen ermutigen: Hier geht es um die Motivation. Unsere Kinder können ihre schulischen Ziele durch kräftiges Rudern erreichen, aber sie kommen schneller voran, wenn wir ihnen etwas Wind in die Segel blasen.

Für manche Väter ist ständiges Kritisieren ein Ausdruck von Liebe. Wenn ihr eigener Vater (oder ihr Chef) die Leistungslatte schwindelnd hoch gelegt hat, können sie es bei ihren Kindern doch genauso machen – meinen sie. Nun, konstruktive Kritik hat zweifellos ihren Platz; Kinder brauchen Korrektur und Ansporn, und ohne gelegentliche Kritik verlieren die elterlichen Kom-

Kritik ist eine so viel schärfere Medizin als Lob, dass eine Überdosis gefährlich ist.

plimente ihre Glaubwürdigkeit. Doch Kritik ist eine so viel schärfere Medizin als Lob, dass eine Überdosis gefährlich ist. Kritik ohne Ende kann manche Kids vielleicht abhärten, aber ein solides, durch eine Prise Demut gewürztes Selbstvertrauen bereitet sie letztlich besser auf das Leben vor.

Ihr Chef ist aber auch nur mit dem Besten zufrieden? Seine Mitarbeiter sind Erwachsene, die bereits ein funktionierendes Fundament an Selbstachtung und Motivation haben. (Ich habe allerdings beobachtet, dass Angestellte, die nur Kritik bekommen, selten lange in der Firma bleiben.) Zu Hause dagegen haben wir es mit *Kindern* zu tun, die sich nicht auf den Feierabend vertrösten können; wer soll sie loben, wenn nicht wir? Wenn wir ihnen die Anerkennung, die sie brauchen, bei jedem kleinen Fehler entziehen, werden sie sich bald fragen, wozu sie sich noch anstrengen sollen.

Um Ihren Kindern die richtige Einstellung zum Lernen (und zu sich selber) zu vermitteln, sollten Sie sich angewöhnen, sie stets zu loben, wenn sie sich Mühe geben. Begabung ist angeboren, aber Arbeit lässt sich fördern. Es ist ein großer Unterschied zwischen „Das ist nicht gut genug!" und „Toll – aber vielleicht kannst du das noch besser?". Sagen Sie bei der Zeichnung Ihres Vierjährigen nicht: „Das Pferd hat ja sechs Beine! Soll das ein Käfer sein?" Wenn Sie einen Aufsatz lesen, sparen Sie sich ihre Kritik, bis Sie das Positive gesehen haben: „Das hast du echt spannend geschrieben, aber du müsstest öfter ein Komma setzen ..."

Begabung ist angeboren, aber Arbeit lässt sich fördern.

Machen Sie Ihr Lob so konkret wie möglich. Das zeigt den Kindern, dass Sie das Lob ernst meinen und sie wirklich lieben.

Wenn Sie wollen, dass „etwas aus den Kindern wird", dann sollten Sie ihnen so viel Ermutigung geben, wie möglich. Die Arena der Schule ist schon so hart genug für Ihre Mini-Gladiatoren, auch ohne dass Sie ständig nörgeln. *Ermutigung* gibt den Kids genau das – *Mut.* Sie können ihn brauchen in unserer Welt des ständigen Konkurrenzkampfes.

Was nicht im Stundenplan steht, wird sie mindestens so prägen wie der eigentliche Unterricht.

Die Pflege des **Kontaktes zur Schule** beruht auf der Einsicht, dass es vieles gibt, das die Schule, und nur sie, Ihren Kindern geben kann. Sie ist das Übungsfeld für ihre soziale Kompetenz und zeigt ihnen (oder sollte zeigen), dass es Regeln gibt, die ohne Ansehen der Person gelten. Ihre Kinder lernen in der Schule nicht nur Mathematik und Rechtschreibung, sondern auch solche Dinge wie Kosten und Nutzen von Konformität. Was nicht im Stundenplan steht, wird sie mindestens so prägen wie der eigentliche Unterricht.

Wie können Sie das meiste aus der Schule herausholen für die Kids? Indem Sie die richtige Schule wählen, sich darum kümmern, was die Kinder dort treiben, und ihnen helfen, die Schule positiv zu sehen. Bei der Auswahl der Schule sollten Faktoren wie Disziplin und Qualität des Unterrichts mit an erster Stelle stehen. Möglicherweise entscheiden Sie sich auch für eine Privatschule, weil Sie als Karriere-Vater wissen, dass Qualität manchmal einfach ihren Preis hat.

Sehen Sie zu, dass Sie die Lehrer Ihrer Kinder kennen lernen. Nutzen Sie Elternvertretungen, Elternabende usw. Nicht zuletzt: Unterhalten Sie sich regelmäßig mit Ihren Sprösslingen! (Meine Mutter ging nach dem Zeugnis immer mit mir in die Eisdiele, um über die Noten zu sprechen.) Es ist wichtig, dass Ihre Kinder so viel Vertrauen zu Ihnen haben, dass sie Ihnen Probleme rechtzeitig berichten, bevor sie zu ernst werden.

All dies ist natürlich einfacher, wenn Sie die richtige Schule gewählt haben. Wenn Ihren Sprösslingen die Schule stinkt (was immer wieder einmal vorkommt und meist schnell wieder vorübergeht), versuchen Sie keine Bestechungsmanöver („Du kriegst auch ein Fahrrad, wenn du schön lernst ...“); sie würden die Kinder nur in ihrer Ablehnung bestätigen. Machen Sie ihnen klar, dass sie keine Wahl haben. Wenn die Schulunlust partout nicht weggehen will, könnte es tiefere Ursachen geben (Probleme mit dem Lehrer, Mobbing usw.); ermitteln Sie sie und packen Sie sie an.

Die Sache mit der Motivation führt zum nächsten Punkt, der **Hausaufgaben-Kultur**. Sorgen Sie dafür, dass die Rahmenbedingungen stimmen: Schreibtisch, genügend Zeit, die richtigen Bücher usw. Sportvereine und Schülerjobs können in Maßen nützlich sein, aber zu viel des Guten ist Gift für die Hausaufgaben, das Familienleben und den Schlaf Ihrer Teenager.

Erinnern Sie Ihre Kinder an ihre Hausaufgaben, aber seien Sie nicht der ewige Nörgler; damit machen Sie die Hausaufgaben nur zur Machtprobe und sich selbst zum „Polizisten". Vielleicht verlegen Sie sich sogar auf die Solidaritätsschiene und erledigen gleichzeitig ihre eigenen „Hausaufgaben" (die Arbeit, die Sie vom Büro mitgebracht haben).

Bei den Hausaufgaben helfen? Gerne, aber nur als Mentor und Motivator. Sie lernen dabei nicht nur die Schulaufgaben Ihrer Kids, sondern auch sie selber besser kennen. Niemals sollten Sie ihnen die Hausaufgaben abnehmen; nur wenn sie sie selber erledigen, können sie Verantwortungsbewusstsein und einen gesunden Stolz auf die eigene Leistung entwickeln. Ich kenne einen erfolgreichen Fabrikbesitzer, der seiner Tochter immer wieder die richtigen Antworten für ihre Hausaufgaben verriet und ihr später, als sie auf die höhere Schule ging, ihre Referate von einem Studenten schreiben ließ. Er wollte ihr damit auf der Erfolgsleiter nach oben helfen; in Wirklichkeit seifte er die Sprossen ein.

Niemals sollten Sie den Kindern die Hausaufgaben abnehmen; nur wenn sie sie selber erledigen, können sie Verantwortungsbewusstsein und einen gesunden Stolz auf die eigene Leistung entwickeln.

Die letzte Voraussetzung für Ihr intellektuelles Kapitel heißt **Freiheit** – die Freiheit nämlich, seinen eigenen Weg im Leben zu gehen. Victor P., ein Risikokapitalgeber und alter Bekannter von mir, schleppte sich seinem Vater, der Arzt war, zuliebe vier Jahre lang durch ein Medizinstudium, nur um zu dem Schluss zu kommen, dass er sich nicht für den Arztberuf eignete. Er büffelte daraufhin zwei weitere Jahre Betriebswirtschaft. Vier teure vergeudete Lebensjahre!

Die meisten Väter müssen bereits über ein Jahrzehnt *vor* dem Studium ihrer Kinder anfangen, das Korsett ihrer Erwartungen für sie zu lockern. Schon in den ersten ein, zwei Schuljahren zeigt sich, wo die Gaben ihrer Kinder liegen – und wo nicht. Jetzt müssen die Väter sie begraben, die schönen Zukunftspläne, die sie für die Kleinen hatten: Es wird also nichts mit dem Mathematikprofessor oder dem Zehn-Sprachen-Genie. Sobald Sie diese „Trauerarbeit" beendet haben, können Sie mit der eigentlichen Arbeit beginnen: ihren Kids zu helfen, aus den Stärken, die sie tatsächlich haben, etwas zu machen. Wieder: Lieben Sie das Kind, das Sie haben, nicht das, das Sie sich gewünscht haben.

Lieben Sie das Kind, das Sie haben, nicht das, das Sie sich gewünscht haben.

Es ist ähnlich wie im Risikokapitalgeschäft. Sind unsere Unternehmen erst einmal auf dem Markt, können wir Investoren sie nicht mehr viel verändern. Das Management-Team ist fast fertig, und es auszutauschen wäre schwer und teuer. Alles, was wir noch bieten können, ist Rat, Kontakte, Information, weitere Finanzspritzen, moralische Appelle und strategisches Denken, und wo immer möglich, schützen wir unsere Firmen vor ungesunden Geschäftsbeziehungen und destruktiven Ideen.

Ähnlich können wir die Persönlichkeit unserer Schulkinder nicht mehr signifikant verändern. Wir können ihnen nur helfen, ihre Werte und Einstellungen zu konsolidieren, um sie auf die Pubertätskrise vorzubereiten – und dazu gehören nicht nur „positive" Lenkungsmaßnahmen, sondern auch negative, beispielsweise, indem wir sie von schlechter Gesellschaft fern halten.

Doch, helfen Sie Ihren Kids, wo sie schwach sind, aber übersehen Sie nicht ihre Stärken. Lassen Sie sie ihren intellektuellen Neigungen nachgehen, und sie werden Fertigkeiten für ihr Leben einüben, die viel wichtiger sind als das Thema selber, das sie gewählt haben. Besser, sie stürzen sich voll Energie in etwas „Brotloses", als dass sie halbherzig „etwas Vernünftiges" tun. Ihr Sohn will der größte Archäologe aller Zeiten werden, und Sie wollen dies nicht? Na, und?

Ihre Kinder sind nicht Sie; die Erwartung, dass sie exakt dieselben Interessen und Berufsziele haben wie Sie, ist schlicht unrealistisch.

Übrigens: Ihre Kids mögen nicht Ihre Interessen teilen, aber *Sie* sollten *ihre* teilen. Als Student wurde ich ein begeisterter Schachspieler. Meine Eltern waren keine großen Schach-Fans, und es war Arbeit für sie, mich zu den diversen Turnieren zu kutschieren, aber sie wussten, wie sehr ich das Spiel liebte. Mit Engelsgeduld hörten sie zu, wenn ich ihnen dann abends meine Partien vorführte und meine Fehler und Geistesblitze analysierte. Heute spiele ich nur noch gelegentlich eine Partie, aber die strategischen Fertigkeiten, die ich an diesen Schachwochenenden lernte, sind geblieben. Und das schöne Wissen, dass meine Eltern sich mit etwas beschäftigt hatten, weil es mir wichtig war.

Sie meinen, Sie kennen Ihre Kids und die Welt aber so gut, dass Sie genau wissen, was am besten für sie ist? Meinen Sie es besser nicht. Leonard Bernsteins Vater wurde oft kritisiert, weil er das Talent des legendären Komponisten und Dirigenten nicht besser gefördert hatte. „Woher konnte ich denn wissen", protestierte er dann, „dass er einmal Leonard Bernstein werden würde?"

Mein eigener Vater plädierte dafür, dass ich Jura studieren sollte (für das Medizinische eignete ich mich eindeutig nicht), aber ich entschied mich für Wirtschaftswissenschaften – ein Bruch mit der Familientradition. Mein Vater unterstützte mich, trotz seiner Zweifel, und zum Zeichen seiner moralischen Unterstützung schenkte er mir eine schöne Aktentasche, die er selber einmal geschenkt bekommen, aber nie benutzt hatte. Sie trug seine Initialen. Ich ließ sie überprägen, denn es war mir etwas peinlich, eine „abgelegte" Tasche zu besitzen. Doch noch heute, nach über 15 Jahren, sehe ich jedes Mal, wenn ich meine gute alte Tasche öffne, dieses Monogramm L.S.H. so deutlich vor mir, als hätte ich es nie überdecken lassen. Und dann halte ich manchmal lächelnd inne und erinnere mich an die Geschichte, die wir gemeinsam haben, meine treue Aktenmappe und ich, und an die Prägung, die mein Vater uns beiden gegeben hat.

Mehrwert

Die intellektuelle Entwicklung des Kindes, so wichtig sie ist, ist nutzlos, ja gefährlich, wenn nicht gleichzeitig eine Werte-Erziehung stattfindet. Theodore Roosevelt schrieb: „Das Denken, aber nicht die Moral eines Menschen zu bilden, heißt eine Bedrohung der Menschheit aufziehen." Kinder werden als kleine Wilde geboren, mit all dem Egoismus und Altruismus, all der Gemeinheit und dem Edelmut, der Gewalttätigkeit und Sanftheit, die dies bedeutet. So wie Firmen ihren Angestellten signalisieren, welches Verhalten akzeptabel ist und welches nicht, müssen Eltern dies gegenüber ihren Kindern tun. Wenn *Sie* Ihre Kids nicht indoktrinieren, werden dies das Fernsehen und ihre Kameraden tun, und das gründlich und dauerhaft. Ohne Ihre Werte-Erziehung werden sie als einzigen ethischen Kompass womöglich nur den Eigennutzen haben.

Das Gleiche gilt im Wirtschaftsleben: Ohne solide, gesunde Werte geht eine Firma unter. „Es ist nicht schwierig, Entscheidungen zu treffen, wenn man seine Werte kennt" (Roy Disney). 1998 schrieb Geoffrey Colvin in *Fortune*, dass die Informationstechnologie nicht das Wichtigste ist, das im großen Konkurrenzkampf zählt. Was aber zählt dann? Die Antwort liegt, so Colvin,

> *„in dem menschlichen Element – Kultur, Charakter, Führung. ... Kultur ist das, was die Leute tun, wenn keiner ihnen vorschreibt, was sie zu tun haben."*

Kultur, Charakter, Führung. Es ist schwierig, den Charakter Ihrer Kinder zu formen, wenn Sie keine solide Familienkultur haben, und es ist schwer, eine gute Kultur ohne Führung aufzubauen. Über Familienkultur werden wir im Konfliktlösungs-Kapitel noch mehr hören, aber wie sollen Ihre Kids überhaupt lernen, was zu einem guten Charakter gehört? Angeboren ist es ihnen jedenfalls nicht. Wie bringen wir es ihnen am besten bei?

Gut und Böse lernen

Das Fundament: Mitgefühl. Die erste Vorbedingung für jegliche Art von zwischenmenschlicher Ethik scheint mir zu sein, dass die Kinder lernen, mit anderen mitzufühlen. Mitgefühl, Empathie, sich in den anderen hineinversetzen – das ist die Basis der „Goldenen Regel“: Was du nicht willst, das man dir tu', das füg' auch keinem andern zu. Es geht hier um Fairness und Rücksichtnahme, um Verständnis und um das Wissen, wie mein Verhalten auf den anderen wirkt. Unternehmen praktizieren Empathie (und gesunden Geschäftsverstand), wenn sie ihre Kunden höflich behandeln oder die Arbeitsbedingungen ihrer Angestellten verbessern. Kinder können dies im Kleinen einüben, wenn sie z.B. darauf verzichten, Mitschüler zu treten, weil sie selber auch nicht getreten werden wollen, oder im Größeren, wenn sie Abfall aufsammeln, weil die Leute gerne einen sauberen Bürgersteig haben. Oder sie trösten einen Freund oder machen irgendwo die Welt ein Stückchen besser.

Wie Sie ihnen Mitgefühl beibringen? Durch tausend Fragen vom Typ: „Wie wäre dir wohl zumute, wenn ...?“ – so lange, bis sie das Prinzip verstanden haben. Und natürlich durch Ihr eigenes Beispiel. Vielleicht machen Sie als Freiwilliger bei gemeinnützigen Aktionen mit (nein, nicht durch eine großzügige Spende, sondern indem Sie die Ärmel hochkrempeln und selber anpacken). Lassen Sie die Kids am besten gleich mitmachen; das fördert nicht nur ihren Altruismus, sondern gibt ihrem Leben auch zusätzlichen Sinn, und *Sinn ist eines der größten Geschenke, das Eltern ihren Kindern machen können.* Und gemeinsam macht natürlich alles noch mehr Spaß.

Einmal erlernt, ist Mitgefühl ein Schlüssel zu so ziemlich allen übrigen Tugenden. Und das Kind, das sich in seine Eltern hineinfühlen kann, wird eher verstehen, dass bestimmte Disziplinmaßnahmen notwendig sind. Im Grunde ist es das gleiche Prinzip wie bei den Rollenspielen in Unternehmensseminaren, wo Mitar-

Einmal erlernt, ist Mitgefühl ein Schlüssel zu so ziemlich allen übrigen Tugenden.

beiter den Part des Kunden oder des Teamleiters übernehmen. Das Kind, das gelernt hat, in die Haut des anderen zu schlüpfen, wird ihm nicht so leicht das Fell über die Ohren ziehen.

Zweiter Schritt: Selbstbeherrschung. Ohne Selbstbeherrschung spüren Ihre Kids zwar den Schmerz der anderen, aber sie tun ihnen munter weiter weh. Auch die Selbstbeherrschung ist eine Schlüsseltugend, und dies auch dort, wo es nicht um das Wohl meiner Mitmenschen, sondern „nur" um mein eigenes geht (z.B. bei Drogenmissbrauch). Selbstbeherrschung bedeutet fast immer, dass ich auf etwas verzichte, um dafür später eine eine größere Befriedigung zu bekommen (oder mir Ungemach zu ersparen).

Selbstbeherrschung bedeutet fast immer, dass ich auf etwas verzichte, um dafür später eine eine größere Befriedigung zu bekommen.

Als Karriere-Vater haben Sie hier einen großen Vorteil: In Ihrem Beruf geht es ja ständig darum, zwischen kurz- und langfristigem Gewinn abzuwägen. Disziplinierte Entscheidungen sind Ihr Beruf! Also: Erklären Sie den Kindern Ihren Beruf (Tipps dazu im Kapitel „Wenn Mann zwei Berufe hat"), und Sie werden sie auf das Leben vorbereiten.

Verantwortung lernen. Verantwortung lernen macht Ihre Kinder zu sozialeren Wesen, erhöht den Anreiz zur Selbstbeherrschung und fördert ihre Selbstachtung, kurz: sie bereitet sie auf das Leben vor. Bei Kindern wie Angestellten gilt er, der Satz: Willst du ihre Füße auf den Boden stellen, lege ihnen Verantwortung auf die Schultern.

Doch dazu müssen wir den Kids zunächst einmal eine positive Einstellung zur Arbeit vermitteln. Viele Eltern signalisieren ihren Kindern offen oder unausgesprochen, dass Arbeit ein notwendiges Übel ist. Dies ist ein großer Fehler, aus mindestens zwei Gründen:

Erstens ist Arbeit eines der Dinge, die unserem Leben Sinn geben. Gut erledigte Arbeit sollte unseren Kindern eine Quelle des Stolzes sein. Wie Martin Luther King einmal schrieb:

„Ein echter Straßenfeger muss seine Straße so fegen wie Michelangelo malte, Beethoven komponierte und Shakespeare

seine Dramen und Gedichte schrieb. Er muss die Straße so gut fegen, dass die himmlischen Heerscharen und die Menschen auf Erden ausrufen: Hier hat ein großer Feger gelebt, der seine Arbeit gut tat!"

Zweitens: Wo steht geschrieben, dass Arbeit weniger Spaß macht als Spielen, und dann noch in der heutigen Welt mit all ihren technischen Hilfen? Es kommt auf die innere Einstellung an. Kinder, die nie die Freude in der Arbeit entdecken, wachsen freilich zu müden Büro-Robotern heran, die ständig auf die Uhr schauen, ob es nicht bald Feierabend ist. Unser Leben ist zu kostbar, um die Hälfte damit zu vergeuden, auf die andere Hälfte zu warten.

Die beste Art, Verantwortung zu lernen, ist, sie zu praktizieren. Lassen Sie Ihre Kinder z.B. beim Tischdecken mithelfen. Halten Sie sie an, ihre Unordnung stets aufzuräumen. Stellen Sie Hausarbeit nicht als Dreck-, sondern als Ehrenjob dar. Kleinere Kinder sprechen meist gut darauf an; falls nicht, bestechen Sie sie nicht mit Bonbons, was das Klischee „Arbeit ist doof" nur verstärken würde. Helfen Sie ihnen lieber, das „Süße" in der Arbeit selber zu finden. Auch wenn die Hilfe Ihrer Kids Ihnen anfangs sogar Extra-Arbeit bereitet – ihr Stolz, zum Wohl der Familie beitragen zu können, macht dies mehr als wett. In der Pubertät kann das Mithelfen im Haushalt die Familienbande fest halten, und schließlich: Je weniger Arbeit Sie selber haben, um so mehr Zeit haben Sie für die Kids (und für Ihre Frau).

Die beste Art, Verantwortung zu lernen, ist, sie zu praktizieren.

Mein Vater glaubte an Teamwork im Haus. Wenn im Herbst unser Rasen unter einen dicken Laubschicht verschwand, reichte er mir einen Rechen und teilte mir ein großes Stück zu. Ich knurrte, aber die frische Luft tat gut, und mein Vater hatte weniger Arbeit. Ich lernte auch den Wert des Fleißes, denn bevor ich nicht

Kinder, die positiv denken, sind nicht nur selber glücklichere Menschen, sondern auch angenehmere Zeitgenossen für ihre Umwelt

pikobello fertig war, durfte ich den elenden Rechen nicht hinlegen. Und im Rückblick war diese gemeinsame Männerarbeit gar nicht so schlecht.

Das Positive betonen. Wenn wir unseren Kindern die Werte vermitteln wollen, die sie auf lange Sicht glücklich machen, wäre es töricht, nicht auch ein gesundes positives Denken zu benutzen. Bringen Sie den Kids bei, aus Stolpersteinen Sprungbretter zu machen (und nicht umgekehrt). Kinder, die positiv denken, sind nicht nur selber glücklichere Menschen, sondern auch angenehmere Zeitgenossen für ihre Umwelt (einschließlich ihrer Eltern).

Manieren sind nicht nur manierlich. Braucht man im Geschäftsleben Benimm? Und ob! Schiere Unhöflichkeit hat schon so manchen an sich vorteilhaften Deal vereitelt. Der „grobe Klotz" verrät Mangel an Urteilsvermögen, Selbstbeherrschung und Achtung, und ein Ärgernis ist er obendrein.

Viele Eltern verwechseln Manieren mit bloßen gesellschaftlichen Sitten (wie das Tragen der schwarzen Krawatte bei Beerdigungen), die man als wohlerzogener Mensch halt einhält. Dies ist falsch. Es suggeriert den Kindern, dass etwa „Bitte" und „Danke" bloße Formeln sind, die man einsetzt, um schneller ans Ziel seiner Wünsche zu kommen, und verfehlt den tieferen moralischen Sinn guter Manieren, der gar nicht weit unter der Oberfläche manchmal etwas verstaubt anmutender Konventionen liegt. Was bedeuten denn „Bitte" und „Danke" anderes, als dass ich das, was der andere tut, schätze? Was bedeutet „Wie geht's"? Dass der andere mir wichtig ist. Schadenfreude ist tabu, weil ich die Gefühle meiner Mitmenschen schonen (und mir nicht unnötig Feinde machen) will. Überlegen Sie selber, was „Entschuldigung" oder „Das tut mir Leid" bedeutet.

In unserem Kampf, unsere Kinder zu zivilisierten Wesen zu erziehen, ist Julie und mir klar geworden, dass letztlich alles auf das Mitfühlen hinausläuft. Die „guten Manieren" haben sich aus einem guten Grund entwickelt: um den Menschen ein Zusammenleben ohne Hauen und Ste-

Manieren ablehnen heißt Menschlichkeit verweigern.

chen zu ermöglichen. Manieren ablehnen heißt Menschlichkeit verweigern.

Timing ist Trumpf. Werte sind so fundamental und allgegenwärtig, dass man sie nicht alle auf einmal lernen kann, sondern nur „häppchenweise". Sie können sie Ihren Kids nicht durch lange Predigten beibringen. Aber mitten im Alltag ergeben sich – meist ganz überraschend – immer wieder kleine „Schlüsselszenen" – konkrete Fallbeispiele, bei denen wir einhaken und zeigen können, welche Verhaltensweise erwünscht ist und welche nicht. In der Firma kann dies das falsch gelaufene Verkaufsgespräch oder der Wutanfall eines Kollegen sein, zu Hause die Klage über den schwierigen Mitschüler oder der Streit, wer den Abwasch macht. Nutzen Sie solche Augenblicke weise: Was für eine Lektion können Sie den Kindern hier beibringen? Brauchen sie sie? Sind sie gerade offen für sie?

Wer ein Produkt oder einen Job vermarkten will, kann das bekanntlich auf die „weiche" oder die „aggressive Tour" machen. Bei den Saturn-Vertragshändlern von General Motors warten die Verkäufer, bis der Kunde sie anspricht – die „weiche" Methode. Dagegen schnappt ein Unternehmen in San Diego seinen Konkurrenten die besten Leute folgendermaßen weg: Man bietet dem Kandidaten als Erstes 30 Prozent mehr Gehalt an, wenn er bei seiner alten Firma kündigt. Dazu kommt eine Prämie von 6.000 Dollar, falls er auf der Stelle seinen alten Chef anruft und kündigt, weitere 2.000 Dollar, wenn er binnen einer Woche kündigt und noch einmal 2.000, wenn er fristlos kündigt. Das ist die „aggressive Tour". Auch bei den Kindern lohnt sich mal eher die weiche, mal die aggressive Methode; wann und wie – das müssen Sie selber entscheiden.

Helden gefragt. Als „Werte-Verkäufer" für Ihre Kids machen Sie keine schlechte Figur, wenn Sie einmal den Werbe-Profis über die Schulter schauen. Eine ihrer Standard-Strategien ist das große Rollenvorbild oder der Held, der das beworbene Produkt benutzt – z.B. der wohlbekannte Marlboro-Cowboy. Sie erzählen Ihren Kindern Geschichten? Dann suchen Sie sich „moralische" Helden. Das kann eine historische Person sein oder eine Figur aus einem Buch. Als Benjamin drei Jahre war, erfand ich einen Ritter namens Sir Gallant, der nie log, nie jammerte, immer seine Versprechen hielt und natürlich stets den Sieg davontrug. In einer Gutenacht-Geschichte nach der anderen bestanden Sir Gallant, sein Pferd Galopp und sein Schwert Schärfer ihre Abenteuer – ein tolles Rollenvorbild.

Mit gutem Beispiel voran. Die besten Bücherhelden nutzen nichts, wenn Sie nicht selber auch ein Vorbild sind. Das Motto „Befolge das, was ich sage, nicht das, was ich tue" torpediert Ihre besten Bemühungen und zeigt den Kids, was Heuchelei ist. Und der Apfel fällt nicht weit vom Stamm, besonders wenn der Baum morsch ist.

Die besten Bücherhelden nutzen nichts, wenn Sie nicht selber auch ein Vorbild sind.

Wie überzeugend wirkt wohl ein Firmenboss, der seine Mitarbeiter auf Sparsamkeit einschwört, aber weiter die teuersten Autos fährt? Als Vater werden Sie noch mehr beobachtet. Leben Sie Ihren Kindern Liebe, Anstand, Mitgefühl, Kooperation, Verlässlichkeit und Selbstbeherrschung vor. Geben Sie Ihre Fehler zu. Reißen Sie nichts mit Gewalt und Drohungen an sich, seien Sie höflich zu Frauen, gehen Sie nicht halbnackt ins Konzert, seien Sie kein Egoist – auch wenn das heute hundert Mal nicht „cool" ist.

Und halten Sie Ihre eigenen Eltern in allen Ehren; Sie haben selber am meisten davon ...

Gönnen Sie Ihrem Kind das Beste! Familien sind keine Demokratien. Selbst Erwachsenen können falsche Ideen zum Verhängnis werden (siehe die Selbstmordsekten), und Eltern haben jedes Recht, ihre Kinder vor negativen Einflüssen zu schützen. John Stuart Mills „freier Markt der Ideen" ist nie für Kinder gedacht gewesen! Es geht hier nicht darum, solche Dinge wie Gewalt und wahllosen Sex zu „verdrängen", sondern die Kinder so lange vor ihnen abzuschirmen, bis sie widerstandsfähiger sind.

Eltern haben jedes Recht, ihre Kinder vor negativen Einflüssen zu schützen.

In den folgenden Abschnitten werde ich Maßnahmen beschreiben, die man „negative Zensur" nennen könnte: Wie schütze ich meine Kinder vor schlechter Gesellschaft, schlechten Fernsehsendungen usw.? Doch es gibt auch „positive" Lenkungsmaßnahmen. So sind viele der klassischen Kinderbücher wahre Fundgruben nützlicher Gedanken und Vorbilder, an die Sie anknüpfen können. *Robinson Crusoe* z.B. demonstriert den Wert der Ausdauer und Beharrlichkeit, *Der geheime Garten* ist ein gutes Mittel gegen Egoismus, *Pünktchen und Anton* lehrt solche Dinge wie Pflichtbewusstsein und Selbstbeherrschung, und in *Der Wolf und die sieben Geißlein* können Kinder den Wert des Gehorsams lernen. Mag sein, dass Sie manches ein wenig schwarzweißmalerisch finden – aber es funktioniert.

Welche Note kriegt die Schule Ihrer Kinder? In der griechischen Mythologie ist Sisyphus ein Königssohn, der im Jenseits dazu verurteilt wird, einen Felsblock einen Berg hinauf zu wälzen; jedes Mal, wenn er fast oben ist, rollt der Stein wieder hinunter. Genauso wird es Ihrer Werte-Erziehung gehen, wenn Ihre Kinder eine Schule besuchen, die diese Werte nicht teilt. Wenn Sie eine wichtige Aufgabe in Ihrer Firma outsourcen, achten Sie auch darauf, dass der Partner die Grundwerte der Firma teilt. Und was könnte für das Unternehmen „Familie" wichtiger sein als die ethische Erziehung Ihrer Kinder?

Wenn dich die bösen Buben locken ... Sie wollen nicht, dass Ihre Angestellten mit Menschen mit dubiosen Geschäftspraktiken verkehren? Das gilt für Ihre Kinder noch viel mehr. Der Gruppendruck in Schule und Freundschaft kann viel von Ihrer Erziehungsarbeit zunichte machen. Aber Sie können Ihre Kinder natürlich nicht unter eine Käseglocke setzen. Sie brauchen den Kontakt zu Gleichaltrigen, um die Welt kennen zu lernen, und wenn Sie es richtig anstellen, kann dieser Kontakt sie gewissermaßen gegen destruktive Einflüsse „impfen".

Schauen Sie sich an, was für Freunde Ihre Kinder haben und was sie mit ihnen treiben. Setzen Sie sich mit den Eltern dieser Freunde zusammen und einigen Sie sich auf Verhaltens-Standards für die Kids. Kontern Sie schlechte mit guter Gesellschaft. Bringen Sie den Kindern Zivilcourage bei, damit sie sich nicht wider besseres Wissen mitreißen lassen. Je mehr

Bringen Sie den Kindern Zivilcourage bei.

Übung sie *vor* der Pubertät darin haben, „Nein“ zur Clique zu sagen, um so besser! Helfen Sie ihnen notfalls, neue Freunde zu finden, indem Sie sie z.B. in geeignete Gruppen in der Schule, Kirche usw. einführen.

Kürzen Sie die Sendezeit des Gegners. Nach Schätzungen der American Psychological Association hat ein amerikanisches Kind beim Eintritt in die High School nicht weniger als 8.000 Morde und 100.000 sonstige Gewalttaten im Fernsehen gesehen. (Die Zahlen in Deutschland sind anders, das Problem ist das gleiche.) Das Niveau der Unterhaltungs-Shows mit ihren fragwürdigen Gags und sexuellen Anspielungen ist nicht viel besser. Hier hilft nur eines: Einschränkung des Fernsehkonsums, die Kids nicht alles sehen lassen und Nulltoleranz gegenüber der schrägen Moral der Shows.

„Ich bin einem Höheren verantwortlich.“ Werte ohne jede religiöse Tradition sind ein wenig wie No-Name-Produkte: Man braucht den Markennamen vielleicht nicht, aber er hilft. Religion gibt uns ethischen Halt, sie tröstet, verbindet und schafft Kontinuität und Geborgenheit. Dem größeren Kind kann die Jugendgruppe in der Gemeinde eine gesunde Umgebung für die Beziehungen zu Gleichaltrigen geben.

Religion gibt uns ethischen Halt, sie tröstet, verbindet und schafft Kontinuität und Geborgenheit.

Selbst vielen Atheisten fällt es schwer, Wertesysteme ohne jeden (bewussten oder unbewussten) Glauben an etwas „Höheres“ durchzuhalten. Ob wir wirklich die Moral, die wir unseren Kindern beibringen, auf reine Nützlichkeitserwägungen gründen können? Ich bin kein Theologe, aber mir scheinen Gut und Böse nicht auf kluge Gewinn-und-Verlust-Rechnungen reduzierbar zu sein. Edwin H. Land, der Erfinder der Polaroid-Kamera, sagte einmal: „Die Endbilanz gibt's erst im Himmel.“

Geben Sie nicht auf. Manchmal sind wir versucht, in der Werte-Erziehung nachzulassen – entweder, weil sie so gut läuft, dass wir meinen, die Kids

Unsere Kids brauchen immer wieder neu unsere Anleitung und Hilfe, weil sie ständig vor neuen Herausforderungen stehen.

schaffen den Rest schon von allein, oder weil alles umsonst zu sein scheint. Aber unsere Kids brauchen immer wieder neu unsere Anleitung und Hilfe, weil sie ständig vor neuen Herausforderungen stehen. Und was die „hoffnungslosen Fälle“ betrifft: Wir wissen nie, ob die Saat, die wir in ihre Seele gelegt haben, nicht doch noch aufgeht. Ihre Kinder hören und behalten alles, was Sie sagen, und die Heftigkeit ihres Protestes ist oft direkt proportional zu ihrer heimlichen Einsicht, dass Sie ja Recht haben. Die Wahrheit wird siegen.

Ich weiß, wovon ich rede. Ich war selber lange ein Problemkind. Doch meine Eltern gaben nicht auf, und als ich in die High School kam, machte es irgendwo in mir *Klick!* und ich wurde ein ganz passabler Teenager. Freunde meiner Eltern, die die schlimmen Jahre miterlebt hatten, staunten nicht schlecht, dass ich mit 20 weder vorbestraft noch drogensüchtig war. Ich weiß bis heute nicht, was damals passiert ist, aber es wäre sicher nicht geschehen, wenn meine Eltern das Handtuch geworfen hätten.

Unser Kinder, die unbekannten Wesen, bauen ihre Werte langsam und auf ihren eigenen verschlungenen Wegen auf. Sie machen uns verrückt mit rosa Haaren und scheußlicher Musik, aber das sind nur Stil-Unterschiede. Charakter, Werte und Handeln – das ist es, was wirklich zählt, und hier können treue Eltern *immer* etwas bewegen.

Das Finanz-Komitee

Als Geschäftsmann sind Sie ein Spezialist in Sachen Geld. Als Karriere-Vater haben Sie die Aufgabe, dieses Wissen an Ihre Kinder weiterzugeben.

Schon vor ihrer Geburt kosten Kinder Geld, und kaum, dass sie gelernt haben, was es ist, wollen sie selber welches haben. Sie lernen, wie man Geld bekommt – aber lernen sie auch, wie man es behält und richtig benutzt? Ich staune immer wieder, wie viele Menschen finanzielle Analphabeten sind. Wenn Sie in der Lage sind, offen mit Ihren Kids über Sex zu reden, sollten Sie sie auch über das Geld aufklären können.

Zu dem ökonomischen Lehrplan Ihrer Kinder sollten drei Fächer gehören: *der intelligente Verbraucher, Familienfinanzen* und *Grundkurs Wirtschaft.*

Um **intelligente Verbraucher** zu werden, müssen Ihre Kinder als Erstes den wahren Wert des Geldes begreifen – also nicht nur, wie viel man damit kaufen kann, sondern auch, wie viel es kostet, es zu verdienen. Mit Geld kann man kein Glück kaufen, aber nur zu oft bezahlt man es mit seinem Glück. Kinder müssen lernen, dass Geld nicht vom Himmel fällt und auch nicht in beliebiger Menge aus dem Bankautomaten kommt, sondern dass jemand, den sie lieben, hart arbeiten muss, um es zu verdienen.

Zeigen Sie, dass man nicht alles kaufen muss. Gehen Sie dabei mit gutem Beispiel voran. Vergleichen Sie im Supermarkt die Preise. Erklären Sie den Kids, warum Sie *nicht* die tolle neue Kamera kaufen: weil sie zu teuer ist, weil andere Anschaffungen wichtiger sind, weil Sie warten wollen, bis der Preis sinkt oder weil der Kauf nicht recht wäre in einer Welt, wo so viele hungern. Nehmen Sie die Kinder zum Kauf des neuen Autos mit, so dass sie mitbekommen, dass manche Modelle schlicht zu teuer sind. Zu viele Manager kaufen mit Geld, das sie nicht haben, Dinge, die sie nicht brauchen, um Menschen zu beeindrucken, die sie nicht mögen.

Zeigen Sie, dass man nicht alles kaufen muss.

Als Benjamin vier war, nahm ich ihn in eine Diamantenausstellung mit. Er fand die Steine so schön, dass er mich auf dem Nachhauseweg fragte, ob wir nicht welche kaufen konnten. Es war ein Augenöffner für ihn, als ich ihm sagte, dass ein einziger der Glitzersteine mehr kostete als unsere ganze Wohnung wert war!

Zur Finanzerziehung gehört auch, dass wir den Kids zeigen, was man alles *nicht kaufen kann.* Dinge, die Geld kosten, sind deswegen nicht automatisch wertvoll, und die besten Sachen im Leben sind gratis. Geburtstagskarten z.B. kann man auch selber machen, und der Empfänger freut sich sogar mehr. Seien Sie vorsichtig damit (zumindest vor dem Teenie-Alter), Ihre Kinder mit Geld zu belohnen; es wäre schlimm, wenn sie Geld mit Liebe verwechselten. Überschul-

Niemals darf Geld ein Ersatz für die Zeit sein, die Sie ihren Kindern widmen.

dete Erwachsene sind häufig Menschen, die materiellen Besitz überbewerten und nicht warten können.

Niemals darf Geld ein Ersatz für die Zeit sein, die Sie ihren Kindern widmen. Sie programmieren sie sonst darauf, menschliche Beziehungen durch Einkaufstouren zu ersetzen. Lassen Sie ihre Einstellung zum Leben nicht von Vaters Bankkonto prägen lassen! Eine Abhilfe ist, sie in Nachbarschafts- oder Hilfsorganisationen mitarbeiten zu lassen, damit sie ein wenig Selbstlosigkeit praktizieren und sehen, dass es auch Menschen gibt, denen es nicht so gut geht.

Auch bei den Finanzen ist der große Miterzieher das Fernsehen. Das durchschnittliche amerikanische Kind sieht pro Jahr 20.000 Werbespots, was den Gruppendruck in der Schule verschärft, denn die anderen sehen ja dieselbe Werbung. Es kann die Kinder auch vorzeitig zu Skeptikern machen. Ich kenne ein Mädchen, das jedes Interesse an den Snoopy-Cartoons verlor, nachdem eine Versicherungsgesellschaft den armen Hund in ihrer Werbung benutzt hatte.

Vielleicht lassen Sie die größeren Kinder ihr Taschengeld zumindest teilweise mit Hausarbeiten verdienen. Wenn sie es zu schnell verpulvern, lassen Sie sie das erste oder zweite Mal „dazuverdienen"; danach müssen sie halt die Konsequenzen tragen.

Geben Sie ihnen auch ein Sparschwein und später ein eigenes Sparbuch, damit sie lernen, Geld für spätere Anschaffungen beiseite zu legen. Wenn das Kind größer wird, bauen Sie das System aus: monatliches statt wöchentliches Taschengeld, ein Honorar für das Extra-Heckenschneiden oder den Tapezier-Einsatz oder eine Sparprämie am Ende des Jahres, wenn sie kräftig gespart haben.

Das Taschengeld verdienen kann zu unerwarteten Lerngewinnen führen. Wie bei George Lukas, dem *Star Wars*-Genie, der sich als Elfjähriger sein Taschengeld mit Rasenmähen verdiente und feststellte, dass der Handmäher zu groß für ihn war. Was machte George? Er kaufte sich von gespartem Taschengeld plus einem Darlehen von Mutter – einen Benzin-Rasenmäher!

Für die nächste Stufe, das Erlernen der Bedeutung der **Familien-Finanzen**, ist es hilfreich, wenn Sie die Junioren über den wirtschaftlichen Stand der Familie aufklären, ähnlich wie eine Konzernleitung, die die Abteilungsleiter über die Bilanzen auf dem Laufenden hält. Je besser Ihre Kids wissen, was Ihr Haushalt sich leisten kann und was nicht, um so realistischer werden ihre Erwartungen ausfallen.

Hauswirtschaft, wie man das früher in der Schule nannte, ist ein wenig wie ein Spiel, und bei größeren Kindern kann man sie mit gutem Nutzen wie ein wirkliches Spiel aufziehen. Wie wäre es z.B., wenn Sie den Kids den nächsten Großeinkauf im Supermarkt selber machen lassen, mit der Aufgabe, ein bestimmtes Budget einzuhalten?

Basiswissen über wirtschaftliche Zusammenhänge zu vermitteln, ist die dritte Stufe in der Finanzerziehung Ihrer Kinder. Dieser **Grundkurs Wirtschaft** ist ein Muss für die Sprösslinge eines echten Karriere-Vaters. Junge Menschen und andere Nicht-Geschäftsleute haben erschreckend wenig Ahnung davon, was wir eigentlich tun, und betrachten unseren Beruf mit einer Mischung aus Langeweile, Verachtung und Argwohn. Wenn Ihre Kinder begriffen haben, wie Einzelpersonen und Haushalte ihre finanziellen Entscheidungen treffen, müssen sie mehr darüber lernen, wo das Geld herkommt und was mit ihm geschieht, sobald es ausgegeben oder gespart ist. Wer die moderne Gesellschaft verstehen will, der muss nun einmal „dem Geld folgen".

Erklären Sie Ihren Kids das Wunder des modernen Kapitalismus anhand konkreter Beispiele, z.B. einer Eiscreme Fabrik. Wenn Sie an einem Laden vorbeikommen, der zugemacht hat, können Sie erklären, dass das Warenangebot dieses Ladens wohl nicht mehr für genügend Menschen attraktiv gewesen ist. Weisen Sie das größere Kind auf Zeitungsartikel über neue Trends hin. Erklären Sie ihm in verständlicher Form den Zeitwert des Geldes, das Gesetz von Angebot und Nachfrage und andere Fundamente des Geschäftslebens. Es gibt keinen Grund, warum ein heller Abiturient nicht wissen sollte, was Beteiligungskapital, Renten und andere Investitionsformen sind.

Halten Sie die Kids an, unternehmerisch zu denken und eigene kaufmännische Erfahrungen zu sammeln, z.B. mit einem Limonade-Stand oder Babysitter-Service. Spielen Sie dabei die Rolle des Beraters, Lieferanten oder gar Kunden, und Ihre Kinder lernen wichtige Lektionen für das Leben (und für das Geschäft).

Halten Sie die Kids an, unternehmerisch zu denken und eigene kaufmännische Erfahrungen zu sammeln.

Konflikte lösen

Der Karriere-Vater als Disziplin-Manager

Qualitätskontrolle

Disziplin ist für viele Karriere-Väter das dornigste Thema. Im Büro haben wir eine ganze Palette positiver und negativer finanzieller Anreize für unsere Mitarbeiter, und wenn wir sie nicht selber kündigen können, können es andere für uns tun. Ordnung und Koordinierung sind überlebenswichtig für unsere Firmen, und wir schaffen entsprechende Regeln und Strukturen.

Zu Hause sind Regeln noch wichtiger – aber wie können wir sie durchsetzen, wenn finanzielle Sanktionen sinnlos sind? Ist es nicht oft so, dass wir Eltern den Mund füttern, der uns beißt? Doch im Grunde ist erfolgreiche Disziplin in der Familie gar nicht so viel anders als in der Firma. An beiden Orten hängt sie von der richtigen *Philosophie*, der rechten *Autorität* und von verschiedenen praktischen *Methoden und Techniken* ab.

Die richtige **Erziehungsphilosophie** erfordert klare Definitionen. Viele Väter verwechseln *Disziplin* mit *Strafe*; in Wirklichkeit sind Strafen nur eines der Werkzeuge der Disziplin. Das bloße Strafen, ohne einen tieferen Sinn, vollzieht sich *an* dem Kind; Disziplin ist stets etwas *für* das Kind. Das Wort *Disziplin* kommt von dem lateinischen *disciplina* („Unterweisung"), und genau darum geht es bei der Disziplin. *Das Endziel der Disziplin ist die Selbstdisziplin*, die Ihre Kinder brauchen werden, um als Erwachsene leben zu können. Kinder, die sich nur aus Angst vor Strafe korrekt verhalten, haben noch keine Selbstdis-

***Das Endziel der Disziplin ist die Selbstdisziplin*, die Ihre Kinder brauchen werden, um als Erwachsene leben zu können.**

ziplin und ihnen fehlt, wenn sie auf sich selbst gestellt sind, möglicherweise jener innere Kompass, den man auch „Gewissen" nennt.

Sie sind der Lehrer, die Kinder Ihre Schüler. Kinder sind die geborenen Forscher; sie bilden eine Hypothese, testen sie, ändern sie ab, testen sie wieder usw. Und ihre ersten Versuchspersonen sind ihre Eltern, vor allem dort, wo es um Macht und Regeln geht. Pausenlos testen Ihre Kids aus, wie weit Sie bei Ihnen gehen können.

Was sie aus diesen Experimenten lernen - das liegt bei Ihnen. Sie lernen so schnell, dass sie aus zwei, drei falschen Reaktionen von Ihnen völlig falsche Schlüsse ziehen, die Sie dann mit viel Arbeit korrigieren müssen. Wie alle gute Lehren sollte Disziplin nicht zu persönlich sein (z.B. von Rachsucht geleitet) und nicht zu willkürlich (nach Laune und ohne erkennbares System). Die Disziplinregeln in Ihrem Haus sollten so fest sein wie die Regeln der Grammatik oder Mathematik; und sie sollten nicht nur für *alle Kinder* gelten, sondern auch von *allen Erwachsenen* durchgesetzt werden.

Unterscheiden Sie strikt zwischen Persönlichkeit und Verhalten Ihrer Kinder. Kritisieren Sie das, was Ihre Kinder *tun*, und nicht, was sie *sind*, sonst schütten Sie das Kind mit dem Bad aus. Das ständig als Nichtsnutz titulierte Kind wird schließlich wirklich einer. Machen Sie den Kids klar, dass Sie sie als Personen lieben und dass gerade dies mit der Grund dafür ist, dass Sie nicht jedes Verhalten akzeptieren können. Das Kind, das sich geliebt weiß, ist viel eher bereit, sein Verhalten zu korrigieren, und muss es nicht verbissen verteidigen.

Ein Disziplin-Ziel ist sicher, dass Ihre Kids Ihnen gehorchen, aber der Vater (oder Chef!), der ständig nur demonstrieren will, wer „der Herr im Haus" ist, wird am Ende eher verlieren als gewinnen. Machtkämpfe sind Kämpfe ohne Sieger; der Unterlegene beugt sich der Übermacht – mehr nicht. Disziplin heißt nicht, den Willen Ihrer Kinder zu brechen, sondern ihn in die richtigen Bahnen zu lenken. Sie sollen Ihre Schüler werden, die eines Tages das von Ihnen Gelernte ihren eigenen Kindern weitergeben. Disziplin ist eigentlich nichts viel anderes als aufgeklärtes Management.

Disziplin ist ein kontinuierlicher Prozess. Sie hört nicht damit auf, dass Sie die Kids ausschimpfen und auf ihre Zimmer schicken. Das mag ihnen zeigen, dass sie etwas falsch gemacht haben, aber genauso wichtig ist der nächste Schritt: ihnen helfen, es in Zukunft besser zu machen. Auch bei Disziplin gilt, dass Vorbeugen besser und effektiver ist als Heilen.

Auch bei Disziplin gilt, dass Vorbeugen besser und effektiver ist als Heilen.

Kinder brauchen Grenzen – und sie wissen das sogar. Sie träumen von der großen Freiheit und haben doch Angst vor ihr, weil sie wissen, dass sie sie nicht beherrschen könnten. Ihre Neigung, auszubrechen, ist wie eine Naturgewalt, die Sie als Eltern ständig zügeln müssen. Sie haben ein schlechtes Gewissen, weil Sie so wenig Zeit für die Kleinen haben? Nehmen Sie ihnen nicht auch noch ihre Grenzen weg; das wäre das Allerschlimmste. Und diese Grenzen sollten, wohlgemerkt, Grenzen sein, die *Sie* für richtig halten, und nicht die Grenzen, die (angeblich) „die anderen im Kindergarten" haben.

Familie und Firma stellen uns vor sehr ähnliche disziplinarische Herausforderungen. *Der Abteilungsleiter, der nur mit Druck regiert, ständig Machtkämpfe austrägt, nur das unmittelbare Ergebnis sieht und nur auf Sanktionen und nicht auf Vorbeugung setzt, wird genauso scheitern wie der entsprechende Vater.* Der Unterschied ist, dass Kinder schwierigere Brocken sind als Angestellte, und gerade deswegen tut der Karriere-Vater gut daran, die im Büro erlernten Lektionen nüchtern im Gedächtnis zu behalten.

Autorität ist in Firma wie Familie unerlässlich – falls Sie denn wünschen, dass jemand auf Sie hört. Ohne Autorität wird Ihr Vater-Status ausgehöhlt, und Sie haben nur noch die Wahl zwischen Monster und Waschlappen.

Es gibt drei Grundtypen von Vätern (und Chefs): den Diktator, den Nachgiebigen und den mit Autorität. Für den Diktator ist das Vatersein ein Machtkampf, den er nur gewinnen kann, indem er den Willen des Kindes bricht, für den Nachgiebigen ist es ein Popularitätswettbewerb. (Ich glaube, der typische weiche Vater hat Angst, dass seine Kinder ihn nicht mögen, wenn er strenger ist, während die nachgiebige Mutter Angst hat, dass Strenge den zarten Kinderseelen schaden könnte). Der Vater mit Autorität ist der einzige, der wirklich führt – durch die ihm von Natur aus zufallende Autorität, die er durch stetige Arbeit aufrecht erhält. Und dafür gibt es ein paar hilfreiche Methoden.

Autorität: Haben oder untergehen

Kenne dein Revier. „Stadtviertel-Arbeit" ist in heutzutage. Viele Bürger trauen ihrer Polizei mehr zu, wenn die Beamten das Viertel kennen – die Menschen, die Probleme, die Spannungen. Ganz ähnlich in Ihrer Familie: Je besser Sie Ihre Kinder kennen, um so klarere Regeln und Sanktionen werden Sie formulieren, und um so realistischer werden Ihre Erwartungen sein. Sie werden Ihre Kraft nicht damit vergeuden, zu viel für das Alter, den Entwicklungsstand oder die Tageszeit von den Junioren zu verlangen. Ein Kind, das mit Recht sagen kann: „Meine Eltern verstehen mich nicht", wird die elterliche Autorität weniger akzeptieren.

Lesen Sie also die Bücher über die Entwicklung Ihres Kindes; achten Sie darauf, welches Verhalten unter seinen Freunden üblich ist. Es ist sinnlos, einen Einjährigen bestrafen zu wollen, weil er so viel zappelt; kleine Kinder zappeln nun einmal.

Trotzanfälle gelten nicht. Sicher finden auch Sie, dass (im Büro wie zu Hause) Trotzanfälle nicht gut sind und dass Vorbeugen hier besser als Heilen ist. Bei sehr kleinen Kindern kann Ablenkung eine gute Vorbeugungsstrategie sein; anstatt dem Kind zu befehlen, mit dem Malen aufzuhören, sagen Sie ihm einfach, dass es Zeit zum Spazieren gehen ist. Auch genügend Essen und Schlaf sind wichtig.

Doch manchmal lässt sich der Anfall nicht vermeiden. Was dann? Sie sind der Erwachsene; folglich können Sie nicht Koller mit Koller bekämpfen. Einfach niederbrüllen ist keine Option. Gehen Sie emotional auf Distanz zu der Situation; wenn nötig, bringen Sie das Kind fort, damit es keinen Schaden anrichten oder sich selbst weh tun kann.

Gehen Sie emotional auf Distanz zu der Situation.

Als Nächstes sollten Sie sich fragen, was das Kind aus diesem Vorfall lernen kann. Es sind drei Dinge: Erstens, dass Sie es trotz seines Wutanfalls lieben und für es sorgen. Zweitens, dass die Trotztour ihm nichts gebracht hat – weder einen gewonnen Machtkampf noch ein tröstendes Bestechungs-Bonbon. Wenn Sie den Eindruck haben, dass es nicht übermüdet, sondern schlicht übel gelaunt war, darf der Anfall sogar etwas *kosten*. („Mit deinem Gebrüll hast du die Leute im Restaurant ganz verrückt gemacht. Wir nehmen dich erst dann wieder zum Pizza essen mit, wenn du dich benehmen kannst.") Und drittens, dass *Sie* keine Wutanfälle haben, sondern Herr der Lage bleiben.

Zweimal sagen reicht. Im Büro wissen Ihre Kollegen, dass Sie das, was Sie sagen, ernst meinen: Einmal sagen genügt. Wenn Ihre Kids beim Essen auf ihrem Stuhl schaukeln, wissen sie genau, wie viele Male Sie ihnen befehlen, mit dem Schaukeln aufzuhören, bevor sie wirklich aufhören müssen. Es ist ausgesprochen nervenschonend, wenn Sie diese Zahl auf ein- oder zweimal festlegen. Fünf- oder sechsmal ist einfach nicht realisierbar: Spätestens beim vierten Mal brüllen Sie los, bald hören die Kleinen nur noch, wenn Sie brüllen, folglich brüllen Sie noch öfter – ein Teufelskreis, der Ihre Autorität nach unten und den Blutdruck nach oben drückt. Die Lösung: Drohen Sie spätestens beim zweiten Mal eine Sanktion an, die Sie dann beim nächsten Mal bitte auch ausführen. Nach ein paar Erlebnissen dieser Art werden Ihre Kids Ihnen glauben, wenn Sie sagen: „Wenn du nicht gehorchst, dann ..." Kinder sollten den Drohungen ihrer Eltern genauso glauben wie ihren Versprechungen; es macht das Leben für alle Beteiligten leichter.

Einmal sagen genügt.

Genauso müssen Ihre Kinder auch lernen, es zu akzeptieren, wenn ihre Wünsche nicht erfüllt werden. Auch bei dem Satz „Nein, das kriegst du nicht" muss einmal reichen. Kinder haben ein gutes Gedächtnis und glauben (meist korrekt), dass Ausnahmen die Regel nicht bestätigen, sondern widerlegen. Wenn Sie Ihr Nein auch nur ein paar Mal wieder zurücknehmen, werden die lieben Kleinen jedes neue Nein als Machtprobe betrachten, die es zu gewinnen gilt.

Behalten Sie die Initiative. Wenn eine neue Branche geboren wird, hat die erste Firma in ihr sozusagen den Heimvorteil; sie kann die Standards setzen, das Tempo festlegen, sich die besten Partner aussuchen. So sollten auch Sie versuchen, Ihren Kids stets einen Schritt voraus zu sein: Wie könnten sie auf Ihren nächsten Schritt reagieren? Was könnten Sie darauf tun? Sie sind der Erwachsene; Sie sollten die Lage beherrschen.

Sie sind der Erwachsene; Sie sollten die Lage beherrschen.

Benutzen Sie die Boss-Karte. So nützlich Argumente und Erklärungen sind – das letzte Fundament Ihrer Autorität ist schlicht die Tatsache, dass Sie der Vater sind. Väter sind groß, Väter sind Könner, Väter verdienen die Brötchen und ohne sie gäbe es die Kinder gar nicht (das Wort *Autorität* kommt von *autor* [„Erzeuger"]). Wenn also den Sprösslingen Ihre Erklärungen nicht genügen (oder Sie keine Zeit oder Kraft für lange Erklärungen haben), warum sie nicht einfach daran erinnern, wer der Chef ist? Wenn Sie sie nicht zu oft ausspielen, ist die Karte „Weil ich das sage!" gar nicht so schlecht.

Jammern die Kinder darauf, dass das aber nicht fair ist, sagen Sie ihnen, dass Sie auch einmal ein Kind waren und dass sie einmal Erwachsene sein werden, die bei ihren eigenen Kindern Regeln machen und durchsetzen. Die Petra aus dem Nachbarhaus kann aber so spät nach Hause kommen, wie sie will? Das zeigt nur, dass ihre Eltern ihren Job nicht tun. Erklären Sie den Junioren, dass *Sie* in Beruf und Familie Ihr Allerbestes zu geben versuchen und das auch von ihnen erwarten. Wie gesagt: Solange sie Kinder sind, können Sie nicht ihr Freund sein, aber dafür etwas noch Besseres: ihr Vater.

Solange sie Kinder sind, können Sie nicht ihr Freund sein, aber dafür etwas noch Besseres: ihr Vater.

Konsequenz ist Trumpf. Sie kommen nach einem harten Tag hundemüde nach Hause. Ihre Kinder hüpfen gerade auf dem Sofa. Sie halten die Luft an, als sie Sie sehen, denn sie wissen, dass auf dem Sofa springen tabu ist. Doch Sie scheuchen Sie nicht umgehend fort wie sonst, sondern gehen ohne Kommentar in die Küche zu Ihrer Frau; Sie sind einfach zu müde.

Was sagt Ihr Verhalten den Kids? Dass man Regeln ruhig brechen kann? Dass Ihnen die Regeln egal sind? Dass es nicht weit her ist mit Ihrer Autorität? Wie wäre es mit dieser Alternative: „Wenn ich bis drei gezählt hab', seid ihr von dem Sofa 'runter! Ich bin müde, und ihr wisst genau, was ihr dürft und was nicht!" Das braucht mehr Kraft, sicher, aber es ist für alle einfacher, wenn Sie die Regeln reklamieren.

Konsequenz ist nicht dasselbe wie Sturheit. Manchmal ist Flexibilität angesagt, aber nur, wenn die Umstände es erlauben und Sie die Ausnahme erklären können. Nehmen wir an, Sie sind mit Ihrem Dreijährigen auf dem Weg zur Bushaltestelle. Er will unbedingt huckepack reiten, aber Sie wollen, dass er nicht lauffaul wird. Doch da kommt der Bus schon, und Sie nehmen den Kleinen doch huckepack, um den Bus nicht zu verpassen. Erklären Sie ihm das, damit er sieht, dass Sie einen logischen Grund für Ihr Handeln hatten (Kinder sind exzellente Logiker, wenn es um ihren Vorteil geht), und nicht glaubt, dass sein Quengeln Sie dazu gebracht hat.

Konsequenz ist nicht dasselbe wie Sturheit.

Erziehen Sie im Team. Ihre Frau und Sie werden ein viel effektiveres Team sein, wenn Sie Ihre Disziplinmaßnahmen gemeinsam planen und durchführen. Versuchen Sie nicht, das Monopol auf irgendwelche Erziehungsbereiche anzumelden. Oder sich zu drücken. Schließlich haben Sie *beide* mit den Kids zu tun – mal Sie, mal Ihre Frau –, und das heißt, dass Sie beide Disziplin-Alleskönner sein müssen. Jede Kette ist nur so stark wie ihr schwächstes Glied. Und noch nicht einmal im Schlaf sollten Sie daran denken, Ihre Frau zum einzigen Glied zu machen, weil Papa doch so wenig Zeit hat ...

Profitieren Sie von Fehlern. In der Harvard Business School ist das Lehrmittel Nr. 1 die Fallstudie. Die Fehler Ihrer Kinder sind ideale Fallstudien. Jeder Fehler hat ja Konsequenzen im wirklichen Leben. Denken Sie also positiv und nutzen Sie die Fehler der Kids als Gelegenheit, ihnen zu zeigen, was sie falsch gemacht haben, und wie sie es in Zukunft besser machen können. Dies ist viel besser als den Fehler zu ignorieren oder einfach ungehalten zu sein. Mit konstruktiver, mit Verständnis gewürzter Kritik kann man viel erreichen.

Seien Sie stark, aber sensibel. Lassen Sie sich nicht mit Ausreden einseifen, aber erkennen Sie mildernde Umstände an. Je mehr Gespür Sie für die „Grauzonen" haben, um so besser für Ihre Autorität. Überlegen Sie, warum das Kind seine Missetat begangen hat. Sätze wie „Ich weiß, dass du heute den Aufsatz schreiben musst, aber deshalb darfst du noch lange nicht deinen Bruder mit Butter beschmieren" verleihen Ihrer Reaktion mehr Gewicht, da Ihr Kind merkt, dass Sie es verstehen.

Je mehr Gespür Sie für die „Grauzonen" haben, um so besser für Ihre Autorität.

Machen Sie es ruhig wie in der Firma: Sagen Sie den Kids, dass Sie ja selber einmal klein angefangen und Fehler gemacht haben und viel lernen mussten. Das zeigt ihnen, dass sie nicht (wie Kinder so gerne denken) die ersten mit ihren Problemen sind, ja dass sogar ihr Vater selber Lehrgeld zahlen musste. (Dies funktioniert vor allem bei kleineren Kindern; Teenager können sich kaum vorstellen, dass ihr Vater je ein Mensch wie sie war.)

Offene Systeme gewinnen. Im Geschäft ist Offenheit meist Trumpf. Mitarbeiter tragen die Entscheidungen des Managements eher mit, wenn sie ihre Hintergründe verstehen, und noch mehr, wenn sie sich selber einbringen konnten. Ähnlich zahlt es sich aus, den Kindern zu erklären, warum eine Strafe sein muss. In hartnäckigen Fällen können Sie vielleicht sogar sagen: „Du, wir haben hier ein Problem. Das hier geht einfach nicht, und ich mag es nicht, dass ich dich immer wieder deswegen bestrafen muss. Hast du eine Idee, was wir machen können, damit das nicht mehr vorkommt?" Schaden kann es nicht, und möglicherweise lernen Sie sogar etwas dabei.

Beherrschen Sie sich. Der Chef, der bei jeder Gelegenheit an die Decke geht, riskiert die Meuterei – nicht nur, weil er so ultraanspruchsvoll und herrisch ist, sondern auch, weil er beweist, dass er noch nicht einmal sich selber führen kann. (Wussten Sie, dass es schon „Wutberater" zur Verbesserung des Klimas in Firmen gibt?) Doch was hilft es, wenn Sie im Büro einen kühlen Kopf bewahren, nur um ihn unter ihren Lieben zu verlieren? Sie mögen tausend Gründe für Ihren Koller haben: Der Tag im Büro war schwer, Ihre Frau ist garstig oder die Kids benehmen sich mitten im Restaurant daneben. Doch dies sind alles bloße äußere Faktoren, die keine Explosion rechtfertigen. Wie wollen Sie von den Kids Selbstbeherrschung erwarten, wenn sie miterleben, dass Sie selber damit überfordert sind?

Gerade dann, wenn die Kinder ihre Beherrschung verloren haben, brauchen Sie die Ihre am allermeisten. Was für Techniken waren es noch, die sich bei Konfrontationen im Büro so bewähren? Wenden Sie sie an! Zählen Sie bis zehn, machen Sie einen Witz, summen Sie eine Melodie, holen Sie tief Luft. Ermitteln Sie den eigentlichen Grund für Ihren Zorn und trennen Sie ihn vom Verhalten Ihrer Kinder. Besprechen Sie sich mit Ihrer Frau.

Gerade dann, wenn die Kinder ihre Beherrschung verloren haben, brauchen Sie die Ihre am allermeisten.

Sie brauchen keine Dezibelstärke, wenn Ihre Kids andere Warnsignale gelernt haben. Neil S. hatte im Büro gelernt, bei Problemen nicht laut zu werden, sondern seine Stimme zu senken. Er nahm diese Technik kurzerhand mit nach Hause. Wenn er seinem Sohn die Leviten lesen muss, sagt er ganz ruhig: „Junge, wir zwei müssen mal was besprechen."

Es kann legitim sein, Wut zu zeigen, aber lassen Sie sich nicht von ihr fortreißen. Kanalisieren Sie sie. Es ist in Ordnung, wenn Ihre Kinder sehen, dass Sie auch nur ein Mensch sind und dass ihre Handlungen Folgen haben. Aber missbrauchte Macht, ob im Büro oder zu Hause, führt zu Trotz, Groll, Lügen, passivem Widerstand und anderen unproduktiven Reaktionen.

Auch Vater darf sich entschuldigen. In manchen Firmen grenzt es an Selbstmord, Fehler offen einzugestehen. Nicht so zu Hause; hier währt ehrlich am längsten. Wenn Sie doch einmal aus nichtigem Anlass auf die Palme gegangen sind oder Ihre Kinder für etwas bestraft haben, das sie nicht oder nicht absichtlich gemacht haben, scheuen Sie sich nicht, sich zu entschuldigen. Zuzugeben, dass Sie falsch gelegen haben, schwächt Ihre Autorität nicht, sondern stärkt sie sogar. Nur der Starke kann Fehler zugeben.

Vermeiden Sie unnötige Kämpfe. Führungskräfte wissen, dass sie nur eine begrenzte Menge Kapital zur Verfügung haben, das sie nicht für Nebensächlichkeiten vergeuden dürfen. Konzentrieren Sie sich auf das, was Sie ändern *können* und ändern *müssen*, sonst rennen Sie nur mit dem Kopf gegen die Wand. Wenn Sie bei allem und jedem mit den Kindern schimpfen, verpulvern Sie Ihre seelische Kraft, sabotieren die Selbstachtung der Kids und lenken von dem ab, was wirklich wichtig ist. Wenn jeder zweite Satz von Ihnen ein Befehl oder eine Rüge ist, werden Ihre Kinder womöglich nur noch störrischer. Eine gute Testfrage, ob eine Kraftprobe sich lohnt, lautet: „Wird das hier nach einem Jahr noch wichtig sein?" Machen Sie nicht Mücken zu Elefanten. Wenn es gar zu toll wird, greifen Sie rasch und entschlossen ein, aber Sie können Ihr Leben (und das Ihrer Kleinen) nicht mit totaler Nulltoleranz führen.

Konzentrieren Sie sich auf das, was Sie ändern *können* und ändern *müssen*.

Autorität über Teenager – gibt's das überhaupt? Haben Sie schon einmal eine „feindliche Übernahme" miterlebt? Dann wissen Sie, dass die Angestellten der aufgekauften Firma kein Zuckerbrot für den Käufer sind. Sie *sind* nicht nur verkauft worden, sie *fühlen* sich oft auch so, und wenn der Käufer nicht aufpasst, bekommt er solche Arbeitsmoralprobleme, dass es beide Unternehmen ruinieren kann.

Die Gefühle des durchschnittlichen Teenagers gegenüber seinen Eltern sind ähnlich herzlich wie die der aufgekauften Angestellten – mit dem Unterschied, dass er selber es ist, der die feindliche Übernahme (sprich: des Körpers unseres Kindes) inszeniert hat. Er frisst unseren Kühlschrank leer und spielt laute Musik, deren Texte wir Gott sei Dank nicht verstehen. Er fordert Freiheit ohne Ende, ist unberechenbarer als ein Zehnjähriger und voll imstande, sich selbst und andere umzubringen. Im Zeitalter von AIDS & Co. kann es sich keiner leisten, seine Teenies einfach laufen zu lassen. Oder meinen Sie, in *Ihrer* Familie werde schon nichts passieren? Eine US-Studie vom

Ende der 1980-er Jahre ergab, dass 36 % der Kinder von Führungskräften wegen Drogen- oder psychiatrischer Probleme in Behandlung waren, gegenüber nur 15 % in anderen Familien.

Doch, Ihre Autorität kann den Sprung ins Teenie-Alter überleben – aber nur mit genügend Planung und Vorbereitung. Wenn die Pubertät zuschlägt, zeigt sich, dass Ihre Erziehungsinvestitionen nicht umsonst waren. Die menschliche Nähe, die Sie gepflegt und die Selbstbeherrschung, die Sie den Kids vermittelt haben, sie können den Ausschlag geben zwischen Bewältigung der Krise und Untergang.

Der dritte Disziplin-Erfolgsfaktor ist die richtige Benutzung bestimmter bewährter **Methoden und Techniken**. Zu diesen gehören *nicht* Nörgeln, Bestechen, Verachtung, fromme Wünsche, Bitten und Betteln und ähnlicher Unsinn, sondern nur gesunde, vernünftige Maßnahmen; nicht wenige von ihnen kann man in guten Management-Kursen lernen.

Diese Techniken wollen klug eingesetzt sein. Es kann sein, dass eine bestimmte Methode nicht zu der Situation, zu Ihrem Kind oder zu Ihrem Charakter passt. Aber zum Glück hat uns die Erfahrung vieler Elterngenerationen eine ganze Menge dieser Hilfen hinterlassen, sodass wir die Auswahl haben.

Disziplin in Aktion

Wiederholen Sie sich ruhig. Im Geschäft ist Redundanz verpönt. Bei Kindern dagegen läuft ohne Wiederholungen nichts. Sie brauchen lange, um gute Gewohnheiten einzuüben, und noch länger, um sich schlechte abzugewöhnen. „Wie oft muss ich dir sagen, dass man im Restaurant leise spricht?“ So lange, bis Sie es nicht mehr sagen müssen! Sagen Sie es dem Sprössling aber nur ein bis zwei Mal pro Restaurantbesuch, und sagen Sie ihm beim zweiten Mal, dass es beim drit-

Kinder brauchen lange, um gute Gewohnheiten einzuüben und noch länger, um sich schlechte abzugewöhnen.

ten Mal Konsequenzen geben wird. Vielleicht wollen Sie auch die Vorbeugungsvariante wählen: Bereits bevor Sie das Restaurant betreten, sagen Sie: „Du weißt ja: ab jetzt Zimmerlautstärke, klar?"

Sie finden das ständige Wiederholen ätzend? Ihre Kids noch mehr. Aber anders können sie nicht lernen. Wie war das noch, als *Sie* klein waren? Ihre Eltern machten Sie schier verrückt mit ihren Ermahnungen, und Sie waren fest entschlossen, sie zu ignorieren – doch dann, siehe da, setzten sie sich fest, wie ein Gras zwischen Pflastersteinen und begannen Wurzel zu fassen. Und mal ehrlich: Wie oft sagen Sie heute *genau die gleichen Dinge wie Ihre Eltern*, ohne es auch nur zu merken?

Und wieder Sokrates. Sie erinnern sich an den Trick mit den Fragen. „Was machen wir noch, wenn ..." ist oft besser als: „Du sollst doch nicht ..." Es ist besser, weil es die Kids zwingt, Ihnen zuzuhören und nachzudenken. Bestehen Sie auf einer Antwort, auch wenn sie die Schwerhörigkeitsmasche versuchen. Die Worte aus seinem eigenen Mund bleiben einem Kind länger im Gedächtnis als die seines Vaters.

Vermeiden Sie jedoch allzu allgemeine oder bloße rhetorische Fragen, vom Typ „Warum kannst du nicht ...?" oder „Wie oft habe ich dir schon gesagt ...?". Man kann sie nicht beantworten, und dies könnte Ihre Kinder dazu verführen, auch konkretere Fragen nicht zu beantworten. Außerdem treiben sie die emotionale Temperatur in dem Gespräch unnötig hoch.

Erklären Sie den Nutzen. Eine Firma, die ein neues Produkt anbietet, versucht ihren Kunden zu zeigen, wie dieses Produkt ihr Leben leichter machen kann. Ähnlich können Sie Ihren Junioren erklären, dass mehr Selbstdisziplin gut für sie ist; es verbessert nicht nur ihre Beziehungen zu Ihnen, sondern auch zu ihren Lehrern und Freunden.

Die vielleicht wertvollste Lektion dabei ist, dass dieser Nutzen ja nicht mit der Kindheit aufhört: Was Hänschen lernt, nützt auch Hans. Zeigen Sie den Kids, dass Sie Ihnen die Regeln beibringen, die *Sie selber* auch befolgen müssen. Wenn sie Ihnen nicht glauben, benutzen Sie erläuternde Beispiele. „Stell dir vor, ein Polizist stoppt mich, weil ich zu schnell gefahren bin. Soll ich die Strafe bezahlen oder losheulen und ihn einen Blödmann nennen? Was würde er dann wohl machen?" Es stellt die Sache in ein ganz neues Licht.

„Entschuldigung!" genügt nicht. Sich entschuldigen ist keine Einbahnstraße. Wenn Sie bereit sind, sich für Ihre Fehler zu entschuldigen, ist es nur recht und billig, wenn Ihre (größeren) Kinder sich bei Ihnen entschuldigen, bevor Sie ihnen vergeben. (Das kleinere Kind hat womöglich noch kein Schuldbewusstsein; wenn Sie es zwingen, sich zu entschuldigen, demütigen Sie es nur und bringen ihm bei, Dinge zu sagen, die es gar nicht meint. Sie haben aber die Aufgabe, die Kids so zu erziehen, dass sie so schnell wie möglich ein Unrechtbewusstsein bekommen und sich ehrlich entschuldigen.)

Ein bloßes gemurmeltes „Tut mir Leid" genügt jedoch nicht. Die Entschuldigung muss ehrlich sein, und die Kinder sollten in ihren eigenen Worten sagen, wofür sie sich da entschuldigen. Oft schließt die Entschuldigung mit einem „Ich will es auch nie wieder tun." Aber der entscheidende Test ist natürlich, ob dieses Versprechen auch eingehalten wird und das Kind *sein Verhalten ändert.* Wenn es zu solchen Änderungen kommt, haben Sie das Ziel Ihrer Disziplin-Erziehung erreicht.

Die Entschuldigung muss ehrlich sein, und die Kinder sollten in ihren eigenen Worten sagen, wofür sie sich da entschuldigen.

Aufmerksamkeit als Währung. Aufmerksamkeit ist wertvoll, wie jeder Werbestratege weiß. Aber wenn sie für jemanden einen Wert hat, der uns das neueste Deo verkaufen will, wie viel mehr zählt sie dann für unsere Kinder? Das ist der Grund, warum sie pausenlos um unsere Aufmerksamkeit werben.

Schenken Sie Ihren Kindern nicht nur dann Aufmerksamkeit, wenn sie sich daneben benehmen.

Doch lassen Sie sich nicht erpressen, wenn die Junioren Ihre Aufmerksamkeit gewinnen wollen, indem sie sich danebenbenehmen. Fühlen Sie sich nicht verpflichtet, um jeden Preis zu reagieren - es sei denn bei direktem Ungehorsam oder Gefahr für Leib, Leben oder Sachen. Und wenn Sie reagieren, dann vielleicht so, dass Sie das Kind allein auf sein Zimmer schicken. Dagegen sollten Sie den Kleinen alle Aufmerksamkeit der Welt gönnen, wenn sie sich *gut* benehmen. Wenn Sie nur dann auf sie eingehen, wenn Sie sie ausschimpfen müssen, werden sie natürlich immer mehr anstellen ...

Schnelle Eingreiftruppe. Im Geschäftsleben erfolgt auf die Verletzung wichtiger Regeln sofort eine Reaktion. So sollte es auch zu Hause sein: Wenn Ihre Kinder etwas angestellt haben, drücken Sie nicht abwartend die Augen zu – auch dann nicht, wenn Sie gerade im Supermarkt oder mitten in der Gutenacht-Geschichte sind. Die Kids müssen lernen, dass ihr Vater auf grobes Fehlverhalten sofort reagiert. Bedenken Sie, dass kleinere Kinder ein selektives Gedächtnis haben; eine halbe Stunde später wissen sie oft nicht mehr, wofür sie da bestraft werden sollen. Die bloße Ankündigung einer späteren Strafe funktioniert erst bei älteren Kindern.

Eine positive Nebenwirkung des raschen Reagierens ist, dass Sie Ihren Zorn schnell wieder loswerden, so dass er nicht in Ihnen schmort, bis Sie womöglich explodieren. Ihr Missfallen sollte wie ein leichtes Sommergewitter sein, das so schnell wieder geht, wie es gekommen ist.

Ihr Missfallen sollte wie ein leichtes Sommergewitter sein, das so schnell wieder geht, wie es gekommen ist.

„Gut gemacht!" Es muss nicht immer etwas „geschehen" bei Ihren Strafen. Politiker und Kinder hungern nach Beifall, und dies bedeutet, dass Ihre Komplimente Belohnungen sind und Ihre Missbilligung eine Art Strafe. Die gute alte hochgezogene Augenbraue ist gewissermaßen die Strafe in Reinkultur; sie kann schmerzlicher sein als das Fernsehverbot. Und viel klarer mit der Missetat verbunden.

Ich habe vorhin Ihre Kinder Ihre „Kunden" genannt. Aber diese Beziehung ist gegenseitig: Auch die Kinder haben Pflichten. Sie schulden Ihnen z.B. Gehorsam, Respekt und Ehrlichkeit, wenn Sie Ihre Vaterpflichten gut wahrnehmen, und wie jeder gute Kunde sollten Sie sich beschweren, wenn die Ware nicht kommt.

Abschreckung, nicht Rache. Die korrekt durchgeführte Strafe ist unangenehm genug, um im Gedächtnis haften zu bleiben, aber nicht so unangenehm, dass die Kinder sie verdrängen. Der Sinn der Strafe ist ja, dass sie das künftige Verhalten des Kindes ändert; dazu aber muss sie im Gedächtnis bleiben und eng mit dem Fehlverhalten verbunden sein. Achten Sie auf diese Verbindung (z.B. indem Sie dem Kind das Spielzeug, das es gerade durch die Gegend geworfen hat, wegnehmen).

Die korrekt durchgeführte Strafe ist unangenehm genug, um im Gedächtnis haften zu bleiben, aber nicht so unangenehm, dass die Kinder sie verdrängen.

Es kann vorkommen, dass Sie Ihr Kind aus lauter Wut etwas härter bestrafen, um ihm sein Verhalten heimzuzahlen. Wenn dies oft vorkommt, sollten Sie vielleicht einmal mit Ihrer Frau, dem Lehrer oder einem anderen Menschen Ihres Vertrauens darüber sprechen. Überstrenge ist weder für Sie noch das Kind gut.

Die Dosis macht's. Karriere-Väter können mit Gewinn die Anreiz-Erfahrungen aus der Firma in das Erziehungsgeschäft einbringen. Unverhältnismäßig harte Strafen verhärten das Kind womöglich nur. Viel besser ist ein Katalog allmählich schwerer werdender Sanktionen, den Sie konsequent anwenden. Zum Beispiel so: Einmal nicht folgen kostet eine Ermahnung, das zweite Mal fünf Minuten weniger Computerspielen vor dem Schlafengehen, das dritte Mal weitere zehn Minuten weniger, usw.

Sorgen Sie von vornherein für klare Verhältnisse. Sie vermeiden so jenen Willenskleinkrieg, wo auf die Verschärfung der Strafe nur die Verstärkung des Fehlverhaltens folgt, mit dem Ergebnis, dass Sie womöglich Strafen aussprechen, die sich gar nicht durchhalten lassen (z.B. ein ganzer Monat ohne Computerspielen). Noch schlimmer als eine zu harte Strafe ist nur die Strafe, die Sie nachträglich wieder zurücknehmen. Jede Sanktion sollte auch zeitlich genau festgelegt sein; die Kids wissen dann, dass sie nichts „herunterhandeln" können, und Sie können die Strafe beenden, ohne als Schlaffi dazustehen.

Warum nicht Punkte sammeln? Wohl die meisten Karriere-Väter haben vom „Management by objective" gehört, also jener Methode, bei der die Mitarbeiter sich auf bestimmte Ziele für das Quartal oder Jahr verpflichten und dann danach beurteilt werden, wie gut sie diese Ziele erreicht haben. Die Technik lässt sich auch in der Familie anwenden: Vereinbaren Sie mit den Kids, was für Ziele sie innerhalb einer bestimmten Zeit erreichen sollen und was geschieht, wenn sie das schaffen bzw. nicht schaffen. (Sie können übrigens auch Ihren eigenen Fortschritt als Vater nach dieser Methode messen.) Führen Sie Buch über die Erfolge: z.B. für jedes Mal, wo die Kids ihr Zimmer selber aufgeräumt haben, ein goldener Stern in einem kleinen Heft, und bei sechs Sternen in der Woche gibt es eine kleine Überraschung. Dies kann noch bei älteren Kindern funktionieren (dort natürlich ohne goldene Sterne!).

Vereinbaren Sie mit den Kids, was für Ziele sie innerhalb einer bestimmten Zeit erreichen sollen.

Disziplin hat ihren Lohn. Die meisten Firmen benutzen bei ihren Mitarbeitern viel häufiger Belohnungen als Sanktionen. Den „Verkäufer des Monats" gibt es haufenweise, aber wie viele „Nieten des Monats" sehen Sie am Schwarzen Brett? Diese Strategie wirkt auch zu Hause.

Belohnungen brauchen nicht so systematisch zu sein wie die gerade erwähnten Sternchen. Wie Sie in jedem Management-Handbuch nachlesen können, sind die effektivsten Belohnungen oft die ganz spontanen: „Da hast du dir eine Belohnung verdient!" Das kann ein kleines Spielzeug sein oder ein Besuch im Zoo oder einfach ein fester Händedruck, aber der Motivationseffekt auf Ihr Kind wird groß sein – größer als bei den meisten Strafen. Seien Sie nicht knauserig mit solchen Spontanbelohnungen (aber benutzen Sie sie auch nicht so regelmäßig, dass die Kids sie als Bestechungstour sehen oder als etwas, worauf sie einen Anspruch haben).

Wenn etwas Folgen hat. Das Schwert der Strafen und Belohnungen wird stumpf, wenn es zu oft benutzt wird. Eine der größten Stärken von Strafen und Belohnungen ist, dass sie von Ihnen kommen. Doch gleichzeitig ist das auch die größte Schwäche: Die Kinder sind ständig versucht, Ihre Erziehungsmaßnahmen durch die Brille der Gefühle, die sie gerade für Sie hegen, zu sehen. Es kann Ihre Erziehungsbemühungen erleichtern, wenn Sie

Das Schwert der Strafen und Belohnungen wird stumpf, wenn es zu oft benutzt wird.

manchmal die Dinge einfach ihren (guten oder schlechten) Lauf nehmen lassen. Man nennt das Erziehen durch Konsequenzen.

Ihr kleiner Sohn jongliert mit seiner Eistüte herum. Sie können ihm androhen, ihm die Tüte wegzunehmen, wenn er nicht sofort aufhört, aber das findet er womöglich einfach nicht nett von Papa. Sie haben mehr Chancen, wenn Sie ihm sagen, dass sein Eis auf den Bürgersteig fällt, wenn er nicht besser aufpasst. Noch besser ist es, wenn Sie die Konsequenzen positiv ausdrücken – also dass etwas Gutes folgen wird, wenn der Junior sich gut benimmt. Versuchen Sie, den Zusammenhang zwischen Ursache und Wirkung darzustellen, ohne große Betonung Ihrer eigenen Rolle.

Ein Beispiel für „positive" Konsequenzen: Als unser Benjamin vier war, hatte er kurz nach der Geburt seiner Schwester Leila eine Phase, wo er nach dem Zubettgehen pausenlos nach uns rief und zu uns ins Schlafzimmer kam. Nichts half. Wir wussten natürlich, dass er eifersüchtig auf seine kleine Schwester war, aber wie konnten wir ihn zum Schlafen bringen, ohne ihn k.o. zu schlagen?

Dann hatten wir eine Idee. Es ging ihm morgens oft zu schnell, wenn wir ihn für den Kindergarten fertigmachten. Wir sagten ihm also, dass wir ihn etwas früher wecken würden, so dass er schon *vor* dem Kindergarten spielen konnte – aber nur, wenn er nach dem Schlafengehen nicht mehr als zwei Mal nach uns rief. Wir erklärten ihm, dass unser Körper ein bestimmtes Quantum Schlaf braucht, so dass er, wenn er morgens schon spielen wollte, früher einschlafen musste. Bald hatten wir keine Probleme mehr mit Benjamins Einschlafen.

Konsequenzen sollten für Ihr Kind nicht unwichtig sein und in einem Zusammenhang mit der Ursache stehen.

Konsequenzen funktionieren natürlich nur dann, wenn sie mit einem Gesetz aus der Physik (an heißen Herdplatten verbrennt man sich), der Gesellschaft (wenn wir in der Bibliothek zu laut sind, werfen sie uns hinaus) oder der menschlichen Natur (unverschämte Gäste lädt man nicht mehr ein) in Verbindung stehen. (Die besagte menschliche Natur kann gelegentlich Ihre eigene sein: „Putz dir die Füße ab, wenn du nach Hause kommst; du weißt ja, was sonst passiert.") Die Konsequenzen sollten ferner etwas sein, das Ihrem Kind nicht egal ist (wieder: Kenne dein Kind!), und sie sollten in einem hinreichend direkten Zusammenhang mit der Ursache stehen.

Die Konsequenzen-Methode funktioniert selbst dann, wenn Sie nicht da sind. Die Kinder lernen, dass sie sich gut oder schlecht verhalten können und dass ihre Umwelt darauf reagiert. Machen Sie ihnen klar, dass die Sache mit den Konsequenzen für *alle* Menschen (auch die erwachsenen) gilt, und sie werden ihr Jammern nach und nach einstellen und anfangen, richtige Entscheidungen zu treffen.

Warum nicht versohlen? Körperliche Züchtigung ist heute ein heißes Eisen. In früheren Zeiten galt sie als notwendiger Teil des disziplinarischen Arsenals, und manche Eltern sehen dies heute noch so. Andere (darunter auch ich) betrachten sie als eine eher ineffiziente und destruktive Erziehungsmethode.

Den Hintern versohlen – das kann eine merkwürdig schwache Disziplinmaßnahme sein. Sie ist so schnell wieder vorüber, dass das Kind den Eindruck bekommen kann, seine Missetat mit dem ausgehaltenen Schmerz „bezahlt" zu haben. Sie gibt ihm keine Zeit oder Anreiz, über sein Fehlverhalten nachzudenken; es ist vielmehr ganz darauf konzentriert, das schmerzliche Erlebnis mit hinreichender Würde hinter sich zu bringen. Kurz: Sie haben seinen Hintern beeindruckt, aber nicht sein Gewissen. Möglicherweise findet es die Strafe auch schlicht unangemessen, was Ihre Kritik an seinem Verhalten automatisch entwertet.

Häufige körperliche Züchtigung baut eine unsichtbare Wand zwischen Ihnen und den Kindern auf. Überlegen Sie selber: Wollen Sie, dass Ihre Beziehung zu Ihren Kindern auf Angst basiert? Dass die Menschen, die Ihre Kinder lieben sollten, ihnen weh tun? Oder dass die Leute, die ihnen Selbstbeherrschung beibringen sollen, ihre eigene Beherrschung verlieren?

Häufige körperliche Züchtigung baut eine unsichtbare Wand zwischen Ihnen und den Kindern auf.

Größere Kinder schlagen bei körperlicher Züchtigung womöglich einfach zurück. Oder noch schlimmer: Sie lernen, dass man Konflikte mit Gewalt lösen kann. Machen Sie ihnen lieber vor, wie man

Probleme ohne Gewalt angeht. Bei manchen Kindern bewirken Prügel glatt das Gegenteil von dem, was erwünscht ist: Einen überaggressiven Jungen schlagen ist so ähnlich, wie ein Feuer mit Benzin löschen zu wollen. Oder wollen Sie, dass Ihre Kids es lernen, um sich zu schlagen, wenn sie wütend sind? Es gibt Studien, die zeigen, dass Kinder von prügelnden Eltern aggressiver sind als Gleichaltrige, die unter anderen Bedingungen aufwachsen.

Wenn Sie hier verunsichert sind, besprechen Sie sich mit einem Menschen Ihres Vertrauens, z.B. Ihrer Frau, dem Lehrer oder einem Familienberater. Und wenn Sie merken, dass die Wut auf den missratenen Junior zu stark werden will, dann holen Sie nicht den Stock; holen Sie Hilfe.

Am Verhandlungstisch

In einer Zeit zunehmender Teamarbeit und abnehmender Hierarchien wird in unseren Firmen das Verhandeln immer wichtiger. Aber nicht nur dort und nicht erst heute. In dem klassischen Buch über die Techniken des Verhandelns, *Das Harvard-Konzept* von Roger Fisher und William Ury, heißt es gleich in der Einleitung:

> *„Jeder verhandelt über irgendetwas, jeden Tag. ... Man verhandelt mit seinem Ehepartner, wohin man zum Abendessen gehen soll, und mit seinem Kind, wann das Licht ausgemacht wird. Verhandeln ist eine Grundform, Gewünschtes von anderen Leuten zu bekommen. Es ist wechselseitige Kommunikation mit dem Ziel, eine Übereinkunft zu erreichen, wenn man mit der anderen Seite sowohl gemeinsame als auch gegensätzliche Interessen hat.“*

Der letzte Satz beschreibt den typischen Konflikt zwischen Vater und Kind. Es sollte uns daher nicht überraschen, dass das Verhandeln ein wichtiges und positives Erziehungsinstrument ist. Ihnen bietet es eine relativ konstruktive Methode, die Kinder zu Gehorsam zu erziehen, und den Kids selber gibt es Übung in solchen lebenswichtigen Fertigkeiten wie Problemlösung, Versprechen halten und konsequent sein. Wir tun gut daran, uns zeitig im Verhandeln zu üben, denn die Probleme, um die es geht, werden mit der Zeit immer komplexer, und es ist wichtig, schon bei den kleinen Dingen ein solides Fundament des Vertrauens und der gegenseitigen Achtung aufzubauen.

„Ja, Papa" – wie macht man das?

Warum Erklären hilft. Erfolgreiches Verhandeln, so Fisher und Ury, hängt vom Austausch von Information ab. Der geschickte Verhandlungsführer konzentriert sich weiter auf Interessen, nicht auf Positionen, und Probleme, nicht auf Menschen. Er wird die Position der anderen Seite weder akzeptieren noch ablehnen und nicht auf persönliche Angriffe eingehen, sondern diese als Teil seines „Verhandlungs-Jiu-Jitsu" zu Angriffen auf das Problem umformulieren.

Diese Konzentration auf Interessen und Probleme verlangt die größtmögliche Kenntnis der Motive des Verhandlungspartners wie auch der eigenen Beweggründe. Dies ist gegenüber den Kindern mit ihrer geringeren Reife und größeren Emotionalität noch wichtiger als im Büro, wo man es mit lauter Erwachsenen zu tun hat. Ein altes Sprichwort sagt: „Selbst die dünnste Scheibe hat zwei Seiten." Auch dann, wenn Sie kaum etwas nachgeben können – die bloße Tatsache, dass Sie sie anhören und verstehen, kann Ihre Kinder kooperativer machen.

Konzentration auf Interessen und Probleme verlangt die größtmögliche Kenntnis der Motive des Verhandlungspartners wie auch der eigenen Beweggründe.

Diese Regeln gelten für so ziemlich jede Art von Verhandlungen. Wenn ich mit Unternehmern rede, die möchten, dass wir in ihre Firma investieren, versuche ich immer, ihnen unsere Prioritäten und Ziele zu erklären, sie über unsere Leistungen zu informieren und herauszufinden, was ihre Motive sind: wie schnell sie das Geld brauchen, wie viel sie schon in die Firma hineingesteckt haben, mit welchen anderen Investoren sie gerade Kontakt haben usw. Für das Resultat der Verhandlungen sind diese Informationen gerade so wichtig wie der „Kapitalwert“ der Firma.

Es hilft, wenn auch die Kinder *Ihre* Position verstehen. Bei dieser Variablen sind Ihre Möglichkeiten zu Hause größer als im Büro. Wenn Sie Ihre Kinder zum Zuhören erzogen haben, kann es durchaus etwas bringen, wenn Sie ihnen Ihre Beweggründe erklären. Als unser Benjamin sauber geworden war, bestand er immer noch auf seinem Fläschchen zum Schlafengehen. Der Durchbruch kam, als ich ihm das Problem erklärte: „Benjamin, du bist doch so stolz, dass du keine Windeln mehr brauchst. Wenn du aber vor dem Schlafengehen so viel trinkst, musst du entweder doch eine Windel anziehen oder du machst dein Bett nass. Was sollen wir machen?“ Er dachte einen Augenblick nach und schlug dann einen Kompromiss vor: noch einmal die Flasche, und dann nicht mehr. Und so geschah es. Es war „seine“ Lösung des Problems.

Es gibt hier natürlich Grenzen. Manchmal wollen die Junioren Sie mir ihrem „Warum?“ nur herumkriegen. Oder sie wissen die Antwort schon. Oder sie mögen sie nicht. („Warum müssen wir uns beeilen und zum Doktor fahren?“ – „Damit du deine Spritze bekommst.“)

Wer ist stärker? Manchmal wollen die Kids nicht verhandeln, sondern stellen sich stur. Sie können dieses Verhalten rasch unterbinden, indem Sie sie nicht „gewinnen“ lassen, d.h. ihnen nichts Besseres geben als Ihr letztes Angebot. Nach der Spieltheorie verweigert kein intelligenter Partner seine Kooperation auf Dauer, wenn er weniger Macht als die Gegenseite hat und wenn die Gegenseite Sturheit konsequent mit Sanktionen beantwortet.

Verhandeln oder nicht? Nach Fisher und Ury entscheidet man darüber nach der „besten Alternative zu einer Verhandlungsübereinkunft“. Was bedeutet, dass Sie diese Alternative kennen sollten und Ihren Kindern zeigen müssen, dass Ihr Angebot besser ist und dass sie mit Verhandeln mehr erreichen als mit Konfrontation. Es ist gerade so wie im Geschäft: Sie müssen wissen, welche Alternativen die Gegenseite auf dem Markt finden kann. Bieten Sie zu viel an, vergeuden Sie ihr Geld; bieten Sie zu wenig, verlieren Sie das Geschäft.

Auch wenn Sie so viel stärker sind als Ihre Kinder: Es fällt Ihnen kein Zacken aus der Krone, wenn Sie verhandeln. Verhandeln ist nicht unmännlich, sondern schlicht eine Alternative zu Gewalt – ein Stück Zivilisation, das Ihr Leben leichter macht, und eine Fertigkeit, die Ihre Kinder brauchen. Und wenn alle Stricke reißen, können Sie sich immer noch auf die Macht verlegen; Sie haben sie ja.

Verhandeln ist nicht unmännlich, sondern schlicht eine Alternative zu Gewalt.

Verhandlungsbereitschaft belohnen. Schön, Sie sind also der Erwachsene und damit der Stärkere. Aber reiben Sie das den Kids nicht zu sehr unter die Nase. Der Vater, der jede Verhandlung „gewinnen" will, kann das bravste Kind rebellisch machen. Wenn die lieben Kleinen darum bitten, noch drei Seiten lesen zu dürfen, bevor Sie das Licht löschen, Sie bieten eine Seite und die Kinder entgegnen: „Gut, zwei", sollten Sie sich über ihre Kompromissbereitschaft freuen und nicht mechanisch auf *einer* Seite bestehen. Kompromissbereitschaft verdient es, belohnt zu werden. Sie ist eine wichtige Fertigkeit für das Leben und viel besser als Quengeln, Schmollen oder Trotz.

Erfolgreiches Verhandeln bedeutet, dass beide Seiten einen zumindest symbolischen Gewinn haben. Der geschickte Verhandlungspartner versteht es, der Gegenseite (und wenn sie noch so viel schwächer ist) ein kleines Bonbon auf den Tisch zu legen, damit ihre Selbstachtung intakt bleibt. Wer sich total überfahren fühlt, wird sich womöglich künftigen Deals verweigern (oder den jetzigen gar nicht erst einhalten).

Erfolgreiches Verhandeln bedeutet, dass beide Seiten einen zumindest symbolischen Gewinn haben.

Den richtigen Augenblick wählen. Das richtige Timing kann unsere starke Ausgangsposition als Vater weiter stärken oder schwächen. Für die Kinder sind die Dinge wichtig, die wir Ihnen *kurzfristig* geben oder verweigern können. Essen, Trinken und Liebe sind natürlich nicht verhandelbar – Spielzeuge und Ausflüge sehr wohl.

Nehmen wir an, Sie wollen erreichen, dass Ihre Kids morgens beim Anziehen nicht so trödeln. Nehmen wir weiter an, die Kinder sehen gerne ihr Frühstücksfernsehen. Wenn Sie ihnen erlauben, sich schon vor dem Anziehen vor den Fernseher zu setzen, haben Sie einen wichtigen Verhandlungshebel aus der Hand gegeben.

Den falschen meiden. Lassen Sie sich auf keine Verhandlungen ein, wenn Sie klipp und klar „Nein" gesagt haben! Wenn Vaters „letztes Wort" nur der Auftakt zu einem Feilsch-Zirkus ist, ist es bald um Ihre Autorität geschehen. Ihre Kinder müssen lernen, dass es Dinge gibt, über die man nicht verhandeln kann, und dass die Erwachsenen festlegen, was diese Dinge sind.

Bestimmen Sie die Optionen. Die vielleicht kitzligste Phase jeder Verhandlung kommt, wenn es darum geht, festzulegen, welche Optionen überhaupt bestehen. Wer die Optionen festlegen kann, hat automatisch den längeren Hebel, wie jede Aktionärsversammlung demonstriert: Das Management bestimmt, welche Vorschläge überhaupt zur Abstimmung gebracht werden. Sichern Sie sich diesen Hebel auch gegenüber Ihren Kindern. Wenn Sie z.B. wollen, dass sie ihren Schlafanzug anziehen, während Sie noch den „Hebel" der Gutenacht-Geschichte haben, geben Sie ihnen die Wahl, sich vor oder nach der Hälfte der Geschichte umzuziehen; die Option „wenn die Geschichte fertig ist" existiert nicht.

Das Management bestimmt, welche Vorschläge überhaupt zur Abstimmung gebracht werden.

Warnung: Clevere Kids durchschauen diese Technik und versuchen womöglich, sie selber einzusetzen. Als Benjamin vier Jahre war, las ich ihm jeden Abend eine Geschichte vor. Einmal sah er mich an und fragte: „Papa, wir können drei oder vier Geschichten lesen. Was möchtest du lieber?"

Dulden Sie keine Drohungen. Wer drohen kann, hat Macht, und diese Macht dürfen wir Kindern nie geben. Der Einsatz von Drohungen als Verhandlungshebel muss das Vorrecht der Erwachsenen bleiben. Wenn Ihr Kind sagt: „Wenn du mich bestrafst, werde ich halt noch böser!", sollten bei Ihnen die Alarmglocken klingeln. Eine solche Drohung, egal wie groß oder klein, ist ein Anschlag auf das ganze Sozialgefüge Ihres Hauses. Machen Sie den Junioren klar, dass Kinder niemals Erwachsene bedrohen; stellen Sie solche Drohungen konsequent auf den Index.

Beginnen Sie nie mit Ihrem besten Angebot. Wenn Sie wollen, dass Ihre Kinder mit Verhandeln etwas erreichen können, müssen Sie Spielräume haben, um Ihr erstes Angebot verbessern zu können. Seien Sie sich klar, wir groß der Spielraum jeweils ist, und überschreiten Sie ihn höchstens dann, wenn die Kinder relevante neue Fakten bringen oder einen echt kreativen Gegenvorschlag.

Ein gutes Beispiel, wie man ein besseres Angebot in Reserve hält, ist diese Anekdote über den Bankier-Mogul J. P. Morgan, der einiges über richtiges Verhandeln wusste. Er bat seinen Juwelier, ihm einen bestimmten Ring zu schicken, der ihm gefiel. Der Juwelier schickte den Ring, plus eine Rechnung über 5.000 Dollar. Am nächsten Tag schickte Morgan den Ring zurück, dazu die Zeilen: „Ihr Ring gefällt mir, aber nicht Ihr Preis. Hier ist ein Scheck über 4.000 Dollar. Wenn dieser Preis Ihnen zusagt, schicken Sie mir die Schatulle bitte ungeöffnet zurück. Wenn nicht, schicken Sie den Scheck zurück und behalten Sie die Schatulle." Der Juwelier schickte den Scheck zurück, öffnete die Schatulle und fand – einen Scheck über 5.000 Dollar.

Bleiben Sie bei der Sache, nicht bei der Person. Wie bei der Disziplin, so sollten Sie auch bei Verhandlungen nie zu persönlich werden. Die beiden Seiten kommen mit bestimmten Interessen an den Verhandlungstisch, und irgendwo dazwischen liegt die optimale Lösung. Dieser Prozess wird empfindlich gestört, wenn Sie Emotionen Raum geben. Sie (und die Kids) dürfen Ihre Gefühle gerne *außerhalb* des Verhandlungstisches zeigen, aber bleiben Sie ruhig, wo es um eine Übereinkunft geht. Also bitte kein Sarkasmus, keine verletzenden Bemerkungen, keine Schuldtrips. Verletzte Gefühle verletzen die Kommunikation.

Verletzte Gefühle verletzen die Kommunikation.

Schauen Sie beim Verhandeln nach vorne, nicht nach hinten. Trachten Sie nach einer Lösung, bei der beide gewinnen, nicht nach einer Quittung für vergangene Missetaten. Vermeiden Sie alte Geleise, die sich schon bei früheren Gelegenheiten als schädlich erwiesen haben.

Seien Sie kreativ. Eine Portion Kreativität kann selbst die verzwicktesten Knoten entwirren. Meist finden wahrscheinlich *Sie* die beste Lösung, aber ermutigen Sie die Kids, ebenfalls kreativ zu denken. So beackern Sie Ihr Problem gemeinsam, und Ihre Sprösslinge üben die Art Kommunikation ein, die sie im späteren Leben brauchen. Wenn sie eine echt gute Lösung vorschlagen und Sie diese akzeptieren, werden sie motiviert, weiter kreativ zu denken.

Eine Portion Kreativität kann selbst die verzwicktesten Knoten entwirren.

Wie auf dem freien Markt bedeutet die beste Lösung ein Maximum an Zufriedenheit für beide Partner. Diese utilitaristische Philosophie funktioniert in der Theorie besser als in der Praxis, aber bei Kindern macht es echt Sinn, sich zu fragen, *wie sehr* sie etwas wollen. Belohnen Sie kein Quengeln, aber bauen Sie die Herzenswünsche Ihrer Junioren in Ihre Verhandlungstaktik und Ihre kreative Lösungssuche ein.

Die heimlichen Verhandlungspartner. Wenn Ihre Kinder erst einmal alt genug sind, um den Gruppendruck der Gleichaltrigen zu spüren, kann es passieren, dass ihre Verhandlungspositionen ihnen von außen aufgedrückt werden. Die Augenbrauen piercen – das machen halt alle. Es sei denn natürlich, Sie sagen Nein. Womöglich vertreten die Kids, ohne das mit einem Wort zu erwähnen, gar nicht ihre eigene Position, sondern die der „Clique". Es kann sogar sein, dass sie insgeheim Ihre Schützenhilfe gegen die Clique erhoffen. Als Vater ist es Ihre Aufgabe, solche stummen Hilferufe herauszuhören. Ihre Ahnung wird sich bestätigen, wenn die Junioren Ihr Nein widerspruchslos, ja sogar erleichtert akzeptieren.

Verträge sind zum Einhalten da

Die gelungenste Verhandlung ist sinnlos, wenn eine der Seiten die getroffene Vereinbarung nicht einhält. Ohne Vertrauen gibt es kaum eine Alternative zu ständiger Überwachung. Vertrauen und Verlässlichkeit kann die Lebensqualität ganzer Staaten heben. Francis Fukuyamas großartiges Buch *Konfuzius und Marktwirtschaft* dokumentiert die wirtschaftliche Überlegenheit von Ländern, in denen Ehrlichkeit und Fair Play starke Werte in Kultur und Rechtssystem sind. Firmen, die ihre Zusagen einhalten, haben zufriedene, loyale Kunden, während Geschäftsleute ohne diese Qualitäten von ihren eigenen Kollegen Misstrauen und ständiges Kontrollieren ernten – ganz zu schweigen von ihren Kunden. Und nicht zuletzt verschwendet Unzuverlässigkeit auch die Ressource Zeit, die man nun einmal für das Kontrollieren braucht.

Ganz ähnlich ist auch die Erziehung Ihrer Kinder viel schwieriger, wenn Sie sie nicht zu Zuverlässigkeit und Ehrlichkeit anhalten. Wenn Sie sich nicht auf ihr Versprechen, am Samstagmorgen den Rasen zu mähen, verlassen können, müssen Sie sie am Samstagmorgen daran erinnern und den Polizisten spielen, mit dem Ergebnis, dass die Kids ihr Versprechen zweimal geben müssen, keine Selbständigkeit lernen und womöglich noch als Erwachsene chronisch unzuverlässig sind. Die indirekten Folgen sind nicht besser: Sie müssen den Junioren pingelig vorschreiben, was sie alleine, und was sie nur mit Ihnen zusammen machen dürfen, und Ihr offensichtliches Misstrauen drückt auf ihre Selbstachtung, was wiederum ihr Verhalten nicht verbessert.

Doch Vertrauen in der Familie bedeutet nicht nur, dass Versprechen eingehalten werden. Sie müssen Ihren Kindern auch moralische und intellektuelle Ehrlichkeit beibringen. Mit moralischer Ehrlichkeit meine ich klare Antworten auf klare Fragen, mit intellektueller Ehrlichkeit geradliniges, von Wunschträumen freies Denken. Abraham Lincoln illustrierte die intellektuelle Ehrlichkeit mit einem berühmten Rätsel: Wie viele Beine hat ein Hund, wenn wir den Schwanz als Bein rechnen? Antwort: Vier; einen Schwanz als Bein rechnen macht ihn nicht zum Bein. Jedes Mal, wenn ich versucht bin, eine Investition aufgrund bloßer Annahmen zu tätigen, muss ich an dieses Rätsel denken und forciere meine Recherchen.

Moralische Ehrlichkeit verhindert, dass Ihre Kinder Sie betrügen; intellektuelle Ehrlichkeit verhindert, dass sie sich selber betrügen. Ohne beide ist ihre Zukunft in Gefahr. Weder potenzielle Ehepartner noch Arbeitgeber schätzen die Lügen von Menschen, die es mit der Wahrheit nicht genau nehmen, oder die Naivität der Selbstbetrüger. Aber wie macht man das – Ehrlichkeitserziehung? Als ersten Schritt sollten Sie sich über die möglichen Motive der Unehrlichkeit Ihrer Kids im Klaren werden:

Moralische Ehrlichkeit verhindert, dass Ihre Kinder Sie betrügen; intellektuelle Ehrlichkeit verhindert, dass sie sich selber betrügen.

- Sie schönen die Wahrheit, um Punkte bei Ihnen zu machen.
- Sie vertuschen eine Missetat, um der Strafe dafür zu entgehen.
- Sie machen einen Scherz, ohne Ihnen dies genügend zu signalisieren.
- Sie ergehen sich in Wunschdenken.
- Sie machen ein leeres Versprechen, um sich einer unangenehmen Aufgabe zu entziehen.
- Sie glauben ihre Lüge selber.
- Sie wollen zeigen, dass sie cleverer sind als Sie.
- Sie schlagen ihrem Vater nach.

Sobald Sie wissen, was ihre Kinder zum Lügen, Selbstbetrug oder Brechen von Versprechen treibt, können Sie Gegenmaßnahmen ergreifen. Hier ein paar Hilfen dazu.

„Ich kann nicht lügen“

Benutzen Sie Beispiele. Kinderbücher und Geschichte sind voll von Beispielen für Ehrlichkeit und Unehrlichkeit. Wissen Sie noch, wie

Pinocchio zu seiner langen Nase kam? Was US-Präsident Nixon politisch zu Fall brachte? Warum der Wolf die sieben Geißlein fressen konnte? Solche Beispiele können Ihren Kindern Messlatten für Ehrlichkeit und Verlässlichkeit geben. (Diese Messlatten gelten natürlich auch für ihre Eltern!)

Das Watergate-Prinzip. Wenn die Kids ihr Fehlverhalten einsehen, kann Milde angebracht sein, aber wenn sie die Vertuschungstour wählen, seien Sie hart. Stellen Sie klar, dass Sie solche Manöver nicht dulden. Es ist dasselbe Prinzip, das Präsident Nixon aus dem Amt jagte: Die Vertuschung ist noch schlimmer als das ursprüngliche Vergehen.

„Du schadest dir nur selber.“ Möchten Ihre Junioren ein Versprechen zurücknehmen? Erklären Sie ihnen, dass sie damit Ihr Vertrauen verscherzen würden. Wenn sie versprochen hatten, schnell einzuschlafen, nachdem Sie ihnen noch eine Geschichte vorgelesen haben, anschließend aber eine Kissenschlacht machen, sagen Sie ihnen, dass es am nächsten Abend keine Extrageschichte geben wird. Wenn Ihre Teenagerin statt um 22 Uhr erst nach Mitternacht nach Hause kommt, ist die Party am Samstag gestrichen. Haben die Kinder dagegen ein Versprechen gehalten, schenken Sie ihnen auch das nächste Mal Vertrauen. Zeigen Sie ihnen: Je mehr Verlass auf sie ist, um so mehr vertrauen Sie ihnen – und um so mehr Freiheit können Sie ihnen lassen. Wenn auf das Wort Ihrer Kids Verlass ist, sind sie selber die größten Nutznießer.

Wenn auf das Wort Ihrer Kids Verlass ist, sind sie selber die größten Nutznießer

Machen Sie das Versprechen halten nicht zu schwer. Es gibt leichte und schwere Versprechen. Und unmögliche, z.B. wenn Ihr Junior Ihnen verspricht, morgen nicht um einen Schokoriegel zu betteln, wenn er heute zwei kriegt. Es ist besser, solche Versprechen gar nicht erst anzunehmen.

Wenn Ihr Kind etwas versprochen hat und Sie merken, dass es zu schwanken beginnt, kann es das Richtige sein, ihm eine Brücke zu bauen. Als unser kleiner Benjamin einmal seinen Essensteller zurück in die Küche trug, fielen drei Bohnen auf den Fußboden. Er versprach, sie nach dem Nachtisch aufzuheben, und ich ließ mich darauf ein. Als es so weit war, zierte er sich etwas, die glitschigen Dinger mit den Fingern anzufassen. Ich gab ihm einen Löffel, und jetzt hatte er keine Ausrede mehr. Wäre es einfacher für mich gewesen, die Bohnen schnell selber aufzuheben und nicht auf jedem Weg von und zur Küche um sie herumzulaufen? Sicher. Aber hätte Benjamin dann eine Lektion über das Halten von Versprechen gelernt?

Seien Sie ehrlich zu Ihren Mitmenschen. Melden Sie sich nicht krank, um Zeit für die Radtour mit den Kids zu bekommen, prahlen Sie nicht mit den Zinseinnahmen, die Sie dem Finanzamt verschwiegen haben. Und wenn die Kinder Ihnen vorhalten, dass Sie aber nicht ganz ehrlich gewesen sind, hören Sie sie an und geben Sie zu, dass Ihr Verhalten falsch war. Das Argument „Das tun die anderen ja auch" ist der sichere Ruin Ihrer moralischen Erziehungsbemühungen.

Sie wissen nie, wann Ihnen Ihr Alltag die nächste Gelegenheit beschert, ein gutes Vorbild zu sein. Vor ein paar Jahren ging ich mit Benjamin zum Supermarkt, aber vergaß, den großen Kinderwagen mitzunehmen, den ich gerne als Einkaufswagen benutzte. Ich fragte also an der Kasse, ob ich einen Einkaufswagen ausleihen dürfte; ich würde ihn auch gleich wieder zurückbringen. Es war kalt und regnete, und ich schob den Wagen, Benjamin auf dem Kindersitz, im Lauftempo nach Hause. Als wir zu Hause ankamen, lamentierte ich laut über das scheußliche Wetter und wie wenig Lust ich hatte, noch einmal hinauszugehen. „Aber versprochen ist versprochen", sagte ich. Und ich brachte den Wagen zurück.

Sie wissen nie, wann Ihnen Ihr Alltag die nächste Gelegenheit beschert, ein gutes Vorbild zu sein.

Seien Sie ehrlich zu den Kindern. Die schlimmste Lüge eines Vaters ist, wenn er seine eigenen Kinder anlügt. Was Sie versprochen haben, müssen Sie halten, es sei denn, es gibt ein Erdbeben oder sonst einen echt zwingenden Grund (den Sie dann bitte

Im Geschäft wie zu Hause fahren Sie besser, wenn Sie mehr und nicht weniger liefern, als ausgemacht.

erklären). Ein gebrochenes Versprechen heißt, dass Ihre Kinder das Vertrauen zu Ihnen verlieren, Sie als lieblos erleben, einen seelischen Knacks bekommen und (wahrscheinlich) Ihre schlechten Sitten übernehmen. Im Talmud heißt es: „Nie darfst du einem Kind etwas versprechen und dann nicht geben, denn so lernt es das Lügen." Im Geschäft wie zu Hause fahren Sie besser, wenn Sie mehr und nicht weniger liefern, als ausgemacht.

Zur Ehrlichkeit gehört auch, dass Sie nicht die Wahrheit beschönigen. Marketing-Experten wissen seit langem, dass man die Einwände des Kunden entwaffnen kann, indem man ihre Wahrheit anerkennt. Darum war der AVIS-Slogan „Wir sind die Nr. 2, und deswegen tun wir mehr" solch ein Hit. Kinder wollen Wahrheit. Sie brauchen die Gewissheit, dass dann, wenn Sie lächeln, auch wirklich alles okay ist! Wenn Sie eine einwöchige Geschäftsreise machen, tun Sie nicht so, als sei sie morgen schon vorbei; sagen Sie die Wahrheit, fühlen Sie mit den Kids mit und versuchen Sie, sie aufzumuntern.

Seien Sie ehrlich zu sich selber. Lassen Sie sich von den Kindern dabei „überraschen", wie Sie sich einer unangenehmen Wahrheit über sich selber stellen (z.B. Ihrem Gewicht oder Ihren Überstunden). Je mehr sie erleben, dass Sie den geraden Weg gehen, wo der krumme einfacher wäre, um so schneller werden sie selber intellektuelle Ehrlichkeit lernen.

Die lieben Geschwister

Die moderne Kleinfamilie tut sich bekanntlich schwerer, ein Team zu sein, als die traditionelle Großfamilie, die oft auch noch gleichzeitig ein Familienbetrieb war. Im Büro gibt es es manchmal Zusammenstöße, aber wenigstens sind dort alle Erwachsene, haben sich ihren Job ausgesucht und haben das Profit-Motiv gemeinsam. Kinder dagegen sind wahre Talente in Rivalität und Eifersucht, und der Job des Vaters zweier Junioren kann so stressig sein wie der des Vorstandschefs einer hoffnungslos zerstrittenen AG.

Geschwister kämpfen um etwas, das kostbarer ist als Gold und Aktienkurse: sie kämpfen um ihre persönliche Identität und die Zuwendung und Liebe ihrer Eltern. Der Nachbar von Abraham Lincoln hörte einmal ein furchtbares Geschrei auf der Straße. Er schaute zum Fenster hinaus, und da stand Lincoln hilflos zwischen seinen beiden brüllenden Söhnen. „Was ist denn los mit denen, Mr. Lincoln?" Der zukünftige Präsident zuckte resigniert die Achseln. „Dasselbe wie mit allen Menschen. Ich habe drei Walnüsse, und jeder will zwei!"

Wohl jedes älteste Kind hat sich schon einmal unbewusst gewünscht, lieber ein Tigerhai zu sein, denn der erste Tigerhai, der schlüpft, frisst als Erstes die anderen Eier in der Nähe auf. Dabei können Geschwister einander so viel geben: wenn sie klein sind, das Glück des Spiel- und Spaßkameraden im Haus, wenn sie größer werden, lebenslange Freundschaft. Wer sonst aus ihrer Generation kennt sie so gut? Und wer sonst wird für sie da sein, wenn die Eltern nicht mehr sind?

Aber was wird aus den Träumen von der Familienidylle, die wir Eltern haben? Erst sind wir voll damit beschäftigt, unsere Kleinen vor den Großen und die Spielsachen, Bausteine und Basteleien der Großen vor den Fingern der Kleinen zu schützen – und dann sind sie plötzlich in alle vier Winde zerstreut, bei Freunden, auf dem Sportplatz, in Ferienjobs oder schlicht in ihren Zimmern.

Aber halt: Teamarbeit, persönliches und gemeinsames Territorium, Rivalität und Günstlingswirtschaft – ist das nicht das tägliche Brot jedes Managers? Kein Unternehmen kann ohne Teamarbeit Erfolg haben. Und Ihre Familie ist Ihr wichtigstes Unternehmen. Die Berufserfahrung des Karriere-Vaters kann entscheidend zum Aufbau des Betriebs „Familie" beitragen. Die beiden kritischen Phasen, um die es hierbei geht, sind *Expansion* (also wenn neue Familienglieder auf der Bühne erscheinen) und die laufende *„Wartung"* und *„Pflege"*.

Kein Unternehmen kann ohne Teamarbeit Erfolg haben. Und Ihre Familie ist Ihr wichtigstes Unternehmen.

Wenn Sie selber ein ältester Bruder waren, dann wissen Sie, wie man sich fühlt, wenn neuer Nachwuchs kommt. Wenn nicht, stellen

Sie sich Folgendes vor: Sie sind der erfolgreiche, gefeierte Chef eines ganzen Unternehmensbereichs. Eines Tages stellt die Unternehmensleitung Ihnen einen Fremden vor, der künftig die Abteilung mitleiten wird. Ihre Bosse beteuern, dass Sie nichts falsch gemacht haben; im Gegenteil, Sie waren so gut, dass sie einen zweiten wie Sie haben wollen! Da Sie mehr Erfahrung haben, wird von Ihnen erwartet, dass Sie den Neuen einarbeiten, nett behandeln und ihn (so sieht es jedenfalls aus) darauf vorbereiten, Sie einmal ganz abzulösen. Die Fachpresse interessiert sich über Nacht nur noch für den Neuen, und das Management begegnet ihm mit der gleichen (oder ist es mehr?) Anerkennung wie Ihnen. Alle Welt scheint zu erwarten, dass Sie pausenlos um den Neuen herumscharwenzeln.

Dabei ist er völlig inkompetent. Nun ja, wenn Ihre Bosse das gut finden, machen Sie ihn am besten nach. Aber jetzt wird es noch schlimmer: Sie werden gerügt, die Fachpresse schüttelt den Kopf. Sie fangen also an, den Neuen zu kritisieren, geben ihm auch einmal einen Tritt in den Hintern. Verdammt noch mal, Sie waren zuerst da, Sie werden sich nicht kampflos ergeben! Aber Ihr Widerstand stärkt die Front gegen Sie nur noch. Der "innere Kreis" beginnt sich Ihnen zu verschließen; wie lange wird es noch dauern bis zur Kündigung?

Etwa so, nur noch schlimmer, fühlt sich der typische Erstgeborene, wenn der kleine Bruder/die kleine Schwester da sind. Gestern noch der Nabel der Familienwelt, heute ein halber Außenseiter ...

Diese Gefühle sind unvermeidlich, aber jeder vernünftige Vater wird sie so weit wie möglich mildern wollen – um *beider* Kinder willen. Hier ein paar Tipps.

„Okay, Papa, bring das Baby zurück ins Krankenhaus!"

Vieles beim Alten. Federn Sie die Krise ab, indem Sie für Kontinuität sorgen. Behalten Sie so viele der „alten" Rituale (das gemeinsame Frühstück, das Spazieren gehen im Park usw.) bei wie möglich. Übernehmen Sie das Baby so oft wie möglich selber – um mit ihm warm zu werden, aber auch, damit die Mutter mehr Zeit für sich selber und für das größere Kind hat. So zeigen sie dem Ältesten, dass es weiter einen festen Platz in Ihrem Herzen hat. Mit das Wichtigste bei der Geschwistererziehung ist, dass jedes Kind merkt, dass es ein Stück Territorium und Liebe gibt, das für es reserviert ist.

Mit das Wichtigste bei der Geschwistererziehung ist, dass jedes Kind merkt, dass es ein Stück Territorium und Liebe gibt, das für es reserviert ist.

„Mein Baby“. Ein Vetter von mir wurde nie mit seinem jüngeren Bruder warm. Er führt das darauf zurück, dass er erst von seiner Existenz erfuhr, als die Mutter ihn aus der Entbindungsstation nach Hause brachte. So verkauft man kein neues Produkt! Fangen Sie zeitig an mit der seelischen Vorbereitung, am besten etwa ein halbes Jahr vor dem freudigen Ereignis. Erklären Sie dem älteren Kind, wie so eine Geburt medizinisch (wo kommt das Baby raus?) und logistisch (wo findet sie statt?) funktioniert. Schildern Sie das Baby nicht als puren Wonnebrocken, sondern nennen Sie auch die stressigen Seiten. So haben Sie gute Chancen, dass Ihr Ältestes den Neuling nicht nur „das dumme Baby“, sondern hin und wieder auch „mein Baby“ nennt.

Raus damit! Eine Kusine von mir hasste ihre Schwester bis fast ins Erwachsenenalter, weil ihre Eltern ihr nie erlaubten, andere als liebevolle Gefühle für sie zu zeigen. Tatsache ist, dass Erstgeborene den Neuankömmling erst dann akzeptieren können, wenn sie ihre „Ablehnungsarbeit“ hinter sich gebracht haben. Sie meinen, Ihre Älteste streichelt das Baby doch pausenlos? Der Schein kann trügen. Vergessen Sie nicht, dass die Negativgefühle meist erst nach sechs Monaten die volle Stärke erreichen, wenn das Kleine aktiver wird und die volle Realität Gestalt annimmt. Helfen Sie den Größeren, ihre Gefühle hinauszulassen – am besten, indem sie sie ganz offen fragen. Als wir das bei unserem Benjamin machten, sagte er kleinlaut: „Ich hab' gedacht, ich sag' lieber nichts, damit wir es alle schön haben.“

Erstgeborene können den Neuankömmling erst dann akzeptieren, wenn sie ihre „Ablehnungsarbeit“ hinter sich gebracht haben.

Mitarbeiter gesucht! Geteiltes Leid ist halbes Leid. Sagen Sie Ihrem Ältesten ruhig, dass Sie das Baby manchmal auch lästig finden. Jawohl, es kann schrecklich schreien, Windeln stinken und es ist schlimm, wie sich bei Mama manchmal alles nur noch um das Kleine dreht. Aber Sie lieben das Baby, und warte nur ab, wir werden noch viel Spaß mit ihm haben ... Und warum die Probleme nicht gemeinsam angehen? Wenn Ihr Großer mithilft, hat Mama ja mehr Zeit auch für ihn. Kinder machen sich gerne nützlich; lassen Sie sie also das leere Fläschchen zurück in die Küche tragen oder die sauberen Windeln für das Familienpicknick packen. So fühlen die Kinder sich in die Familie eingebunden. Und mehr verstanden in ihren eigenen Problemen.

Ruhig mal ein bisschen lockern. Einer der Gründe, warum die Größeren den Neuankömmling nicht mögen, ist, dass sie auf einmal pausenlos leise, brav und sanft sein müssen. Sie fühlen sich erschlagen von all den Ermahnungen – die meistens sogar nötig sind. Da kann es helfen, wenn Sie auf anderen Gebieten der Alltagsdisziplin ein wenig nachgeben, soweit dies Ihre Familie nicht zum Tollhaus macht. Ohne solch eine (vorübergehende) Lockerung riskieren Sie Verzögerungen im Entwicklungsprozess der Größeren und in ihrer Annahme des Kleinen. Vielleicht schimpfen Sie sogar hin und wieder leise mit dem Baby, wenn es seine große Schwester an den Haaren zieht oder in die Nase kneift. Dem Kleinen macht das nichts, und der Schwester hilft es.

*****

Wenn Ihre Größeren sich an das Kleine gewöhnt haben, gilt es, diese Geschwisterbeziehung mit einem Minimum an Stress aufrecht zu erhalten. Dazu ist Zweierlei nötig: dass Sie zusammen mit Ihrer Frau einen dauerhaften Teamgeist in der Familie aufbauen und Ihren Kids helfen, sich in dieses Team einzufügen. Es gibt ganze Bücher über dieses Projekt; im Folgenden ein paar Perspektiven eines Karriere-Vaters.

Ein Hoch auf das Familienteam!

Der Blick zurück. Erfolgreiche Unternehmen vergessen ihre Wurzeln nicht. Gute Familien auch nicht. Also los! Blättern Sie mit den Kids in Ihrem Hochzeitsalbum, erzählen Sie ihnen Geschichten über die Groß- und Urgroßeltern. So geben Sie ihnen wie von selber die gleichen Lektionen, Beispiele und Werte mit, mit denen auch Sie aufgewachsen sind und die Ihren Hoffnungen und Träumen für Ihre Kinder zu Grunde liegen. Sagen Sie ihnen, wie Ihre kleine Familie entstanden ist: wie Sie ihre Mutter kennen lernten, wie das Leben war, bevor das erste Kind kam, warum Sie Kinder wollten und wie die Geburt ging. So machen Sie die Junioren zu „Eingeweihten" in die Geschichte ihres Clans. Und geben ihnen ein positives Rollenvorbild für ihre eigene spätere Partnersuche.

Der Blick nach vorne. Jedes Unternehmen braucht eine Zukunftsvision. Von Zeit zu Zeit sollten Sie und Ihre Frau daher aus dem Alltagsstrudel heraustreten und die Ziele formulieren, auf die Ihre Familie hinleben sollte. Was ist für uns am wichtigsten? Hoher Lebensstandard? Zeit füreinander haben? Etwas in der Gesellschaft bewirken? Seien Sie nicht so wie die meisten Familien, die (in Stephen Coveys Worten) zu viel Management und zu wenig Führung haben.

Jedes Unternehmen braucht eine Zukunftsvision.

Helfen Sie den Kindern, sich die Familienziele zu eigen zu machen. Vergessen Sie nicht, dass offene Systeme auf die Dauer am stärksten sind. Will Ihre Familie lieber ein Ferienhaus oder größere finanzielle Sicherheit? Soziales Engagement oder künstlerische Aktivitäten? Mehr gemeinsame Freizeit oder öfter Freunde einladen? Lassen Sie die Kids ihre Meinung einbringen; dann haben sie eher das Gefühl, dass das auch *ihre* Ziele sind. Information und Mitsprache sind der Schlüssel zum Erfolg – im Büroteam wie im Familienteam.

Information und Mitsprache sind der Schlüssel zum Erfolg – im Büroteam wie im Familienteam.

Wir sind wer. Eine Nationalhymne für Ihre Familie muss es vielleicht nicht sein, aber ein gewisser Korpsgeist ist nötig, und nur Sie und Ihre Frau können ihn schaffen. „Die Müllers halten zusammen." „Ein Müller gibt nicht so leicht auf." „Du hast deinen Bruder gehauen. Wie wäre dir zumute, wenn ein anderes Kind jemanden von den Müllers schlagen würde?" Mit solchen Sätzen geben Sie den Kids jenes warme Gefühl, Teil einer Gemeinschaft zu sein, die durch dick und dünn zusammenhält. Und helfen ihrem Benimm auf die Sprünge, denn Adel verpflichtet, und ein Mitglied der Familie Müller sein auch.

Ein Team braucht Zeit. Ob in Sport, Militär, Politik, Wirtschaft oder Familie – ein schlagkräftiges Team besteht aus Leuten, die sich Zeit füreinander nehmen. Ich habe in meiner Berufslaufbahn fast jede Woche an einer Teamsitzung teilgenommen, auf der wir über das ganze Team betreffende Themen, aber auch über die Fortschritte einzelner Teammitglieder sprachen, denn wir wussten, dass das, was der Einzelne tat, Auswirkungen auf das ganze Team hatte. Wir achteten darauf, dass wir ungestört tagen konnten.

Ähnlich in der Familie. Wenn Sie Ihr großes Ziel, den Familienzusammenhalt zu pflegen, nicht aus den Augen verlieren und vor der Zeitdiktatur der verschiedenen Pflichten und Termine schützen wollen, müssen Sie sich jeden Tag oder jede Woche ein Stück Zeit frei halten, wo Sie ungestört unter sich sind. Wie groß dieses Stück Zeit ist und wie Sie es füllen, hängt ganz von Ihrer individuellen Situation ab, aber Sie werden schon bald merken, wie es Sie als Familie stärkt. Alle Teilnehmer sollten nicht nur körperlich, sondern auch innerlich präsent sein – also kein Fernsehen und keine Telefonate, bitte!

Der natürliche Kandidat für die Familienstunde ist die gemeinsame Mahlzeit. Die Tischgemeinschaft verbindet (das ist das Geheimnis der Geschäfts-Essen). Manche Eltern essen zwar lieber ohne die Kinder, weil das kultivierter ist, aber der Menschen verbindende Wert der gemeinsamen Mahlzeit ist ein paar Kabbeleien der Kids und ein paar Diskussionen darüber, wer gerade was nicht essen

Der natürliche Kandidat für die Familienstunde ist die gemeinsame Mahlzeit.

will, wohl wert. Vielleicht lernen die Kids sogar etwas Tischmanieren.

Und nicht nur das. Nach im *Wall Street Journal* veröffentlichten amerikanischen Studien korreliert die gemeinsame Familienmahlzeit mit deutlich geringerem Drogenmissbrauch, Sex, Gewalt und seelischen Problemen bei Teens, was das Familiendinner zu einer extrem effektiven Zeitinvestition macht.

Familientraditionen. Meine Eltern fuhren immer zusammen mit uns in Urlaub. Sie konnten gar nicht verstehen, dass es Freunde gab, die Urlaub von ihren Kindern brauchten. Der nächste Urlaub – das war bei uns wichtiger als das neue Auto, der Fernseher oder anderer Luxus. Auf diesen gemeinsamen Ferienreisen konnten wir immer wieder Neues kennen lernen – einschließlich uns selber.

Vince C., ein erfolgreicher Technologie-Berater aus Texas, hat zwei mittlerweile erwachsene Kinder. Als das jüngste sechs war, fing er an, jeden Winter eine zweiwöchige Tour mit ihnen zu machen. Er vergleicht diese Wochen mit einer Firmen-Klausurtagung. Nicht zuletzt gab ihm dieser Mikrokosmos des Familienurlaubs eine exzellente Gelegenheit, Manieren und Sozialverhalten der Junioren aus nächster Nähe zu studieren.

Der Familienurlaub ist nur *ein* Beispiel für Familientraditionen. Andere sind z.B. Kirchgang und Geburtstagsfeiern. Solche Traditionen binden die Familie zusammen wie kaum etwas anderes.

Zusammen arbeiten. Ihre Kinder werden nie Team-Player werden, wenn sie immer nur in ihrem Zimmer hocken. Geben Sie ihnen Aufgaben, die sie gemeinsam erledigen müssen. Das können Arbeiten im Haushalt sein (das eine Kind räumt den Tisch ab, das zweite spült das Geschirr, das dritte trocknet ab) oder solche Dinge wie die Geburtstagsüberraschung für Mama.

Geben Sie Ihren Kindern Aufgaben, die sie gemeinsam erledigen müssen.

Hin und wieder werden Sie dabei selber mitmachen wollen, sozusagen als Team-Moderator, aber oft werden Sie die Kids allein werkeln lassen; im Büro wollen Sie ja auch nicht, dass Ihre Mitarbeiter mit jeder Kleinigkeit zu ihnen kommen.

Zusammen spielen. Welche Spiele und Hobbys können Sie als Familie zusammen pflegen? Vielleicht fangen Sie mit solchen Dingen an, die Sie als Kind selber genossen haben, wie Fußball oder Mensch-ärgere-dich-nicht. Denken Sie aber daran, dass nicht alle „gleich gut" sind. Es kann klug sein, sich auf Aktivitäten zu konzentrieren, bei denen „jeder gewinnt", wie Wandern und Angeln.

Wenn die Sprösslinge anfangen, diese Dinge auch ohne Sie zu machen, ist das ein gutes Zeichen. Sie brauchen ja etwas, das sie einfach so als Geschwister tun. Bedenken Sie, dass Sie eines Tages nicht mehr da sein werden ...

Vetternwirtschaft. Haben Sie selber Geschwister? Dann besuchen Sie sie mit Ihren Kids, damit sie ihre Vettern und Kusinen kennen lernen – das erste soziale Netz außerhalb der Kernfamilie. Wenn die Cousins etwa im gleichen Alter sind, bieten sie viele der Geschwister-Vorteile ohne die Nachteile (dauernd zusammenleben, Rivalität um die Gunst der Eltern). Die Begegnung mit dem „Clan" führt die Kinder auch tiefer in die Kultur und Geschichte der Familie ein. Und eines Tages werden ihre eigenen Kinder Vettern und Kusinen sein ...

Teamspieler vergleicht man nicht. „Schau dir deine Schwester an, wie brav die ihren Teller leer isst ..." Wer Geschwister miteinander vergleicht, tut beiden weh. Der „Verlierer" kommt sich minderwertig vor, und der „Gewinner" spürt das und fragt sich, wann *er* wohl an der Reihe ist. Das Kind, das ständig die Verliererkarte zieht, denkt schließlich: „Wenn ich schon immer der Depp bin, will ich wenigstens *das* richtig machen." Selbst ein ausgewogenes Vergleichen kann die Kinder in Schubladen stecken („der Fleißige", „unsere Lustige"), aus denen sie womöglich nicht mehr heraus können. Und Vorsicht vor den Worten „besser" und „schlechter"; zumindest in den Köpfen der Junioren wird aus „Du lernst besser als Jochen" leicht „Du bist ein besseres Kind als Jochen." Da hilft es auch nicht mehr, zu beteuern, dass wir sie aber „alle gleich lieb haben".

Selbst ein ausgewogenes Vergleichen kann die Kinder in Schubladen stecken.

Die einzige Ausnahme zum Vergleichsverbot ist, wenn Sie auf verschiedene Geschwister verschiedene Standards anwenden müssen. Wenn der ältere Bruder mehr Pflichten übernehmen kann oder stärker ist oder weniger Schlaf braucht, müssen Sie das sagen. Doch selbst die objektivsten Vergleiche können Zwietracht im Team säen. Mit etwas Glück halten Ihre Vergleiche sich die Waage oder werden durch Ihre allgemeine Unparteilichkeit kompensiert.

Nicht hänseln – helfen! Oft stellen Kinder ihre eigenen Vergleiche an. Die Schwester lernt so langsam, der kleine Bruder schießt den Ball immer daneben. Ein guter Teamchef lässt es nicht zu, dass solche Unterschiede hochgespielt werden. Ersticken Sie Hänseleien im Keim! Vielleicht kann sogar das eine Geschwister dem anderen bei seinen Problemen helfen; lassen Sie z.B. die große Schwester mit der kleinen das Lesen üben.

Vielleicht kann sogar das eine Geschwister dem anderen bei seinen Problemen helfen.

Als ich als Junge Schwierigkeiten mit dem Radfahren hatte, zog mein älterer Bruder John mich nicht auf, sondern ersann eine Strategie, mir die Angst zu nehmen. Er setzte mich auf das Rad und begann rückwärts vor mir her zu laufen: „Komm, los, fang mich ...“ Seine Sprüche wurden so saftig, dass ich Rot sah und nach vorne schoss; fangen tat ich ihn nicht, aber nach drei Runden um den Spielplatz merkte ich auf einmal, dass ich Rad fahren konnte.

Konflikte selber lösen lassen. Im Büro ist nichts ärgerlicher als zwei Mitarbeiter, die nicht harmonieren und bei jedem Streit wollen, dass Sie schlichten. Sie sind doch Erwachsene und sollten in der Lage sein, sich selber zu einigen.

Ihre Kinder sind noch nicht erwachsen – aber sie sollen es einmal werden. Halten Sie sie also dazu an, Dispute selber zu lösen und Sie lediglich als den „Obersten Gerichtshof“ zu betrachten. So lernen sie Problembewusstsein, Selbständigkeit und Einfühlungsvermögen und sind nicht hilflos, wenn Sie einmal nicht da sind. Demonstrieren Sie ihnen, wie Sie Meinungsverschiedenheiten mit Ihrer Frau lösen. Bringen Sie ihnen die nötigen Spielregeln bei – z.B. kein Sarkasmus, den anderen ausreden lassen usw.

Wenn Sie bei jedem kleinen Streit sofort eingreifen, haben Ihre Kinder a) keine Chance, sich im Konflikte lösen zu üben, und b) *lernen Ihre Kinder, dass sie mit Streit Ihre Aufmerksamkeit erzwingen können.* Um dem vorzubeugen, tun Sie so, als ob Sie die „Richterrolle" nur ungern übernehmen, und legen Sie sie sofort wieder nieder, sobald die Kids selber zurande kommen. Greifen Sie nur dann von sich aus ein, wenn eines der Kinder dem anderen weh tut oder jedes konstruktive Gespräch verweigert. Machen Sie keinen der Kontrahenten zur Schnecke; das würde nur die Neigung, immer zu Papa zu rennen, verstärken.

Greifen Sie nur dann von sich aus ein, wenn eines der Kinder dem anderen weh tut oder jedes konstruktive Gespräch verweigert.

Wenn ein Kind dominiert, müssen Sie natürlich ein Auge darauf haben. Und wenn einer der Streithähne eindeutig der Schuldigere ist, sind Sanktionen und vielleicht ein Schadenersatz angebracht. Doch selbst in solchen Fällen sind die Konsequenzen oft der beste Lehrer.

Teilen – aber freiwillig. Ihre Kinder sollen das miteinander Teilen lernen – aber ob man das durch Zwang erreicht? Besser, Sie erkennen die Eigentumsrechte jedes der Junioren ausgewogen an. Die Schwester hätte gerne ein Stück von der Schokolade des Bruders und der Bruder eines von den Bonbons der Schwester? Eine vortreffliche Gelegenheit, das *freiwillige* Teilen zu lernen! Nur wenn alle Kinder sich gerecht behandelt vorkommen und ihr eigenes „Territorium" haben, können sie gesunde Beziehungen entwickeln.

Seien Sie nicht parteiisch. Ihr Urteil als Abteilungsleiter wie als Vater sollte auf den Fakten basieren und nicht darauf, welchen Mitarbeiter Sie nicht mögen oder welches Kind in den letzten Wochen „lieber" war. Hüten Sie sich vor Günstlingswirtschaft!

Ihre Frau zieht aber ständig das eine Kind vor? Versuchen Sie nicht, das „auszugleichen", indem Sie das andere vorziehen! Sprechen Sie lieber mit Ihrer Frau über das Problem. Wenn Sie sich partout nicht einigen können, suchen Sie Rat und Hilfe (bei Großeltern, Freunden, Lehrern, Familienberatern); tragen Sie den Konflikt nicht auf dem Rücken der Kinder aus.

„Fair" heißt nicht „gleich". Befördern Sie die Mitarbeiter in Ihrer Abteilung alle gleichzeitig, damit sich keiner zurückgesetzt fühlt? Sicher nicht. Das Gleiche gilt zu Hause. Wenn Sie das eine Kind loben, sollten Sie sich nicht verpflichtet fühlen, auch etwas Nettes über das andere zu sagen; Sie würden damit nur beide Komplimente entwerten. Behandeln Sie Ihre Kinder gerecht, aber hüten Sie sich vor Gleichmacherei, denn sie sind nicht gleich; jedes will als Individuum gesehen werden.

Behandeln Sie Ihre Kinder gerecht, aber hüten Sie sich vor Gleichmacherei.

Kinder sind die geborenen Gerechtigkeitswächter. Aber lassen Sie sich nicht zum Sklaven Ihrer Ausgewogenheit machen. Die Kids werden immer meinen, dass das Gras auf der anderen Seite des Zaunes grüner ist. Warum nicht zusammen mit ihnen den Zaun einfach abreißen?

Erst das Schlechte herauslassen, dann das Gute. Negative Gefühle zwischen Geschwistern sind wie Methangas. Wenn sie kontrolliert entweichen können, stinken sie nur, wenn sie sich längere Zeit aufstauen, explodieren sie. Ihre Kinder werden nur dann zusammenwachsen können, wenn sie ihren Groll aufeinander herauslassen können. Es ist daher falsch, jede Rivalitätsbekundung mit einem „So was sagt eine liebe Schwester nicht!" zu unterbinden. Solange die Kids nicht gerade mit Messern um sich werfen, lassen Sie das Methan ruhig heraus.

Ihre Kinder werden nur dann zusammenwachsen können, wenn sie ihren Groll aufeinander herauslassen können.

Nachtragen gilt nicht. Nicht nur im Geschäft ist es unklug, sich Feinde zu machen. Dass man auf jemanden wütend ist, kommt in den besten Familien vor. Aber Sie sollten diese Wut nie zur Verbitterung gären lassen. Ihre Kids auch nicht. Wenn Sie ihnen nicht beibringen, ihren Zorn durchzuarbeiten und loszulassen, kann das die ganze Familie belasten. In Julies Verwandtschaft gibt es zwei Brüder, die seit 40 Jahren nicht mehr miteinander reden. Ein extremes Beispiel vielleicht, aber in vielen Familien gibt es solche „Fehden". Typischerweise beginnen sie mit einem tatsächlichen oder eingebildeten Unrecht, das nie korrigiert und nie vergeben wird. Verhält der „Schuldige“ sich das nächste Mal nicht ganz korrekt, hat man „das ja immer schon gewusst“. Der Graben wird immer tiefer, bis man schließlich einen Verwandten weniger hat. „Wir haben uns halt auseinandergelebt“, heißt es dann manchmal als Ausrede.

Wie traurig. Und unnötig. Es ist nie zu früh, den Kindern die Kunst der Vergebung beizubringen, die Hand in Hand geht mit der Kunst, sich zu entschuldigen. Wenn ein Kind es nie lernt, offen und ehrlich zu vergeben, werden die anderen mit allen Entschuldigungen der Welt nichts erreichen können. Halten Sie Ihre Lieben dazu an, ihre Klagen offen vorzubringen und sich die der anderen anzuhören.

Es ist nie zu früh, den Kindern die Kunst der Vergebung beizubringen.

Gelebte Geschwister-Rivalität, bei der wir üben konnten, unseren Zorn auszudrücken und Vergebung zu suchen und zu gewähren, kann unsere Entwicklung positiv unterstützen. Ohne diese Fertigkeiten werden Ihre Kids eines Tages mit niemandem mehr zurechtkommen, noch nicht einmal mit sich selber. Der vergebende Mensch ist auf Dauer auch der glücklichere.

Zum Lachen

Schon bei den großen Leuten im Büro kann ein gesunder Sinn für Humor und kreativen Spaß enorm wichtig sein. Wie viel mehr bei den kleinen Leuten zu Hause! In der Firma können Menschen ohne Kreativität und Humor immer noch ihren Job erledigen, wenn auch weniger gut; in einer Familie kann dieses Defizit echt stressig werden. Es wird heute viel über „das innere Kind“ psychologisiert, aber Tatsache ist, dass die wirklich erfolgreichen Erwachsenen in der Tat so ein Kind in sich tragen – und dass Ihre Kinder es zu schätzen wissen, wenn Papa wenigstens zum Teil so ist wie sie selber.

Vater hat typischerweise mehr Clown-Talent als Mutter; er ist größer und stärker und wird nicht so furchtbar schnell (manchmal auch gar nicht) reif. Er ist auch weniger gehemmt und scheut sich nicht, in der Öffentlichkeit zu spielen und Spaß zu haben. Solange wir unsere Junioren damit nicht in Verlegenheit bringen, ist Letzteres etwas sehr Positives, zeigt es ihnen doch, dass sie uns wichtiger sind als das, was die Passanten über uns denken.

Humor hat natürlich noch viel mehr Seiten. Da ist z.B. die Kunst der Übertreibung („Was hab' ich einen Hunger! Ich könnte einen Elefanten aufessen!"), der makabre Humor („Ich könnte einen kleinen Jungen aufessen!"), der Überraschungshumor, der musikalische oder Geräuschhumor, Reime, Wortspiele und vieles andere. Je größer Ihr „Repertoire", um so wahrscheinlicher ist es, dass Sie einen Witz für jede Gelegenheit auf Lager haben.

Und nicht nur die Kids haben etwas von Ihren Späßen. Sie selber auch:

- Sie nehmen sich mehr Zeit für die Junioren, weil das ja Spaß macht.
- Sie fühlen sich als Vater kompetenter (und sind das auch).
- Sie lernen die Kinder besser kennen, denn bei Spaß und Spiel gehen die Menschen mehr aus sich heraus.
- Die Beziehung Ihrer Kinder zu Ihnen wird enger, ihr Vertrauen größer.
- Die Kinder lernen es, den Widrigkeiten des Lebens mit ihrem eigenen Humor entgegenzutreten. Wenn sie zum dritten Mal am Abend über die Teppichkante stolpern, sollten sie darüber lachen können, anstatt sich in ein Mauseloch zu verkriechen.
- Humor kann die Kids innovativ machen, so dass sie kreative Pro blemlösungen finden. Lachen ist buchstäblich gut für das Gehirn.
- Sie legen das Fundament für die Anwendung des Humorprinzips auf andere Bereiche, z.B. Disziplin.
- Humor ist gut gegen Stress. Wer zuletzt lacht, lebt am längsten.

Humor hat noch viele andere Vorteile. Er muntert Ihre Kinder auf, gewinnt ihre Aufmerksamkeit, entschärft Situationen oder „verpackt" notwendige Kritik – gerade so wie in der Firma. Humor kann natürlich auch eine Waffe sein, aber bitte benutzen Sie sie nie gegen Ihre Kinder und bringen Sie ihnen auch nicht bei, wie man sie gegen andere einsetzt. Ein gut gezielter Witz kann das Kind, so es nicht mitten in einem Wutanfall ist, durch seine Tränen (oder sein Knurren) hindurch lachen lassen. Und die Wissenschaft hat festgestellt, dass Lachen das Gehirn zur Produktion von Endorphinen (die „Glücksstoffe" unseres Körpers) anregt.

Doch die vielleicht praktischste Wirkung des Humors ist, dass er das Öl im Getriebe des Alltags ist. Wenn die Kids wieder einmal die sture Schiene wählen wollen, ist nichts so hilfreich wie ein spontanes Spiel oder ein Witz. Ich staune immer wieder über das Überzeugungspotenzial des Humors. Meine Theorie ist, dass das Kind in solchen Situationen nicht nur durch Ihren Humor abgelenkt wird, sondern sich auch verpflichtet fühlt, Ihnen entgegenzukommen, weil Sie sich die Mühe gemacht haben, es zu amüsieren und wie einen Menschen und nicht wie ein Zahnrad im Getriebe zu behandeln. Vielleicht schiebt der Humor auch Zankäpfel diskret zur Seite, sodass sie sie eher loslassen können, ohne das Gesicht zu verlieren. Doch wie und warum auch immer: Ein simpler Spaß kann die härtesten Fronten aufweichen. Hier ein paar Beispiele aus dem Zubettgeh-Ritual, vom Autor dieses Buches persönlich getestet:

Ein simpler Spaß kann die härtesten Fronten aufweichen.

- Die Kleinen wollen nicht ins Bett? Machen Sie einen Wettlauf in ihr Zimmer daraus. „Wetten, dass du Papa nicht fängst?"
- Sie wollen ihren Schlafanzug nicht anziehen? „Mal sehen, ob du ihn ankriegst, wenn wir dabei Flugzeug spielen" (also Sie das Kind mit den Beinen nach oben festhalten).
- Null Bock auf Zähne putzen? Auch nicht, wenn die Zahnbürste redet und die geputzten Zähne korrekt zählt (bis zum letzten; der ist auf einmal Nr. 89!)?
- Papa soll die ganze Nacht am Bett sitzen bleiben, weil es ohne ihn sooo langweilig ist? Bringen Sie den Lieblingsteddybär zum

Sprechen. Er will auch schlafen, bitte sehr, er findet das Bett sooo kuschelig und möchte, dass das Licht ausgemacht wird. Mission beendet.

Schade, dass es immer noch Väter gibt, die ihren Humor unterdrükken, wenn sie mit ihren Kindern zusammen sind. Sie wollen pausenlos ernst sein – mit dem Ergebnis, dass die Kinder sie schließlich weniger ernst nehmen, als wenn sie sich normal verhielten. Erinnern Sie sich an den Vater in *Peter Pan*, der seinen Kindern außer „Könntet ihr ein bisschen leiser sein?" so gut wie nichts sagte? Kein Wunder, dass sie nicht erwachsen werden wollten ...

Schade, dass es immer noch Väter gibt, die ihren Humor unterdrücken, wenn sie mit ihren Kindern zusammen sind.

Doch, Vatersein ist ein ernster Job - aber nehmen Sie sich nicht zu ernst dabei! Der immer nur todernste Vater halst sich nur Widerstand, Stress und Herzinfarkt auf. Sie wollen das nicht? Sie wollten eigentlich immer schon eine Karriere als Humorist beginnen? Fangen Sie an! Sie sind ein Vater – das ist *die* Gelegenheit!

Wenn Mann zwei Berufe hat

Warum Väter die besseren Chefs sind

Nullsummenspiel?

Der Mann, der im Beruf *und* als Vater gut sein will, steht vor dem typischen Dilemma der Doppelbelastung. In der heutigen Wirtschaftswelt sind wir wie Lachse, die einen reißenden Fluss hinaufschwimmen müssen: Halten wir auch nur einen Augenblick inne, reißt die Strömung uns unerbittlich fort. Und die schlimmsten Abschnitte des Flusses fallen ausgerechnet mit den kritischsten Jahren der Kindererziehung zusammen.

Aber sparen uns Computer und Co. nicht immer mehr Arbeit? So richtig das ist – es werden gleichzeitig aber auch die Anforderungen immer höher. Wir sind per E-Mail erreichbar – schön, aber die E-Mails wollen beantwortet werden, und das meist sofort. Die Technologie hilft uns Lachsen, immer schneller flussaufwärts zu schwimmen – und steigert gleichzeitig das Tempo der Strömung.

In einer 1996 von der Personalagentur Robert Half International durchgeführten Umfrage unter 1.000 Männern und Frauen gaben zwei Drittel an, dass sie Gehaltsabzüge in Kauf nehmen würden, wenn sie dafür mehr Zeit für ihre Familie hätten. Leider bieten die meisten Jobs nicht diese Option. Zu viele Firmen messen das persönliche Engagement immer noch nach der Zahl der Überstunden, die der Mitarbeiter in der Firma fährt, auch wenn er diese Zeit viel dringender zu Hause benötigte. So muss er Tag für Tag, Jahr um Jahr Gold gegen Silber tauschen – Zeit für die Arbeit statt Zeit für die Lieben.

Viele Väter sind gezwungen, Gold gegen Silber zu tauschen – Zeit für die Arbeit statt Zeit für die Lieben.

Was tun? Sich selbständig machen? Doch auch die eigene Firma hat ihre Fallen: Jetzt wollen Angestellte bezahlt werden, der Kunde ist zwar nicht Chef, aber (schlimmer) König, und beim Scheitern droht nicht der Gang zum Arbeitsamt, sondern der totale finanzielle Bankrott, mit Haus und Hof und allem.

Und der progressive Boss, der seinen Leuten mehr persönliche Freiheit gibt, schafft dadurch oft nur eine neue Art Stress. Es gibt Firmen, in denen die Leistung der Mitarbeiter nicht mehr nach ihren Überstunden beurteilt wird, sondern danach, wie weit sie die für das Jahr angesetzten Ziele erreicht haben – nach Einschätzung des Managements und ihrer Kollegen –, doch das legt die Messlatte oft nur noch höher. IBM-Veteran Mike S. erinnert sich an die Zeiten, wo die Mitarbeiter ihren Resturlaub in das folgende Jahr mitnehmen konnten und er sie „in den Hintern treten musste, damit sie ihn auch mal nahmen". Jetzt verfällt der Resturlaub, und Mike ist überzeugt, dass die Angestellten weniger Urlaub nehmen als zu seiner Zeit.

Fußnote: Ehe wir zu sehr in Selbstmitleid verfallen, sollten wir nicht vergessen, dass es Familien gibt, die mit drei oder vier Jobs kaum über die Runden kommen und die glücklich wären, unsere Probleme zu haben. Karriere-Väter haben es nicht leicht, aber andere haben es noch schwerer. Und doch: Wir sind es uns und unseren Familien schuldig, unsere Zeit und unsere Gelegenheiten optimal zu nutzen.

Sie sind vorbei, die Zeiten, wo der Konflikt zwischen Beruf und Familie ein typisches Frauenproblem war. Eine Umfrage der *Business Week* von 1997 ergab, dass 46,2 % der männlichen Manager fanden, dass die Anforderungen in der Firma zu Lasten der Familie gingen, gegenüber 44 % bei den Frauen. Dazu kommen die typisch „männlichen" Probleme: Nach wie vor wird von Männern mehr Ehrgeiz und „Power" im Beruf erwartet, und viele Männer haben diese Erwartungen internalisiert. Hewlett Packard-Manager Craig Byquist in *Business Week*: „Man setzt sich selber unter Druck in einer Firma wie HP, wo man von lauter Leistungsbüffeln umgeben ist. Man will doch, dass man Erfolg hat und die Firma auch." So werden Überstunden-Machos gezüchtet.

Was tun, gestresster Karriere-Vater? Die emotionale Investition zu Hause zurückfahren, weil das Büro einen so ausgepowert hat? Oder die Zeit mit den Kids noch mehr rationieren („Noch zwei Minuten Fangen spielen, dann muss ich deinen Bruder umarmen")? Und selbst zu Hause wartet sie, die Arbeit, plus dringende Telefonate, Faxe, E-Mails usw. Und die Kids verstehen ja, dass wir ins Büro müssen, aber wenn wir dann zu Hause immer noch keine Zeit für sie haben, senden wir ihnen eine deutliche Botschaft über unsere Prioritäten.

Der Dauermarathon in Firma und Familie führt oft zum Burnout. David W., ein Effektenbanker aus New York, berichtet: „Wie viel man sich auch anstrengt, es reicht nie." Und hat der Burnout einmal angefangen, ist er kaum noch zu stoppen. Der Frust steigt und steigt, bis man ihn an seinen Kollegen auslässt – oder, schlimmer, an seinen Kindern, was das Selbstbild des gestressten Vaters noch mehr beschädigt.

Der Dauermarathon in Firma und Familie führt oft zum Burnout.

Aber es nicht alles verloren. Der Konflikt zwischen Büro und Familie mag nie weggehen, aber mit gewissen Änderungen in unserer Einstellung können wir ihn (wie so viele der Herausforderungen des Lebens) in den Griff bekommen. Wo Zeit und Kraft *rationiert* sind, muss man *rational* vorgehen, um sie optimal zu nutzen. Mit anderen Worten: Der Karriere-Vater kann von etwas Lebensphilosophie profitieren. Dies ist nicht ein bloßes Gedankenexperiment, sondern *eine Methode, wie Männer der Tat mehr aus ihren Taten machen können.*

Wo Zeit und Kraft *rationiert* sind, muss man *rational* vorgehen, um sie optimal zu nutzen.

Wenn Sie sich die folgenden sieben Fragen stellen, kann Ihnen dies dabei helfen, Büro und Familie zu zumindest freundlichen Konkurrenten werden zu lassen, die hier und da sogar einander bereichern – ein Konzept, das die Experten heute „Co-opetition" nennen. Jeder von uns wird diese Fragen anders beantworten, aber fast jeder kann von ihnen profitieren.

1. Kann ich alles haben? Wäre es nicht toll, wenn wir alle einen eingebauten „Superpapa“ besäßen – eine Idealkombination aus perfektem Vater, perfektem Ehemann, perfektem Manager und perfektem Bürger? Unsere Tage wären ein ununterbrochenes Karussell aus Vorstandssitzungen, freiwilliger Feuerwehr, Candlelight-Dinnern mit unserer Frau, Studium der neuesten Wirtschaftsmagazine und Gutenacht-Geschichten für unsere Musterkinder. Doch wenn wir uns an solchen Wunschträumen messen, sind Frust und Enttäuschung vorprogrammiert. Die „Supermamas“ wissen es bereits: Es ist viel gesünder, sich den Hindernissen zu stellen, als sie wegzuwünschen.

Bill F., ein angesehener Kolumnist, Berater und Investor aus Pennsylvania, sagt: „Wer denkt, er könne alles haben, betrügt sich selbst. Setzen Sie Prioritäten. Wenn Sie ein guter Vater sein wollen, müssen Sie Ihren beruflichen Ehrgeiz deckeln; geben Sie der Arbeit 80 % Ihrer Energie, aber nicht die restlichen 20. Und beschneiden Sie Ihre Hobbies. Verbringen Sie nicht den ganzen Samstag auf dem Golfplatz oder den halben Sonntag vor der Sportschau.“

2. Bin ich auf der richtigen Leiter? Der Tag hat bekanntlich nur 24 Stunden. Andererseits kann man nicht nur großartige Kathedralen, sondern auch tolle Lebensgebäude schaffen, wenn man das vorhandene Material optimal nutzt. Da ist Kreativität gefragt für den Karriere-Vater.

Die Menschen und ihre Bedürfnisse verändern sich im Laufe der Zeit, und die Karriere, die vor zehn Jahren die richtige für Sie war, ist heute vielleicht nicht mehr richtig. Kann sein, dass Sie umsatteln müssen. Ein ungeliebter Beruf macht Ihnen und Ihren Lieben nur das Leben sauer. Wie jemand einmal sagte: „Suche dir einen Job, den du gerne machst, und du hast jede Woche fünf Tage mehr Zeit.“

Suche dir einen Job, den du gerne machst, und du hast jede Woche fünf Tage mehr Zeit.

Ziehen Sie mindestens ein- oder zweimal pro Jahr Bilanz über Ihr Leben. Sie meinen, Sie können aber nichts Neues mehr anfangen? Doch, Sie können! Scheuen Sie sich nicht, mit Ihrer Frau darüber zu sprechen, die Sie so gut kennt. Vielleicht konsultieren Sie sogar einmal einen Berufsberater. Haben Sie den richtigen Job in Ihrer Firma – den, der Ihnen am meisten gibt? Sind Sie überhaupt in der richtigen Firma, oder sollten Sie woanders hingehen? Sind Sie womöglich in einer ganz falschen Branche – z.B. ein geborener Restaurantbesitzer, der als Vertriebsleiter sein Dasein fristet? Lohnt sich möglicherweise eine Umschulung? Oder sind Sie am Ende überhaupt nicht der Richtige für die freie Wirtschaft, sondern eher für die Verwaltung oder die Hochschule?

Wenn Sie den richtigen Job und trotzdem zu wenig Zeit für die Familie haben, müssen Sie Ihren Job vielleicht ein wenig „umbauen". Setzen Sie andere Schwerpunkte: z.B. mehr kreatives Denken und weniger Papierkram, mehr Qualitätskontrolle und weniger Quantität. Je besser Sie Ihren Job machen, um so mehr werden Sie ihn mögen und auch finanziell erfolgreich sein. Es kann sogar sein, dass Ihre letzte Beförderung Ihnen mehr Kontrolle über Ihren Terminkalender gegeben hat. *Sie können Ihren Job ändern, ohne ihn aufzugeben.*

Sie können Ihren Job ändern, ohne ihn aufzugeben.

Ein solcher „Umbau" kann besonders nützlich sein für Pendler mit langen Anfahrten. Wie wäre es, wenn Sie auf gleitende Arbeitszeit umsteigen, um nicht mehr im schlimmsten Berufsverkehr fahren zu müssen? Oder jeden dritten oder vierten Abend früher nach Hause fahren? Oder sich hin und wieder einen Tag frei nehmen, um Luft zu holen? Vielleicht ist auch ein Umzug machbar, um die Fahrzeit zum Büro zu verkürzen.

Aber Sie können nicht nur Ihren Job umbauen, sondern auch die anderen Bereiche Ihres Lebens (siehe dazu den Abschnitt über Zeitmanagement weiter unten). Auch Ihr Familienleben bleibt ja nicht gleich; schauen Sie es sich ebenfalls an, um Reibungsflächen zu vermindern. Wenn Sie auf diese Weise Ihr berufliches und familiäres Leben ständig neu überprüfen und anpassen, innerhalb Ihrer persönlichen Grenzen an Raum, Zeit und Finanzen, werden Sie merken, dass Sie innerhalb Ihrer Möglichkeiten tatsächlich (nun ja, fast) alles haben können.

3. Wie viel kostet Geld? Nein, ich meine keine Darlehenszinsen, sondern die menschlichen Kosten. Wenn Sie mit dem vielen Überstundengeld die große Traumküche kaufen können, aber nicht mehr zu den Mahlzeiten zu Hause sind, rentiert sich das? Wenn Sie sich nach der Gehaltserhöhung einen Swimmingpool leisten können, aber Sie sind nicht da, um den Kindern das Schwimmen beizubringen, lohnt sich das?

Der größte Trugschluss, dem Karriere-Väter erliegen, ist, dass mehr Geld uns zu besseren Vätern macht. Tatsache ist: Sobald Sie über das notwendige Existenzminimum hinaus sind, ist die Höhe Ihres Einkommens viel weniger wichtig als seine Regelmäßigkeit. Ich glaube nicht, dass Reichtum unsere Kinder automatisch glücklicher macht. Reiche Geschäftsleute können ihre Kids wohl leichter mit Geld und Geschenken für die Zeit, die sie nicht für sie haben, „entschädigen" – ein klassisches Beispiel für den Kuhhandel zwischen kurzfristigem und langfristigem Lebensglück. Kann sein, dass die komplette Garteneisenbahn, die Sie Ihrem Junior spendieren, Ihnen für den Augenblick ein paar Punkte einbringt, aber die vielen Überstunden, mit denen Sie sie erarbeitet haben, sind für immer verloren.

Der größte Trugschluss, dem Karriere-Väter erliegen, ist, dass mehr Geld uns zu besseren Vätern macht.

Es liegt eine bittere Wahrheit in dem Witz mit den beiden Börsenhändlern. Der eine: „Ich hab einen Porsche für meine Frau gekauft!" Der andere: „Guter Tausch!" Geld ausgeben ist kein Ersatz für Liebe.

Die Gefahr wächst mit der Höhe des Einkommens. Je mehr Geld der Reiche hat, um so mehr Zeit braucht er, um es zu verwalten, und um so mehr kann der Urlaub in St. Tropez ihn blind für das Familienglück zu Hause machen. Er hat keine Zeit mehr, die Hecke zu schneiden oder den Kindern zu zeigen, wie man ein Bücherregal andübelt. Aber Ihre Kinder brauchen *Sie* und nicht Ihr Bankkonto!

Es ist schlimm, dass so viele Väter (und Ehemänner) sich als Versager fühlen, wenn ihr Einkommen nicht schnell genug wächst. Diese fixe Idee (und die Überstunden, die sie fahren, um sie zu kompensieren) kann sie schließlich wirklich zu Verlierern im Vater-Job machen. Und wenn sie (was vorkommt) ihren Job verlieren, ist der Absturz doppelt hart, weil sie (allem, was sie im Studium über Diversifizierung gelernt haben, zum Trotz) ihren Selbstwert ganz auf die eine Karte „Karriere" gebaut haben. Es ist ein Fehler, das Familienwohl gleichsam über den beruflichen Erfolg zu definieren.

Doch die menschlichen Kosten des Geldes gehen noch weiter. Wenn es Sie z.B. an einen Beruf bindet, den Sie nicht lieben, werden Sie nie wirklich erfolgreich sein, egal wie hoch Ihr Kontostand. Wer seinen Beruf gerne ausübt, hat auf Dauer bessere Chancen, zu Geld zu kommen – ohne seine Kinder dabei zu verlieren.

Mal ehrlich: Wie viel Geld brauchen Sie und Ihre Lieben wirklich? Wie dringend brauchen Sie es? Und wofür? Um über die Runden zu kommen, für die Ausbildung der Kinder, für Ihr Prestige, für eine goldene Badewanne? Was ändert das Geld, das Sie mehr verdienen (oder ausgeben), wirklich an Ihrem Leben?

Geld ist ein schwieriger Kunde. Wer seinen Beruf liebt und viel verdient, kann immer noch auf die Nase fallen, wenn er zu viel ausgibt. Das Geld, das Sie zur Seite legen, gibt Ihnen nicht nur Sicherheit, sondern auch Freiheit – z.B. die Freiheit, umzuschulen, wenn Sie das wollen. Wenn Sie jede Mark für Designermöbel ausgegeben haben, stellen Sie womöglich eines Tages fest, dass Sie in einem durchgestylten Gefängnis wohnen.

„Willst du leben oder Geld haben?" Zu viele von uns entscheiden sich blind für das Zweite, bis sie die sauer verdienten Moneten eines Tages womöglich für teure Kinderpsychologen, Eheberater oder Scheidungsanwälte ausgeben müssen.

Kennen Sie die Sage von dem König Midas, dem der Gott Dionysos die Gabe verlieh, alles, was er berührte, in Gold zu verwandeln? Midas' Begeisterung legte sich, als seine kleine Tochter ihm in die Arme sprang und prompt zu einer Goldstatue wurde. Erst als er seine Lektion gelernt hatte – dass Reichtum ohne Liebe sinnlos ist –, erbarmte Dionysos sich und verwandelte alles zurück.

4. Warum machen Sie so viele Überstunden? Weil Sie so gerne arbeiten? Aber kann man einen Job, der einem die Kinder wegnimmt, wirklich lieben? Warum haben Sie sich die Kids überhaupt angeschafft? Damit Ihre Frau nicht so allein ist? Vielleicht ist gar nicht die Liebe zur Arbeit Ihre Antriebsfeder, sondern die ehrgeizigen Kollegen (schließen Sie innerlich Frieden mit ihnen), der Frust mit Ihrer Frau (flüchten Sie nicht davor, packen Sie ihn an!) oder mit Ihren Kindern (schon von Ursache und Wirkung gehört?) oder schierer Perfektionismus (machen Sie sich frei davon).

Oder aber Sie haben ganz einfach in Ihren Job überinvestiert. Sie betrachten sich als den ultimativen Steuerexperten (oder Taxi-Unternehmer oder was auch immer) und arbeiten sich zu Tode, um diese Identität aufrechtzuerhalten. Aber *Überinvestition bedeutet, dass Sie nicht genügend diversifiziert haben.* Es ist höchst unklug, Ihr ganzes Ich nur auf die eine Karte „Karriere“ zu gründen – und das im Zeitalter der Umstrukturierungen und Verschlankungen.

Es ist höchst unklug, Ihr ganzes Ich nur auf die eine Karte „Karriere“ zu gründen – und das im Zeitalter der Umstrukturierungen und Verschlankungen.

Vielleicht sollten Sie sich besser einen Job wählen, der nicht dermaßen die erste Stelle in Ihrem Leben beansprucht; sonst könnten Ihre Familienaktien eines Tages nur noch Altpapier wert sein.

5. Wie viel kostet die Familie? Nein, ich denke hier nicht an Kinderbetten und Schulbücher, sondern an die Termine und Tätigkeiten, die wir opfern, um Zeit für die Kids zu haben. Es soll Bosse geben, die Verrat wittern, wenn ein Mitarbeiter zum Mittagessen nach Hause fährt. Oder die „familienfreundliche“ Arbeitsbedingungen anbieten, die aber den Betreffenden auf Dauer ins zweite Glied hinunterdrücken.

Alles, was wir brauchen, ist ein Job, bei dem wir selber *bestimmen* können – nämlich, wie und wo wir unsere Zeit verbringen.

Dergleichen ist schlimm, und dies um so mehr, als es nicht sein muss. Es *ist* möglich, mehr Zeit für unsere Kinder freizuschaufeln, *ohne* dafür am Arbeitsplatz bestraft zu werden. Alles, was wir brauchen, ist ein Job, bei dem wir selber *bestimmen* können – nämlich, wie und wo wir unsere Zeit verbringen.

Jobs, die mehr Selbstbestimmung bieten, sind meist auch interessanter. Die New Economy ist voll von ihnen. Sie lassen uns dem mythischen Super-Papa so nahe kommen, wie das menschenmöglich ist: schnell wie ein geölter Blitz, voller Power, Entscheidungen direkt. Wenn Ihr Job nicht diese Merkmale hat, ändern Sie ihn. Entweder von innen, ohne dass Sie Ihren Schreibtisch verschieben müssen, oder von außen, und wenn dies einen Umzug durchs ganze Land bedeutet. Der Wechsel zu einem Job mit hoher Selbstverfügung über Ihre Arbeitszeit könnte die beste geschäftliche und familiäre Entscheidung sein, die Sie je getroffen haben.

Seine eigene Consulting-Firma zu haben z.B. ist oft lukrativer, interessanter und flexibler, als auf das Silberne Jubiläum zu warten. Mischa Weisz, Hauptgeschäftsführer von TNS Smart Network, berichtete 1998 in *Forbes*:

> *„Als ich allein erziehender Vater wurde, wusste ich, dass von neun bis fünf im Büro nicht mehr ging. Ich gründete meine eigene Firma, damit ich mehr bei den Kindern sein konnte. ... Wenn ich nicht allein erziehend geworden wäre, ich glaube, ich würde immer noch an meinem alten Schreibtisch sitzen. Wenn heute meine Tochter in einem Theaterstück auftritt, fahre ich einfach hin; ich brauche niemand um Erlaubnis zu bitten.“*

Ich selber habe als Risikokapitalgeber mehr persönliche Spielräume, als ich sie als Effektenbanker hatte. Es ist vielleicht kein reiner Zufall, dass ich Salomon Brothers drei Monate nach der Geburt unseres ersten Kindes verließ.

Ein anderer Flexibilitäts-Aufsteiger, John Sites Jr., erklärte in einem Artikel im *Wall Street Journal* (1998), dass seine Entscheidung, einen hoch dotierten Managerposten zu kündigen, um mehr Zeit für die Familie zu haben, eine neue Ordnung der Prioritäten in seinem Leben bedeutete. Er kann jetzt mehrere Stunden pro Woche in kirchlichen und gemeinnützigen Einrichtungen aktiv sein. „Den Lebensstil ändern befreit einen dazu, das zu tun, was man will, und nicht mehr nur das, was man muss."

In der New Economy haben Karriere-Väter es nicht mehr nötig, sich eine Karriere von der Stange zu kaufen. Schneidern Sie sich Ihre eigene. Warum in dem alten Geleise bleiben, wenn man sich während der Fahrt seine eigene Straße bauen kann? Die „familiären" Kosten Ihres Berufes lassen sich beträchtlich reduzieren, wenn Sie anfangen, kreativ zu denken – auch (und gerade!) dann, wenn die Umstände es nicht erlauben, dass Sie Ihre derzeitige Stelle verlassen.

In der New Economy haben Karriere-Väter es nicht mehr nötig, sich eine Karriere von der Stange zu kaufen. Schneidern Sie sich Ihre eigene.

6. Wie viele Personen bin ich? In dem Film *Multiplicity* spielt Michael Keaton einen Manager, der sich von seinen Pflichten in Beruf und Familie so überfordert fühlt, dass er sich in seiner Not schließlich klonen lässt. Der eine Klon übernimmt die Arbeit in der Firma, ein zweiter die Hausarbeit. Als einer der Klone sich selber klont, wird die Lage unübersichtlich. Der Held erkennt, dass er sein Leben selber in die Hand nehmen muss, und verabschiedet sich von seinen Klonen. Moral: Es gibt Dinge, die muss Mann selber machen.

Gut, dass das mit dem Klonen nur im Film geht. Wir haben jeder *ein* Leben bekommen, also sollten wir nicht versuchen, ein Doppel- oder Dreifachleben zu führen. Aber viele Karriere-Väter spalten sich in zwei Personen auf: hart im Büro, leger zu Hause, oder konzentriert in der Firma, fahrig daheim. Das Problem ist, dass wir nun einmal nicht so gebaut sind; die Gefühle, die wir auf die eine Schublade unseres Lebens zu beschränken versuchen, schwappen unweigerlich in die andere über. Wenn wir das nicht erkennen, werden die Spannungen zwischen den beiden Bereichen nur immer noch größer.

Wir haben jeder *ein* Leben bekommen, also sollten wir nicht versuchen, ein Doppel- oder Dreifachleben zu führen.

Hier ist Umdenken gefragt – eine neue, ganzheitlichere Sicht von unserem Leben, die Arbeit und Familie miteinander verbindet. Es geht um das, was man auch bei der Umstrukturierung von Firmen beobachtet: eine Abkehr von dem starren "Abteilungsdenken" mit seinen gegeneinander abgeschotteten Schubladen und eine Betonung der verschiedenen *Prozesse* in unserem Leben, egal ob diese mehr in den Beruf oder in die Familie gehören.

Genau auf dieser neuen, integrativen Sicht basiert dieses Buch, wenn es davon ausgeht, dass Beruf und Vatersein viele Grundfertigkeiten gemeinsam haben. Wir sind nicht *Homo corporatus* in der Firma und *Homo domesticus* zu Hause; wir sind überall *Homo sapiens.*

7. Wer braucht mich gerade am meisten? Angebot und Nachfrage – dieses Gesetz gilt auch für Ihre Zeit. Wenn im Büro Großalarm ist, werden Sie so dringend gebraucht, dass Sie das große Handballspiel der Schulmannschaft Ihrer Tochter ausfallen lassen müssen. Und es gibt auch das andere Extrem – wie bei David Williams, Stürmer im Football-Team Houston Oilers, der 1993 in einem Match nicht mitspielte, um zur Geburt seines ersten Kindes bei seiner Frau sein zu können. Kommentar seines Vaters: „Jetzt weiß ich, dass er ein echter Mann ist." Sein Trainer sah das anders und verdonnerte ihn zu 11.000 Dollar Geldbuße, weil er das Team im Stich gelassen hatte. Was hätten Sie an Williams' Stelle gemacht? Oder an der seines Trainers? (Ein kleiner Tipp: Die Oilers spielen x Mal pro Jahr, aber das erste Kind wird nur einmal geboren.)

Die meisten Situationen fallen in die große Grauzone zwischen diesen Extremen. 1995 gründete Ross Garber zusammen mit einem Partner die Internet-Softwarefirma Vignette – eine ganze Woche nach der Geburt von Garbers erstem Kind. Garber gegenüber *Forbes*: „Ich wusste: Dieses Startfenster würde nicht wieder kommen." Im ersten Jahr der neuen Firma flog er über 100.000 Meilen – ein Härtetest für seine Ehe. Zum Glück war diese stark genug, um sich zu regenerieren, und das Unternehmen war ein Erfolg. Doch was, wenn es anders gekommen wäre? Viele Unternehmer lassen ihre Familie links liegen und springen durch ein Startfenster, das sich als Fata Morgana entpuppt.

Das hier muss sofort erledigt werden ... Zu viele Karriere-Väter knallen dieses Etikett auf alles und jedes in ihrem Berufsalltag.

Das hier muss sofort erledigt werden ... Zu viele Karriere-Väter knallen dieses Etikett auf alles und jedes in ihrem Berufsalltag. Ihre Arbeit ist ja so wichtig, und sie tun es ja auch für die Kinder. Meinen sie. Und die Kinder warten und warten und warten, und aus Papas Erklärungen werden Ausreden, die keiner mehr glaubt.

Tony Prophet, Hauptgeschäftsführer von AlliedSignal Power Systems, tut, was er kann, um es bei seinen zwei Kindern anders zu machen. Prophet in *Forbes*:

> *„Ich wollte eine Geschäftsreise nach Asien machen - die siebte in sieben Monaten. Ich merkte, wie die Kinder darunter litten. Als die Tränen kamen, bat ich meinen Vertreter, den Trip zu übernehmen.*
>
> *Viele Führungskräfte haben einen Supermann-Komplex. „Ohne mich läuft nichts", denken sie. Aber wir brauchen keinen Supermann-Komplex, wir brauchen eine Superteam-Perspektive."*

Wie viele Manager kennen Sie, die sich für unersetzlich halten, obwohl die Firma auch ohne ihre Überstunden über die Runden käme? Jim Mc Cann warnt in seinem Buch *Stop and Sell the Roses*:

> *„Der Arbeitssüchtige ist ein Mensch mit einem Minderwertigkeitskomplex. Er glaubt, dass dann, wenn er nicht ständig herumrennt und die eingebildeten Löcher im Damm stopft, dieser brechen und ihn in der Flut seiner Wertlosigkeit ertrinken lassen wird. ... Wer sich pausenlos nur Sorgen macht, wird unweigerlich Mist bauen. Unter einer solchen Dauerspannung kann niemand leistungsfähig bleiben."*

Der Arbeitssüchtige will ständig gebraucht werden – und merkt gar nicht, wie sehr seine Kinder ihn brauchen. Tappen Sie nicht in diese Falle. Je besser Sie die Junioren kennen, um so deutlicher erkennen Sie, wo Sie wirklich einen „Mehrwert" in ihr Leben hineinbringen können.

Frank P., der Leiter eines großen Technologie-Unternehmens in Südkalifornien, berichtet:

> *„Als ich 23 war, sagte meine Frau: ‚Du bringst es nie zu was im Geschäft, wenn du ein guter Vater sein willst.' Ich sagte ihr, dass ich ihr das Gegenteil beweisen würde, und genau das habe ich gemacht. ... Warum soll ich nicht um drei Uhr zu dem Basketballspiel meiner Tochter gehen und anschließend zurück ins Büro? Ich mache mich halt nicht verrückt, wenn im Büro nicht alles 100 % perfekt ist."*

Bruce Entin, Vorstandsdirektor beim Chip-Hersteller LSI Logic, erzählte der Zeitschrift *Business Week*, dass er einmal eine Beförderung ausschlug, weil er seinen Kindern einen Umzug ersparen wollte. „Damals habe ich erkannt, dass ich ja viel länger Vater als berufstätig sein werde."

Es geht hier letztlich um den Grenzertrag Ihrer Arbeitszeit, also darum, was die zusätzliche Zeitinvestition Ihnen wirklich bringt. Fragen Sie sich bei jeder Minute, die Sie länger in Ihrem Büro oder an Ihrem Schreibtisch zu Hause verbringen wollen, ob Sie diese Minute nicht profitabler mit Ihren Junioren verbringen könnten. Was ist tiefer den Abhang der abnehmenden Erträge hinabgerutscht – unsere Arbeitszeit oder unsere Familienzeit? Wir investieren so viel mehr Zeit in unsere Arbeit, dass es wohl die Familienzeit ist. (Ich kenne eine Firma, die einem ihrer Führungsleute eine leichte Gehaltserhöhung anbot, wenn er *weniger* arbeiten würde, weil er bei bestimmten Aufga-

Fragen Sie sich bei jeder Minute, die Sie länger in Ihrem Büro oder an Ihrem Schreibtisch zu Hause verbringen wollen, ob Sie diese Minute nicht profitabler mit Ihren Junioren verbringen könnten.

ben brillant war, aber ansonsten kontraproduktiv.) Das Fußballmatch Ihres Sohnes kann durchaus „wichtiger“ sein als eine Besprechung, bei der nichts herauskommt.

Das Ganze ist ein klassisches Problem der Mittelzuweisung, wobei der Idealzustand bekanntlich das „Pareto-Optimum“ ist, bei dem sämtliche Ressourcen optimal genutzt werden. Sie sind für Ihre Kinder (vielleicht mehr als Sie denken) und für Ihre Firma (vielleicht weniger als Sie denken) eine Schlüsselressource; machen Sie das Beste aus sich.

Ran an den Feind!

Der „Umbau“ Ihres Jobs, der dazu dient, ihn familienfreundlicher zu machen, beruht nur zum Teil auf rein persönlichen Entscheidungen von Ihnen (etwa wie viel Sie nach dem Zubettgehen Ihrer Kinder noch arbeiten); der Rest sind Veränderungen in der Personalpolitik Ihrer Firma. Viele Karriere-Väter haben nicht die Flexibilität, um sich einen anderen Job zu suchen oder auch nur ihren jetzigen Job auf eigene Faust zu verändern. Da hilft manchmal nur eines: den Mund aufmachen und sagen, was wir und unsere Kinder brauchen.

Da hilft manchmal nur eines: den Mund aufmachen und sagen, was wir und unsere Kinder brauchen.

Leider haben viele Manager für den berufstätigen Vater noch weniger übrig als für die berufstätige Mutter. Es gibt hin und wieder Arbeitsplätze für Schwerbehinderte – aber für Väter? Und die „familienfreundlichen“ Programme, sie sind meist auf Frauen zugeschnitten. Es wird Zeit, dass das anders wird – finden Sie nicht auch?

Dabei sind wir an unserem Elend weitgehend selber schuld. Die meisten Karriere-Väter sind mit dem Klischee aufgewachsen, dass ein Mann seine Gefühle und Probleme nicht zeigt. Und da unsere Manager (meist ebenfalls Männer) keine Gedanken lesen können, glauben sie, dass ein stiller Mitarbeiter ein zufriedener Mitarbeiter ist. Wir klagen vielleicht einmal bei einem flüchtigen Gespräch im Lift oder in einer anonymen Meinungsumfrage – aber offen? Niemals. Und wenn die Firma Verbesserungen einführt (z.B. gleitende Arbeitszeit), nutzen wir sie oft nicht, weil „das doch etwas für die Frauen ist". Vor diesem Hintergrund kann es für einen Karriere-Vater ein kühner Schritt sein, bei der Firmenleitung flexiblere Arbeitszeiten zu beantragen oder sich auch nur einen Nachmittag freizunehmen, um sich das Fußballmatch seines Ältesten anzuschauen. Hier ein paar Gedanken, die vielleicht helfen können.

Wer nicht fragt, der kriegt auch nicht!

Die Zeiten ändern sich. Zum Glück entwickeln sich heute die meisten Arbeitsplätze in die richtige Richtung – nicht, weil die Firmen auf einmal so vaterfreundlich wären, sondern weil gute Fachkräfte oft dünn gesät sind, und sicher auch, weil vielfach Computer, E-Mail und Handy gleitende Arbeitszeiten und Heimarbeit technisch überhaupt erst möglich machen. In Branchen wie Werbung und Software lassen diese beiden Faktoren ein neues, aufgeklärtes Management entstehen. Laurel Cutler von der Werbeagentur Foote Cone & Belding ist ein Beispiel; 1998 sagte sie im *Wall Street Journal*:

Zum Glück entwickeln sich heute die meisten Arbeitsplätze in die richtige Richtung.

> *„Wenn Sie nicht zu der Theateraufführung ihres Kindes gehen können, weil es in der Firma wieder mal brennt, haben Sie ein Jahr später die Krise in der Firma vergessen, aber die Kinder haben nicht vergessen, dass Sie nicht da waren. Bei meinen eigenen Kindern habe ich das leider zu spät gelernt, aber ich wurde auf diesem Gebiet eine gute Chefin. Ich sagte den jungen Vätern und Müttern in unserer Firma: ‚Es ist wichtiger, dass Sie für Ihr Kind da sind'."*

Die hier (in Amerika) vielleicht progressivste Branche sind die Wirtschaftsprüfungsunternehmen. Die größeren Firmen wetteifern förmlich darum, wer am familienfreundlichsten ist. Heute können auch Teilzeitkräfte Mitgesellschafter werden, und das Gehalt richtet sich nach der Leistung und nicht nach den Arbeitsstunden. Die Kehrtwende erfolgte, als die Firmen immer mehr fähige Frauen verloren; aber auch Wirtschaftsprüfer, die Väter sind, profitieren.

Don Robinson ist Firmensoftwareberater bei Ernst & Young. Der Vater dreier Kinder ist begeistert über die Firmenkultur von Ernst & Young, wo ein obligatorischer „Mitarbeiterberater" dafür sorgt, dass die Angestellten die richtige Balance zwischen Beruf und Familie halten. Don: „In meinen früheren Jobs musste ich immer soundso viele Stunden im Büro oder bei einem Kunden sein. Bei Ernst & Young gaben sie mir ein Handy, einen Laptop und eine Kreditkarte, und das ist mein Büro." Don kann arbeiten, wo er will, solange er seinen Job macht. Die Firma leiht ihren Kunden ihre Mitarbeiter nur für 45 Stunden pro Woche aus, was bedeutet, dass Don drei Tage pro Woche bei seiner Familie sein kann. „Meine Kinder sind mir zu wichtig, um sie sich selber zu überlassen."

Ein anderes Wirtschaftsprüfungsunternehmen, Deloitte & Touche, rangiert in der 1998-er *Fortune*-Liste der 100 angestelltenfreundlichsten Firmen an 14. Stelle. Seine Personalabteilung sagt Mitarbeitern mit Kleinkindern, dass sie „weniger Stunden arbeiten und trotzdem Mitgesellschafter werden können."

Dieser Trend erreicht inzwischen auch andere Branchen. So hat im Hotelgewerbe Marriott International sein Herz für Väter entdeckt. J.W. Marriott in *Forbes*:

> *„Ich habe vier Kinder und elf Enkel. ... Der Vaterberuf kommt für mich zuerst, Punkt, Schluss.*
>
> *Bei uns arbeiten viele Frauen, die uns erzählten, dass sie zu Hause viele Probleme hatten, weil ihre Männer sie nicht richtig unterstützten. Das war der Anlass für unser Vater-Projekt, bei dem wir unseren Führungskräften wie unseren stundenweise Angestellten Vater-Seminare anbieten, die ihnen helfen,*

ihre Beziehungen zu prüfen und sich mehr um ihre Kinder zu kümmern."

Karriereväter, vereinigt euch! Bevor Sie mit der Führung Ihrer Firma reden, machen Sie Ihre Hausaufgaben. Unterrichten Sie sich als Erstes über die „Vaterpolitik" in anderen Firmen Ihrer Branche. Beginnen Sie sodann, sich eine Basis Gleichgesinnter in Ihrem Betrieb aufzubauen. Wie viele Ihrer Mit-Karriereväter könnten Verbesserungen in der „Vaterpolitik" gebrauchen? Scheuen Sie sich nicht, von den Fortschritten zu profitieren, die in Ihrer Firma von und für Frauen zu verzeichnen sind. Sie werden staunen, was Sie alles erreichen können, wenn Sie und die anderen Väter ein Zehntel der Energie, die Sie zur Zeit als Einzelne investieren, um das System zu überlisten, in ein gezieltes gemeinsames Lobbying stecken.

Sie werden staunen, was Sie alles erreichen können, wenn Sie Energie investieren für den Aufbau eines gezielten gemeinsamen Lobbyings.

Sondieren Sie die Stimmung der anderen. Sprechen Sie dabei nicht nur mit Männern, sondern auch mit Frauen, sonst enden Sie nur wieder bei der alten Doppelmoral. Beginnen Sie damit, dass Sie nicht über das Wetter reden, sondern über die Kinder. Lassen Sie eine Bemerkung fallen, dass der Chef ganz vergessen zu haben scheint, wie das ist, wenn man welche hat. Ja, wenn man das ändern könnte ... Ihre Kollegen nicken, und Sie bohren weiter: Aber ob das wohl möglich ist, solange die alte Garde noch nicht in Rente ist? Ein bisschen mehr in dieser Richtung, und Sie haben mit etwas Glück eine richtige Bewegung von Gleichgesinnten beisammen, die dem Establishment ganz anders gegenübertreten kann, als ein Einzelner das könnte – solange sie nicht als Bedrohung empfunden wird, natürlich.

Appellieren Sie an das aufgeklärte Eigeninteresse. Die Firma ist nicht die Heilsarmee. Erwarten Sie nicht, dass Ihre Chefs aus lauter christlicher Nächstenliebe etwas verändern; sie müssen schon etwas davon haben. Zum Glück gibt es mittlerweile genügend Studien, die zeigen, dass flexible Arbeitszeiten und andere, auf die spezifischen Bedürfnisse der Firma zugeschnittene familienfreundliche Maßnahmen Arbeitnehmern wie Arbeitgebern das Leben leichter machen. In einer 1997 veröffentlichten Catalyst-Umfrage unter 2000 *Fortune 100*-Managern berichteten 92 % der Befragten über verbesserte Arbeitsmoral nach Einführung der Gleitzeit; 78 % glaubten, dass die Gleitzeit gut gegen eine zu hohe Mitarbeiter-Fluktuation war, und etwa 50 % berichteten über signifikante Produktivitätssteigerungen. Eine 1998 dem amerikanischen Conference Board vorgelegte Studie ergab, dass Angestellte in Firmen mit flexibler Arbeitszeitgestaltung erheblich weniger Job-Familie-Stress haben und weniger als halb so oft wie in anderen Firmen fehlen.

Angestellte in Firmen mit flexibler Arbeitszeitgestaltung haben erheblich weniger Fehlzeiten.

Wenn Sie und Ihre Kollegen Ihrem Management klar machen können, dass Maßnahmen zur Linderung des Konflikts zwischen Beruf und Familie sich durch bessere Moral, höhere Leistung und weniger Fluktuation mehr als bezahlt machen, sehen diese Maßnahmen nicht mehr nach Almosen aus, sondern nach einer gesunden strategischen Entscheidung.

Pionierarbeit. Wenn Ihre Firma partout noch kein Kandidat für eine aufgeklärte Familienpolitik ist und Sie auch nicht kündigen wollen, müssen Sie Ihren eigenen Weg finden, um zu flexibleren Arbeitsbedingungen zu kommen. Dies erfordert gewisse taktische Fähigkeiten. Lassen Sie Ihren Frust vor Ihrer Frau oder Ihren Freunden heraus, aber nicht vor Ihrem Chef; er könnte Sie in die Nörgler- und Schlaffie-Schublade stecken. Tragen Sie Ihre Position so ruhig und rational wie möglich vor. Wenn Ihr Chef (was meist der Fall ist) älter ist als Sie, kann es helfen, ihn daran zu erinnern, wie das ist, kleine Kinder im Haus zu haben. Vielleicht ist er auch schon Großvater, und seine eigenen Kinder stecken in dem gleichen Beruf-Familie-Dilemma wie Sie.

Stellen Sie das Problem nie als Generationenkonflikt dar (zwischen Ihren Prioritäten und denen Ihres Chefs), sondern als logistisches Problem. Denken Sie daran, dass viele Chefs ihre Position gerade dadurch bekommen haben, dass sie familiäre Opfer gebracht haben; womöglich sind sie allergisch gegen den Gedanken, dass Sie jetzt auf einmal eine „Extrawurst" bekommen wollen (und dass dann alsbald „die anderen auch eine wollen").

Stellen Sie das Problem nie als Generationenkonflikt dar, sondern als logistisches Problem.

Sie können diese Ängste entkräften, indem Sie Ihrem Chef klar machen, dass er dann, wenn er Ihrem Antrag stattgibt, selber am meisten davon hat. Es ist klar, dass der besonders geschätzte Mitarbeiter eher Chancen auf ein „Ja" hat. Je besser Sie in Ihrem Job sind, um so wichtiger wird es Ihrem Chef sein, dass Sie sich wohl fühlen. Und je wohler Sie sich fühlen, um so mehr leisten Sie.

Bereiten Sie Ihre Vorsprache bei Ihrem Chef sorgfältig vor. Begründen Sie genau, warum Sie flexiblere Arbeitszeiten brauchen, geben Sie an, zu welchen Zeiten Sie zu Hause sein wollen und wie Sie sich mit Ihren Kollegen absprechen werden, damit nichts liegen bleibt. (Sie müssen natürlich zuerst das Einverständnis dieser Kollegen einholen.) Und nicht weniger wichtig ist, dass Sie Ihre Versprechen anschließend auch halten, dass die Qualität Ihrer Arbeit nicht leidet und dass Sie weitere Flexibilisierungsschritte nicht eigenmächtig vornehmen, sondern ebenfalls von Ihren Oberen absegnen lassen.

Bereiten Sie Ihre Vorsprache bei Ihrem Chef sorgfältig vor.

Wenn Ihre Bosse auf Sie eingehen, beugen Sie möglichem Neid Ihrer Kollegen durch Offenheit und exzellente Arbeit vor und ermutigen Sie sie, ähnliche Arrangements zu suchen.

Aus der Trickkiste. Wenn alle Stricke reißen, sollten Sie vielleicht kündigen. Es gibt jedoch eine weniger drastische Alternative: ein bisschen ziviler Ungehorsam am Arbeitsplatz. Es gibt Väter, die sich dann, wenn ihre Kinder krank zu Bett liegen, kurzerhand selber krank melden, weil sie sich nicht trauen, ihre Prioritäten offen zu zeigen. Moralisch sauberer ist es, keine Scheinbegründungen vorzutäuschen, sondern sich die Zeit für die Kinder einfach zu nehmen. Viele pragmatische Karriere-Väter erklären nicht lange, warum sie abends früher nach Hause fahren; sie tun es einfach und holen die versäumte Zeit später nach.

Diese Tricks mögen Ihnen weniger edel vorkommen als das offene Kämpfen für die vollen „Familienrechte", aber dieses Buch will die Welt so beschreiben, wie sie ist, und nicht, wie sie sein sollte. Manche berufstätigen Väter ändern sich bereits. Wie Otto L., Effektenbanker aus North Carolina, den ich vor kurzem um 17.40 Uhr anrief. Er beendete das Gespräch nach wenigen Minuten. „Aber jetzt muss ich gleich weg, meine Tochter hat eine Ballettaufführung." Je mehr Väter so wie Otto werden, um so einfacher wird es für uns alle, die Flexibilität zu bekommen, die wir brauchen.

Schieben Sie keine Scheinbegründungen vor, sondern nehmen Sie sich einfach die Zeit für Ihre Kinder.

Vaterschaftsurlaub? Dies ist eines der kniffligsten Beruf-Familie-Themen. Es ist hart für Ihre Bosse, längere Zeit ohne Sie auskommen zu müssen, und es ist hart für *Sie*, ihr Missfallen zu riskieren – oder ausgerechnet dann, wenn neue finanzielle Belastungen auf Sie zukommen, Gehaltseinbußen hinzunehmen. Und Urlaub nehmen, bloß weil ein Kind angekommen ist – ist das denn nicht nur etwas für Frauen? In den USA jedenfalls nehmen nur 1 % der in Frage kommenden Männer ihren Vaterschaftsurlaub in Anspruch.

Ob ich so einen Urlaub genommen habe? Nein, verehrter Leser. Meine Firma brauchte mich, und ich brauchte das Geld.

Tatsache ist, dass der Vaterschaftsurlaub nicht halb so wichtig für einen „guten Vater" ist, wie es manchmal dargestellt wird. Bereits ein oder zwei Wochen gewöhnlicher Urlaub können Wunder wirken für den Aufbau einer gesunden Beziehung zu Ihrem Kind und seiner Mutter. Wenn ein Urlaub an einem Stück nicht möglich ist, versuchen Sie es mit ein-

Tatsache ist, dass der Vaterschaftsurlaub nicht halb so wichtig für einen „guten Vater" ist, wie es manchmal dargestellt wird.

zelnen freien Tagen, Krankentagen oder halben freien Tagen. Ich habe bei der Geburt unserer Kinder praktisch zwei Wochen Teilzeitarbeit gemacht, und niemand hat mich erschossen.

Wenn Sie sich einzelne Tage frei nehmen wollen, fangen Sie am besten an, sie „anzusparen", wenn Sie den ungefähren Geburtstermin wissen. Geben Sie auf jeden Fall Ihren Kollegen rechtzeitig Bescheid, bleiben Sie erreichbar und seien Sie bereit, einzuspringen, wenn es in der Firma brennt. Wenn ohne Sie wirklich nichts mehr läuft und Ihr Job womöglich in Gefahr gerät, sollten Sie vielleicht besser auf Ihren „Vaterschaftsurlaub" verzichten.

Wenn ich einmal zu sagen habe ... Wenn Sie selber in die Chefetagen aufgestiegen sind, versuchen Sie, in Ihrer Firma eine Atmosphäre zu schaffen, in der die Mitarbeiter sich trauen, das Thema „Familie" zur Sprache zu bringen. Und wenn sie nichts sagen, heißt das noch lange nicht, dass sie keine Marscherleichterung brauchen. In einer Catalyst-Umfrage von 1998 gaben 65 % der befragten Männer (und 72 % der Frauen) an, dass sie gerne die Option hätten, das Tempo ihrer Karriere den familiären Gegebenheiten anzupassen, ohne sich dadurch Aufstiegschancen zu verbauen. Wenn Sie Ihren Mitarbeitern diese Option bieten können, ist dies die direkte Antwort auf das Problem, dass die Kinder uns meist gerade an den „kritischen" Punkten unseres Berufslebens am dringendsten brauchen.

Und warum bei Mitarbeitern, die sie gut gebrauchen könnten, nicht sogar aktiv mit Ihren familienfreundlichen Maßnahmen werben? Wenn Sie sich „den Wandel zum Freund machen", wie die New Democrats das gerne ausdrückten, ziehen Sie bessere Mitarbeiter in Ihre Firma und machen die, die Sie schon haben, zufriedener, produktiver und treuer. Und wer weiß - vielleicht verbreitet sich das neue Klima, das Sie in Ihrer Abteilung schaffen, durch den Rest des Unternehmens (aber hoffentlich nicht bis zur Konkurrenz ...).

Zeitmanagement: Das Problem

Wenn Sie alles getan haben, was in Ihrer Macht liegt, um Ihren Job familienfreundlicher zu machen, bleibt immer noch die Mutter aller Probleme – und das ist die schlichte Tatsache, dass der Tag nur 24 Stunden hat.

Passiert Ihnen das auch? Sie kommen aus dem Büro nach Hause, fest entschlossen, die Hektik des Arbeitstages hinter sich zu lassen – und entdecken, dass zu Hause mindestens genauso viel Zeitdruck auf Sie wartet. Erst das Familiendinner mit diversen Verhandlungen, welches der Kinder was essen oder nicht essen will, danach das logistische Kunststück, die Kids ins Bett zu bringen, möglicherweise komplett mit Hausaufgaben abfragen oder Baden, nicht zu vergessen die Frage, wie lange die lieben Kleinen zum Einschlafen brauchen. Wenn Sie und Ihre Frau dann endlich allein sind, sind Sie selber hundemüde und haben gerade noch die Kraft für fünfzehn Minuten Austausch über den Tag, bevor Sie selber ins Bett gehen (wenn Sie nicht noch eine Überstunde machen müssen). Der nächste glorreiche Ehe- und Familienabend ...

Zeit ist mehr wert als Geld.

„Zeit ist Geld", sagte Benjamin Franklin. Stimmt genau im Beruf, aber in der Familie hat Zeit viel mehr Wert als Geld. Dennis C., ein Software-Manager aus San Diego mit sieben Kindern, schickte mir einmal ein E-Mail, in welchem er Franklins Aphorismus „eine der größten Lügen unserer Zeit" nannte: „Geld kann man verdienen, Zeit nicht; Geld kann man weitergeben, Zeit nicht; es gibt unbegrenzt viel Geld, aber nicht Zeit; wir kriegen nur so viel Zeit, und wenn die abgelaufen ist, war es das."

Wie umgehen mit der knappen Familienzeit? Durch striktes Durchorganisieren wie in der Firma? Aber das macht unsere Erschöpfung am Endes des Tages oder Wochenendes nur noch schlimmer. Jede Abweichung vom Zeitplan erzeugt Stress, der ohne diesen Plan nicht existieren würde und der uns mehr schadet als die Verzögerung, die ihn verursacht hat.

Der Stress zu Hause kann so groß werden, dass wir versucht sind, das Büro als relative Insel der Ruhe anzusehen. Die Versuchung, sich weniger Zeit für die Familie zu nehmen, hat viele Gesichter: der lockende Verkaufsabschluss, der ungelesene Zeitschriftenberg oder einfach das Bedürfnis, etwas zu sich zu kommen. Aber wenn wir dieser Versuchung nachgeben, missbrauchen wir die kostbarste Ressource, die das Leben uns bietet. Franklin schrieb auch: „Du liebst das Leben? Dann vergeude keine Zeit, denn sie ist der Stoff, aus dem das Leben ist."

Unsere Kinder wissen, dass unsere Zeit kostbar ist, und sie führen genau Buch darüber, wie wir sie verbringen. Aber sie nehmen sie auch für selbstverständlich – da sie selber so viel davon haben. Sie verstehen ihn nicht, den Leistungsdruck, unter dem wir in der Firma stehen. Kleine Kinder halten ihre Eltern für allmächtig, und wenn wir nicht zu Hause sind, kann das nur freiwillig sein.

Es ist äußerst unpraktisch, dass unsere Sprösslinge und unsere Karriere uns genau zur gleichen Zeit am meisten brauchen. Mir sind Fälle bekannt, wo junge Rechtsanwältinnen in ihrer Kanzlei den Rat bekamen, mit dem Kinderkriegen zu warten, bis sie Mitgesellschafter geworden waren. Und wenn wir dann endlich auf der Karriereleiter höher geklettert sind, ist unsere Zeit noch kostbarer. Zeit zum Vatersein – unser Beruf gibt sie uns nicht; wir müssen sie uns nehmen.

Zeit zum Vatersein – unser Beruf gibt sie uns nicht; wir müssen sie uns nehmen.

Der britische Staatsmann William Gladstone sagte einmal: „Aufgeschobene Gerechtigkeit ist verweigerte Gerechtigkeit." Mit dem Vatersein ist es das Gleiche. Wenn wir die Probleme unseres Dreijährigen erst angehen, wenn er zehn ist, ist es zu spät.

So wie Geld einen „Zeitwert" hat (ein Dollar heute ist mehr wert als ein Dollar in einem Jahr), gibt es auch einen „Zeitwert" des Erziehens, der noch viel größer ist. Kinder ändern sich so rasend schnell, dass wir die Zeit, die wir ihnen heute widmen müssten, nicht einfach auf morgen oder übermorgen übertragen können. Dem zeitdisziplinierten Karriere-Vater, der gelernt hat, den für heute geplanten Kinobesuch kurzerhand auf morgen zu verschieben, will das nur schwer in den Kopf. Aber was sollen wir machen? Warten, bis unsere Rente gesichert ist, bevor wir mit unseren Kindern spielen oder reden? Das heutige Wirtschaftsleben ist so hektisch, dass wir *nie* in einer Woche, einem Monat oder einem Jahr „mehr Zeit haben" werden als jetzt. Und ob unsere Junioren noch mit uns reden wollen, wenn wir endlich 65 sind?

Wenn wir denn überhaupt 65 werden. Ein bekannter amerikanischer Manager eröffnete einmal einem Freund, dass er seinem Jungen ein ganz besonderes Weihnachtsgeschenk machen wollte: „Ich werde ihm schreiben, dass ich ihm von jetzt ab jeden Tag eine Stunde von meiner Zeit schenken werde." Zwei Wochen später war der Manager tot.

Die Erkenntnis, dass ich meine Familienarbeit nicht aufschieben kann, ist ein wichtiger erster Schritt, aber sie reicht noch nicht aus. Je mehr Arbeit wir in unseren Tag hineinstopfen, um so schwieriger wird die Qualitätskontrolle, wie jeder Fließbandarbeiter uns erklären kann, und je mehr Fehler wir machen, um so größer wird der Druck, unter den wir uns setzen, und um so schneller kommt der nächste Fehler.

Die Herausforderung besteht darin, unsere Bandbreite für die Verarbeitung von Informationen besser auszunutzen.

Zu viele Karriere-Väter haben das Gefühl, einfach nicht genug Zeit zu haben, um in Beruf und *Familie gut zu sein.* Es läuft alles darauf hinaus, dass unsere „Bandbreite", also unsere Kapazität zum Aufnehmen, Bearbeiten und Beantworten von Informationen, begrenzt ist. Die Herausforderung besteht darin, diese Bandbreite besser auszunutzen. Das ist schwer, aber nicht unmöglich. Machen wir es der Telekommunikations-Industrie nach, die die Bandbreite ihrer Leitungen dramatisch gesteigert hat. Wie sie das geschaft hat? Durch Reorganisation der Daten und ihrer Übermittlung, so dass ein vierzig Jahre alter Draht, der lange Zeit nur für Telefongespräche taugte, heute den ganzen *Titanic*-Film schneller übertragen kann, als das Schiff sank.

Zeitmanagement durch Technologie: Dichtung und Wahrheit

Unsere Bandbreite optimieren – das ist leichter gesagt als getan. Am häufigsten wird es mit technologischen Mitteln versucht. Eine Notebook-Annonce aus dem Jahr 1998 z.B. zeigt eine idyllische Szene: eine junge Mutter, Notebook auf dem Schoß, in einem sonnendurchfluteten Wohnzimmer, während ihr Mädchen daneben sitzt und seine Hausaufgaben macht. Der Text lautet: „Die Karriere opfern oder die Familie? Es geht auch anders."

Diese Art Werbung wurde im Nu zur Masche. Ein idyllisches Bild nach dem anderen führt uns die Technologie als große Retterin unseres Familiensinns vor. Die Wahrheit sieht anders aus. Meist macht die so hoch gelobte Technik unser Leben nicht einfacher, sondern komplizierter. Die einen Manager schwören auf ihre Palmtop-Organizer, die anderen verfluchen sie. (Ich betrachte sie als Tamagotchis für Erwachsene.) Charles Wang, Direktor von Computer Associates, hat die Benutzung von E-Mail während der Kernarbeitszeit verboten, nachdem sie zur reinen Zeitverschwendung degeneriert war. Wang: „Da hat der eine Mitarbeiter den Kollegen im Nebenzimmer per E-Mail gefragt, ob er mit ihm Mittag essen geht."

Meist macht die so hoch gelobte Technik unser Leben nicht einfacher, sondern komplizierter.

Neuere Studien zeigen, dass in den USA Millionen von Arbeitsstunden durch das Herumprobieren am Computer verloren gehen. Betriebssysteme und Software werden immer komplizierter, aber werden sie auch nützlicher? Sun Microsystems-Chef Scott McNealy scheint dies nicht zu glauben; 1998 sagte er in einem Interview:

„Wenn wir ASCII-, HTML- und Java-Lesegeräte auf den Schreibtischen hätten statt Windows- und Macintosh-Computer und es den Leuten verbieten würden, E-Mail-Anhänge einzufügen und andere Funktionen als Rücksetzen, Ausschneiden, Löschen, Einfügen und Drucken zu benutzen, wir hätten alle Zeit der Welt für unsere Kinder. ... Wenn Sie jemandem einen Computer mit 4000 Funktionen geben, sagen Sie ihm praktisch: Dies ist ein neues Arbeitsgerät, das ich dir gekauft habe, und du arbeitest für mich. Lerne gefälligst so viele dieser 4000 Funktionen wie möglich, damit ich mein Geld nicht umsonst ausgegeben habe."

Doch aus der Familienperspektive ist die Technologie manchmal dann am gefährlichsten, wenn sie *effektiv* ist. Es ist die „Effizienz", die Karriere-Väter im Fußballstadion an ihrem Handy kleben lässt. Oder sie die Gutenacht-Geschichte abkürzen lässt, weil sie noch ihre E-Mails lesen müssen. Ein paar Tage, bevor ich diesen Abschnitt schrieb, hatte meine Firma ihre jährliche Strategie-Klausurtagung, und dabei kam auch unser Intranet zur Sprache. Einem Partner war der Zugang von außen nicht einfach genug. „Fänden wir es nicht alle gut", sagte er, „wenn wir Sonntagabend schon mal die ersten drei, vier Stunden für die nächste Woche arbeiten könnten?"

Doch, es wäre schön, diese Option zu haben, aber die Möglichkeiten, die uns die Technologie bietet, sie werden im Nu zu Zwängen. *Wo die Technik unsere Arbeit leichter macht, führt dies am Ende meist zu gesteigerten Erwartungen.* Sie hilft uns, wichtige Informationen schneller zu bekommen – und schon werden wir mit unwichtigen Informationen überschwemmt. Sie erspart uns die Fahrt ins Büro – und macht unsere Zeit verfügbar, so dass wir auf einmal weniger Stunden haben, die ganz für die Familie da sind. Für jede zusätzliche Stunde, die die Technologie uns zum Arbeiten zur Verfügung stellt, droht sie uns sechzig Minuten von unserem Privatleben abzuziehen.

Wo die Technik unsere Arbeit leichter macht, führt dies am Ende meist zu gesteigerten Erwartungen.

Also: Nutzen Sie die Technik, aber nutzen Sie sie weise und mit Augenmaß. Nutzen Sie die Technik so, dass die Zeit, die Sie mit Ihren Kindern verbringen, mehr wird und nicht weniger. Kaufen Sie sich nicht den neuesten technischen Krimskrams, bloß weil er cool ist, und benutzen Sie ihn nicht bloß, weil Sie ihn gekauft haben. Lassen Sie die Technik Ihr Diener sein, und nicht Ihr Herr.

Lassen Sie die Technik Ihr Diener sein, und nicht Ihr Herr.

Die wirkliche Lösung des Bandbreiten-Problems müssen wir woanders suchen.

Zeitmanagement im Büro ...

Zu diesem Thema gibt es zahlreiche Bücher, so dass ich diesen Abschnitt kurz halten kann. Ich möchte Sie jedoch auf das Grundprinzip hinweisen, und dieses besteht darin, dass Sie sich nicht nach Ihrem Input, sondern nach Ihrem Output messen (bzw. von anderen messen lassen). Vergeuden Sie Ihre Zeit nicht mit Wassertreten. Warum bis Mitternacht arbeiten, wenn 18 Uhr es auch tut?

Messen Sie sich nach Ihrem Output und nicht nach Ihrem Input – und lassen Sie sich auch so messen.

Michael Pietsch, mein Lektor, berichtete mir Folgendes aus seinem eigenen Berufsleben: „Ich weiß noch, wie schwer es mir fiel, nach der Geburt unseres ersten Kindes schon um halb sechs meinen Schreibtisch aufzuräumen, denn ich war es gewohnt gewesen, bis sieben oder acht zu arbeiten. Aber ich lernte es, früher aufzuhören. Und wissen Sie was? Ich schaffte die Arbeit trotzdem."

Tun Sie gerne mehrere Dinge gleichzeitig (z.B. während eines Telefonats Wirtschaftsmagazine oder Ihre E-Mail lesen). Fangen Sie nichts an, dessen Zweck Sie nicht verstanden haben. Nehmen Sie jedes Stück Papier, das auf Ihren Schreibtisch kommt, exakt einmal in die Hand, beantworten Sie E-Mails und andere Nachrichten sofort, teilen Sie größere Arbeiten in Einzelschritte auf, delegieren Sie alles, was Sie nicht gerne oder nicht gut tun, und Sie werden es schaffen.

Berufen Sie Konferenzen nur ein, wenn sie wichtig sind, und leisten Sie sich lange Geschäfts-Lunches nur, wenn sie direkt etwas „bringen". Was ist wichtiger: jeden Tag ein zweistündiges Palaver-Mittagessen im besten Restaurant mit Ihren Kollegen (45 Minuten in der Pizzeria tun's auch) oder pünktlich zum Familienabendessen nach Hause kommen?

Es ist schwer, ein guter Vater zu sein, wenn man seine Arbeit nicht im Griff hat.

Es ist schwer, ein guter Vater zu sein, wenn man seine Arbeit nicht im Griff hat. Lesen Sie also die Bücher über effizientes Arbeiten – gerne diagonal, um Zeit zu sparen. Wenn das immer noch nicht reicht, nehmen Sie vielleicht ein paar Nachhilfestunden bei einem „Zeitmanagement-Trainer".

Ein Problem: Wer mit maximaler Produktivität arbeitet, handelt sich oft noch mehr Arbeit ein. Die Menschen nehmen ihn zu ernst, den Spruch: „Wenn du etwas dringend erledigt haben musst, gib es jemandem, der beschäftigt ist." Und vor lauter Angst, womöglich als faul, inkompetent oder ineffizient zu gelten, trauen viele Karriere-Väter sich nicht, Arbeit abzulehnen – mit dem Ergebnis, dass sie ihre Junioren nur noch zum Geburtstag und zu Weihnachten zu Gesicht bekommen.

Die Frage ist: Wem soll unsere gesteigerte Effizienz dienen – unserer Karriere oder unserer Familie? Die vernünftige Lösung scheint mir zu sein, den Kuchen unparteiisch aufzuteilen: Die Hälfte der Zeit, die wir durch effizienteres Arbeiten sparen, sollten wir zu Hause verbringen und die andere Hälfte im Büro. *Wenn wir wirklich schnell und gut arbeiten, ist es unser gutes Recht, auch ein Privatleben zu haben.* Der seelische Ausgleich, den unsere Kids uns bringen, wird unsere Effizienz im Büro nicht mindern, sondern eher noch steigern.

Wenn wir wirklich schnell und gut arbeiten, ist es unser gutes Recht, auch ein Privatleben zu haben.

... und zu Hause

Das Zeitmanagement zu Hause hat im Wesentlichen drei Aspekte: Wir versuchen, mehr Hausarbeit in weniger Zeit zu erledigen, Hausarbeit und Büroarbeit gleichzeitig zu erledigen und mehr so genannte Qualitätszeit mit unseren Kindern zu verbringen. Das Wort „versuchen" zeigt Ihnen schon, dass man hier keine Wunder erwarten darf. Unser Alltag zu Hause ist dermaßen reglementiert, so sehr in Programmpunkte und Termine zerstückelt (Frühstück, Duschen, Fernsehen, Hausarbeiten, Zubettgeh-Ritual usw.), dass wir hier womöglich noch mehr verplant sind als im Büro.

Auch zu Hause gilt, dass mehr unter Umständen weniger ist. Fast-Food-Mahlzeiten, um Zeit zu sparen? Meist sind sie entschieden ungesünder als eine richtige Mahlzeit, zu der man sich Zeit nimmt. Und die Express-Gutenachtgeschichte („Es waren einmal ein König und eine Königin, und wenn sie nicht gestorben sind, dann leben sie noch heute") ist zwar schnell, aber das ist auch alles. Kinder eignen sich einfach nicht für unsere Termin-Hetzerei, und jeder Versuch, sie anzutreiben, ist nur (für sie wie für uns) stressig.

Bei Kindern kommt man in der Regel am weitesten, wenn aus der Arbeit ein halbes Spiel wird. Wie wäre es, wenn Sie die Kids an Ihrer Hausarbeit beteiligen – nicht als lästiges Muss, sondern als „Ich darf Papa helfen?" Als unser Benjamin klein war, durfte er mir oft „helfen" und die Werkzeuge halten, wenn ich ein Bücherregal oder Spielzeug zusammenbaute – was war der junge Mann stolz! Ich nehme die Kinder auch oft zum Einkaufen im Supermarkt mit; das dauert etwas länger, aber der Spaß, den wir unterwegs miteinander haben, macht das mehr als wett. Probieren Sie es aus: Holen Sie die Kinder hinein in die Welt der Erwachsenen, lassen Sie sie die Menschen und Orte in Papas Leben kennen lernen.

Bei Kindern kommt man in der Regel am weitesten, wenn aus der Arbeit ein halbes Spiel wird.

Die Fallgruben des Zeitmanagements um jeden Preis werden am deutlichsten, wenn wir versuchen, uns gleichzeitig um die Kids und um unsere Arbeit zu kümmern. Wenn Sie mit Ihrem Chef telefonieren, während Sie gerade Ihr Kleinkind füttern, machen Sie weder beim Chef noch bei Ihrem Kind Punkte. (Sie glauben das nicht? Drehen Sie das Beispiel um: Würden Sie es wagen, Ihr Handy aus der Tasche zu holen und die Junioren anzurufen, während Sie allein mit einem wichtigen Kunden bei einem Geschäftsdinner sitzen?) Sehr selten soll es Ausnahmen zu dieser Regel geben, wie bei den drei Managern, die ausgerechnet in einem Freizeitpark den Deal ihres Lebens abschlossen, während ihre Kinder sich amüsierten; aber das sind wirklich Ausnahmen.

Die schädlichste Form des heimischen Zeitmanagements ist jedoch das, was in der Business-Welt unter dem Begriff „quality time" hochgejubelt worden ist. „Quality time" – die Wörterbücher übersetzen es mit Umschreibungen wie „intensiv genutzte Zeit" – ist im Wesentlichen die Idee, die eigentlich zu knappe Zeit, die man mit seinen Kindern verbringt, dadurch „aufzuwerten", dass man möglichst viel in sie hineinsteckt. „Quality time" – das ist z.B. der zweistündige Zoobesuch am Sonntagnachmittag, der bis zur letzten Eistüte voll durchorganisiert ist und deswegen wertvoller sein soll als ein ganzer Sonntagnachmittag, den man ohne festes Programm „nur so" zu Hause im Garten oder ihm Wohnzimmer verbringt. „Quality time" dürfte so ziemlich der größte Fehler sein, den Karriere-Väter machen, und es lohnt sich, ihn im Detail zu untersuchen.

Die schädlichste Form des heimischen Zeitmanagements ist jedoch das, was in der Business-Welt unter dem Begriff „quality time" hochgejubelt worden ist.

Die miese Qualität der Qualitätszeit

Andere Menschen, andere Sitten. Wenn Sie nicht wollen, dass Ihre Kinder frühzeitig erwachsen werden, sollten Sie sich ihrer Art, mit der Zeit umzugehen, anpassen, wenn Sie mit ihnen zusammen sind. Ken Blanchards berühmtes Buch *Der Minuten-Manager* benötigt eigentlich einen Aufkleber mit der Warnung: „Wenden Sie dieses Buch nicht zu Hause an!" Wie schon erwähnt, erleben Kinder die Zeit „weitschweifiger" als wir und können keinen Termindruck ertragen. Sie eignen sich überhaupt nicht für Geschäftsbesprechungen – eine ihrer erfrischenderen Eigenschaften.

Kinder haben alle Zeit der Welt und können Termindruck schlecht ertragen.

„Qualitätszeit" ist der Versuch, mehr aus der zur Verfügung stehenden Zeit „herauszuholen". *Aber je gedrängter die Zeit ist, um so weniger Spaß macht sie – und das bedeutet, dass ihre Qualität eigentlich sinkt!* Zudem sind Kinder unberechenbare Wesen. Wie wollen Sie im voraus wissen, ob sie in der richtigen Verfassung für das sind, was Sie für die nächste halbe Stunde mit Ihnen vorhaben? Sie brauchen einfach Zeitreserven für die Stimmungsschwankungen der Kids, für unerwartete Verzögerungen (etwa wenn sie „eben noch mal" zur Toilette müssen), für unvorhergesehene Dinge bei Ihnen selber (damit Sie nicht Versprechen machen, die Sie dann nicht halten können) und für spontane Ideen (die oft zu der allerqualitätsvollsten Zeit führen).

Auch bei größeren Kindern hat die Qualitätszeit ihre Probleme. Das Wissen, dass Vater die Radtour zum Eisenbahnmuseum in seiner knappen Zeit bis ins Letzte vorgeplant hat, kann sie seelisch unter Druck setzen, schön brav mitzufahren, obwohl sie lieber den Nachmittag bei Freunden verbringen würden. Ein solcher Druck wird die Beziehung zu Papa sicher kaum enger machen.

Dabei sein ist zu Hause am wichtigsten. Der erfolgreichste Coca-Cola-Werbeslogan der 1990-er Jahre war das einfache Wort „always". Könnte es sein, dass Coca Cola etwas über Ihre Kinder weiß, das Sie nicht wissen? Sie brauchen Sie (ob nun körperlich oder geistig) *immer*. Nicht nur zum Geburtstag oder jeden zweiten Sonntag, sondern immer. Was sagt es ihnen über ihren Platz in Vaters Leben, wenn er sich nur

Sie brauchen den ständigen Kontakt, wenn Sie Ihre familiären Beziehungen gesund halten wollen.

in kleinen, vorgeplanten Portionen um sie kümmert? Wie würden wohl Ihre Mitarbeiter oder Kunden reagieren, wenn Sie nur einmal pro Monat Zeit für sie hätten und den Rest des Jahres zu beschäftigt wären? Und für einen Dreijährigen ist eine Woche so wie ein Jahr für einen Erwachsenen. Kurz: Sie brauchen den ständigen Kontakt, wenn Sie Ihre familiären Beziehungen gesund halten wollen.

Bekommen Ihre Kids Sie nur an den Höhe- und Krisenpunkten ihres Lebens zu Gesicht, z.B. bei der Abiturfeier oder wenn sie im Krankenhaus liegen? Diese Stunden sind wichtig, sehr sogar. Aber sie allein reichen nicht. Das Herz der Kindheitsjahre liegt dazwischen, in den vielen ganz „normalen" Tagen und Stunden, in den Hoffnungen und Ängsten, Kämpfen und Erfolgen, Stimmungen und Launen des Alltags. Wenn Sie diesen Alltag verpassen, verpassen Sie, wie Ihre Kinder aufwachsen.

Es ist ironisch, dass das „präsent sein" im Büro immer so betont wird, wo es doch zu Hause viel wichtiger ist. Lotte Bailyn von der Sloan School of Management am MIT hat es auf einen Nenner gebracht: „Quality time gehört ins Büro, quantity time gehört in die Familie."

Die kleinen Alltagswunder sehen. In unserer mediendominierten Welt bleibt es nicht aus, dass unser Bild vom Eltern-Sein von dem geprägt ist, was man in Kino und Fernsehen sieht. Aber die schönsten Augenblicke der Kindheit sind nicht die im Familienalbum; es ist der Augenblick, wo Ihr 18 Monate altes Kind friedlich in seinem Bettchen liegt und schläft; die Zehntelsekunde, wo Ihr Sohn seine Angst überwindet und beschließt, das Klettergerüst ganz hochzusteigen; oder der Moment, wo Ihre Tochter, die sich zum ersten Mal mit einem jungen Mann treffen will, impulsiv zurückrennt und Sie noch einmal umarmt.

Wir können die Schlüsselmomente in unserem Vaterleben nicht vorhersagen.

Wissen Sie noch, wie das war, als Sie Teenager waren und das Leben gar nicht erwarten konnten? Jetzt sind Sie mitten drin! John Lennon hat einmal gesagt: „Das Leben ist das, was passiert, während wir andere Pläne machen." Wir können sie nicht vorhersagen, die Schlüsselmomente in unserem

Vaterleben und die großen Transformationen bei unseren Kindern, aber wenn wir nicht nur ein bisschen „Qualitätszeit“, sondern *viel* Zeit mit den Kids verbringen, haben wir eine viel größere Chance, dabei zu sein.

Stete Wachsamkeit ist der Preis des Vaterseins. In der Originalversion von Thomas Jefferson ist es der Preis der Freiheit, aber der Satz gilt genauso für das Vatersein. Der Vater ist nun einmal nicht zuletzt Aufpasser und Beschützer, und das lässt sich nicht in ein paar vorgeplanten Stückchen „quality time“ erledigen, sondern nur im gelassenen Einerlei des Alltags, wo keiner Masken trägt oder auf die Uhr schielt.

Gelassen läuft's besser. Die bloße Menge der Zeit allein macht es natürlich noch nicht. Drei Stunden gemeinsam in den Fernseher starren ist ein schlechter Ersatz für eine Stunde zusammen spielen. Der Fernseher ist einer der größten Feinde des Karriere-Vaters, der sich mehr Zeit für seine Sprösslinge nehmen will.

Ein weiterer Feind ist hektische Geschäftigkeit. Manche Dinge muss man natürlich im voraus planen, aber wer ständig von einem Programmpunkt zum nächsten rast, wird am Ende nicht erfrischt, sondern erschöpft sein. Legen Sie Ihren inneren Manager beiseite, wenn Sie zu den Kids gehen; setzen Sie sich das Ziel, keine Ziele zu haben. Sie erinnern sich: Wenn es um das Vatersein geht, sind wir alle Amateure.

Legen Sie Ihren inneren Manager beiseite, wenn Sie zu den Kids gehen.

Auch Ihre Kinder selber können ein Stück von dieser Gelassenheit gebrauchen. Heute hat mancher Zehnjährige einen ähnlich vollen Terminplan wie seine Eltern: Schule, Hausaufgaben, Sportverein, Freunde besuchen und (so Sie das erlauben) ein anstrengendes TV-Programm. *Sie* fühlen sich am Ende eines total verplanten Tages müde und kaputt? Ihre Kinder noch mehr. Sie brauchen Zeit, in der sie „einfach so“ spielen können, ohne die Termine und Sorgen des Erwachsenenlebens. Wenn Sie ihnen helfen, ihren Freizeitstundenplan flexibel zu halten, helfen Sie auch sich selber, denn Sie werden mehr Gelegenheiten haben, mit ihnen zu spielen.

Nutzen Sie, zumindest hin und wieder, das Zusammensein mit den Junioren zum „Nichtstun". Lassen Sie sich treiben, ganz planlos. Konzentrieren Sie sich auf das zusammen *Sein* mit den Kids, nicht auf das zusammen *Tun*; das Tun wird schon von alleine kommen. Es ist merkwürdig, aber das Zusammensein mit Ihren (vor allem kleineren) Kindern kann Ihnen das Gefühl geben, auf einmal mehr Zeit zu haben und nicht weniger. Die Zeiterfahrung von Kindern ist so intensiv, dass das Betrachten der Welt durch ihre Brille Ihre Stunden gleichsam länger machen kann.

Ob Sie gemeinsam mit Ihrem Kind den Rasen mähen oder ihm Märchen vorlesen, Sie haben beide mehr davon, wenn Sie „im Augenblick leben". Die Kinder merken es sofort, wenn Sie Ihre Gedanken zu dem schwierigen Kunden oder der überfälligen Rechnung abschweifen lassen. Schließen Sie Ihre beruflichen Sorgen daher konsequent aus dem Familienabend aus; sie haben ihren Platz - aber nicht hier. Auf diese Art kann die gesamte Zeit, die Sie Ihren Junioren widmen, echte Qualitätszeit werden.

Zeitmanagement: Wie man besser leben kann

Die Frage, was Sie mit Ihrer freien Zeit machen, ist natürlich sinnlos, wenn Sie keine haben. Was Sie brauchen, ist eine dritte Art Zeitmanagement – nämlich der richtige Lebensplan.

Es gibt sie nicht, die große Patentlösung für alle, und es wird einiges an Denkarbeit brauchen, bis Sie Ihre persönlichen Prioritäten ermittelt haben.

Aber erwarten Sie im Ernst, dass ich Ihnen sagen kann, wie man richtig lebt? Die Antwort ist für jeden von uns anders, weil jeder von uns (und jede Familie) anders ist. Es gibt sie nicht, die große Patentlösung für alle, und es wird einiges an Denkarbeit brauchen, bis Sie Ihre persönlichen Prioritäten ermittelt haben. Aber was ich Ihnen sagen kann, sind ein paar der Eigenschaften, die Sie in Ihren persönlichen Lebensplan einbauen können und sollten.

Ihr Ziel ist es, genügend Zeit für Ihre Kinder, Ihre Frau und sich selber zu haben, ohne dadurch beruflich zurückzufallen. Ihre Kinder brauchen Sie so dringend wie die Vitamine in ihrem Essen. Sie brauchen auch die Erfahrung, wie Sie und Ihre Frau miteinander umgehen, was bedeutet, dass Sie mindestens einen Teil Ihrer Zeit in der gesamten Familienrunde verbringen müssen. Wenn Sie und Ihre Frau sich ständig „ablösen", also immer nur einer von Ihnen bei den Kids ist, leben Sie sozusagen getrennt unter einem Dach.

Wenn die Kinder abends im Bett sind, werden Sie sich wahrscheinlich nicht gleich in Ihre mitgebrachte Arbeit oder Ihre Bierdeckelsammlung stürzen. Ihre Frau braucht Sie, und Sie brauchen Ihre Frau. Sie haben ja beide ein Eigenleben (auch wenn es manchmal nicht sehr viel zu sein scheint); sie erleben beide jeden Tag neue Gedanken, Ereignisse, Hoffnungen und Frustrationen. Wenn das Paar drei Häuser weiter sich scheiden lässt, weil es sich „auseinander gelebt" hat, liegt das zum Teil daran, dass der eine Partner nicht mit den Veränderungen beim anderen Schritt gehalten hat.

Also: Pflegen Sie ihre Beziehung – nicht nur hin und wieder durch ein Wochenende zu zweit, sondern jeden Abend, wenn nötig während des gemeinsamen Geschirrspülens oder Zähneputzens. Gönnen Sie Ihrer Frau genügend Zeit, nicht nur das Neueste über die Kinder und das Haus zu erzählen, sondern auch die Themen zu berühren, über die Sie so gerne sprachen, als Sie sich ineinander verliebten.

Pflegen Sie Ihre Beziehung – nicht nur hin und wieder durch ein Wochenende.

Um ein guter Gesellschafter in Ihrer Familie zu sein, brauchen Sie auch etwas Zeit ganz für sich selber – um zu sich zu kommen, Freundschaften zu pflegen oder einen Ausgleichssport zu treiben. Vielleicht können Sie, anstatt mit der U-Bahn nach Hause zu fahren, nach Hause joggen, mit

Sie brauchen auch Zeit für sich selbst.

Ihrer Heimarbeit im Rucksack. Und nicht nur im Büro, sondern auch zu Hause müssen Sie hin und wieder mal Pause machen.

Pflegen Sie ein Hobby, wenn Ihnen das Spaß macht. Dies kann sogar eines sein, das Ihnen bei Ihrer Arbeit hilft – etwa dadurch, dass es Ihnen Übung in Teamarbeit gibt oder in gewissen Einstellungen und Fertigkeiten. Aber achten Sie darauf, dass Ihr Hobby nach Familie und Beruf erst an dritter Stelle kommt! Dieses Buch z.B. entstand in winzigen Zeitinseln im Flugzeug, während des Mittagsschlafs der Kinder und in der (immer kürzeren) Zeit nach ihrem Zubettgehen. Meine Regel lautete, niemals dann zu schreiben, wenn die Kinder wach waren oder ich noch Arbeit für das Büro zu erledigen hatte.

Wenn Sie sich darüber im Klaren sind, wie viel Zeit Sie mit wem verbringen wollen, besteht Ihr nächster Lebensplanungsschritt in einer realistischen Kosten-Nutzen-Rechnung über die verschiedenen Aktivitäten. Dies ist keine einfache Aufgabe. Was gewinnen und was verlieren Sie durch noch einen Camping-Trip mit den Kindern, durch noch einen Betriebsausflug oder durch den nächsten gemütlichen Abend mit Ihren Kumpeln? Ist die größere Effizienz, die Sie gewinnen, wenn Sie bereits vor dem Zubettgehen der Kleinen, wenn Sie noch frisch sind, an Ihren Schreibtisch gehen, die verlorenen Spiel- und Erzählstunden mit ihnen wert? (Solche Kosten-Nutzen-Analysen können recht kompliziert sein. Sie müssen jeweils die kurz- und die langfristigen Effekte abwägen. Und für Ihre Kollegen wie für Ihre Familie zählen nicht so sehr die einzelnen Posten, sondern das Muster, das sich aus ihnen ergibt.)

Nachdem Sie Kosten und Nutzen der verschiedenen Elemente analysiert haben, müssen Sie sie nach Ihren Prioritäten ordnen. Wenn Sie sich darüber klar geworden sind, was Ihnen wichtig ist, werden Sie das, was Stephen Covey in seinem Buch *Der Weg zum Wesentlichen* „die Lücke zwischen der Uhr und dem Kompass" genannt hat – also den Unterschied dazwischen, wie wir meinen, unsere Zeit verbringen zu müssen, und wie wir sie tatsächlich verbringen –, minimieren. Wenn Sie Ihre Prioritäten festgelegt haben, sind Sie startklar für Ihren Lebensplan.

Karriere-Vater: Mann mit einem Plan

Machen Sie einen Plan. Das meine ich wörtlich. Nehmen Sie Papier und Bleistift zur Hand (oder benutzen Sie unsere Website, www.businessdad.com). Zählen Sie zusammen, wie viel Zeit Sie wohl pro Woche für Ihre Kinder brauchen – nicht die festgelegte Routinezeit wie Zähneputzen, sondern die echte Freizeit, die Sie „einfach so" mit Ihnen zusammen sind. Zählen Sie als Zweites die Zeit zusammen, die Sie zur Verfügung haben. Wenn die beiden Zahlen sich nicht decken, arbeiten Sie so lange an ihnen, bis sie gleich sind. Wenn Sie den wirklich wichtigen Dingen Vorfahrt geben, werden die kleinen Dinge sich wie von selber ordnen.

Befolgen Sie den Plan. Wenn Sie sich für einen Lebensplan entschieden haben, muss es eine Ihrer ersten Prioritäten sein, ihn zu befolgen. Nur so können Sie verhindern, dass das scheinbar Dringende Sie von dem, was wirklich wichtig ist, ablenkt. Im Eifer des Gefechts mögen Sie manchmal meinen, „keine Zeit" für Ihre Lieben zu haben, aber das bedeutet schlicht, dass sie (im Augenblick jedenfalls) keine hohe Priorität haben. Wenn der „schwierige Monat" in der Firma zum Jahr werden will, ist es Zeit, das Leben, das Sie leben, mit dem, das Sie geplant hatten, zu vergleichen. J.M. Barrie, der Autor von *Peter Pan*, schrieb: „Das Leben jedes Menschen ist ein Tagebuch, in welches er eine Geschichte schreiben wollte und dann eine ganz andere schreibt; und seine demütigste Stunde ist die, in der er das Buch, wie es geworden ist, mit dem vergleicht, was er vorhatte."

Wenn Ihre Prioritäten sich ändern, müssen Sie auch Ihren Lebensplan ändern. Die Prüfung, ob Sie wirklich das Leben leben, das Sie wollen, ist nicht etwas, das Sie alle zehn Jahre machen sollten; dafür haben Sie nicht genug Jahrzehnte. Gönnen Sie sich alle paar Monate eine ruhige Stunde, ohne Arbeit und Familie, in der Sie Uhr und Kompass vergleichen: Vergeude ich vielleicht aus lauter

Wenn Ihre Prioritäten sich ändern, müssen Sie auch Ihren Lebensplan ändern.

Gewohnheit Zeit für Dinge, die keinen wirklichen Wert mehr für mich haben?

Benutzen Sie den Papierkorb. *Ein Karriere-Vater ohne Prioritäten ist wie ein Unternehmen ohne klare Geschäftsstrategie.* Gute Unternehmer sind deswegen so effizient, weil die knappen Ressourcen sie zu dem zwingen, was der frühere Lotus-Chef Mitch Kapor „entschlossene Konzentration angesichts unüberwindbarer Gelegenheiten" genannt hat. Wer *alles* versucht, schafft gar nichts. Aber nehmen Sie die paar Dinge, die wirklich zählen, und lassen Sie alles andere aus, und Sie werden Erfolg haben.

Nehmen Sie die paar Dinge, die wirklich zählen, und lassen Sie alles andere aus, und Sie werden Erfolg haben.

Was bedeutet das ganz praktisch? Z.B. Freundschaften aufgeben, die eingeschlafen sind, mehr Rezensionen und weniger Bücher lesen, Hobbys auf das Nötige reduzieren – und all das so lange, wie Ihre Kids Sie brauchen. Wie Bill P. aus San Francisco, der 1997 so mit seiner neuen Firma und seiner Tochter beschäftigt war, dass er keinen einzigen Trip mit seinem geliebten Motorboot machte.

Schaffen Sie sich Zeit-Inseln. Legen Sie für die Dinge, die in Ihrem Leben hohe Priorität haben, Zeitinseln an. Ihre Arbeit beansprucht bereits die Hälfte Ihres täglichen Zeitbudgets. Bauen Sie regelmäßige „Termine" mit Ihrer Frau und Ihren Kindern ein. Das ist die Grundidee hinter dem jüdisch-christlichen Sabbat bzw. Sonntag: jede Woche ein freier Tag, an dem Arbeit und Alltagssorgen Tabu sind und der dem Gottesdienst, der Kontemplation und der Familie gewidmet ist. Aber Sie brauchen gar nicht religiös zu sein, um Ihrer Woche den „Schutzraum" des Samstagabends mit Ihrer Frau, des Sonntags-Brunchs mit den Kindern oder anderer fester Zeitinseln zu geben.

Legen Sie für die Dinge, die in Ihrem Leben hohe Priorität haben, Zeitinseln an.

Ted F., Verkaufsleiter einer jungen Software-Firma in Ohio, arbeitet pro Woche 70 bis 80 Stunden und hat trotzdem eine gesunde

Beziehung zu seiner Frau und seinem dreijährigen Sohn Austin. Wie er das macht? Indem er, wann immer möglich, einen festen Wochenstundenplan einhält. Austin weiß, dass Papa jeweils Dienstag- und Donnerstag abends in der Firma oder geschäftlich unterwegs ist, aber mittwochs und freitags kommt er zum Abendessen nach Hause. Den Großteil des Samstags sitzt Ted zu Hause an seinem Schreibtisch und erledigt die Arbeit, für die die anderen Wochentage zu hektisch sind. Sonntags arbeitet er möglichst nicht, und montags ist der „Männerabend", an dem Ted mit Austin loszieht, damit seine Frau einmal für sich sein kann. Wenn Ted den Männerabend einmal ausfallen lassen muss, erklärt er Austin genau, warum, und holt ihn später in der Woche nach. Austin findet, dass auf seinen Papa Verlass ist.

Vergessen Sie nicht das Alarmsystem. Sie brauchen ein Alarmsystem, das Ihnen signalisiert, wenn Sie sich zu weit von Ihren Prioritäten entfernen. Was zählt, ist nicht nur, wie viel Zeit Sie in der Firma oder zu Hause verbringen, sondern auch, *wie* Sie sie verbringen und ob Sie Ihren Lieben (und Kunden) das geben, was sie gerade brauchen.

Sie brauchen ein Alarmsystem, das Ihnen signalisiert, wenn Sie sich zu weit von Ihren Prioritäten entfernen.

Ich persönlich muss ständig um die richtige Balance kämpfen. Ich kann das nur schaffen, indem ich mich auf den Tag konzentriere, der gerade vor mir liegt. Denn das Verhältnis zwischen Arbeit und Familie, es kann sich täglich ändern, je nachdem, was wo geschieht, wer in welcher Verfassung ist und wie ich mich in der letzten Zeit geschlagen habe. Es lohnt sich, mindestens einmal im Monat eine gründliche Bilanz zu ziehen – entweder allein oder zusammen mit Ihrer Frau.

*****

Wenn Sie merken, dass Ihr Lebensplan nicht funktionieren will, müssen Sie ihn ändern. Das kann eine kleine Änderung sein (z.B. morgens 15 Minuten früher aufstehen) oder eine große (z.B. dass Sie sich eine andere Arbeit suchen).

Mit etwas Glück und Geschick können Sie Ihren Job ändern, ohne ihn aufgeben zu müssen. Noch besser ist es natürlich, wenn Sie bereits, *bevor* Sie einen Job annehmen, gründlich prüfen, was für eine Philosophie in der Firma herrscht. Frisch gebackene Diplombetriebswirte befolgen diese Strategie immer häufiger und lehnen z.B. Anstellungen bei den großen amerikanischen Unternehmensberatungsfirmen trotz hoher Einstiegsgehälter ab, weil sie nicht pausenlos unterwegs sein wollen. Die Skepsis ist verständlich. Unternehmensberater Laudicina berichtete dem Magazin *Fortune*, dass er mit seinem siebzehnjährigen Sohn mehr per E-Mail als persönlich verkehrt ...

Manchmal können Sie große Mengen Familienzeit freischaufeln, indem Sie nicht die *Art* Ihrer Arbeit ändern, sondern schlicht den *Ort*. Seit Tom L. sich selbständig gemacht hat, liegt sein Büro nur noch ein paar Minuten von seinem Haus entfernt, sodass er viel mehr Zeit für seine 13 und 15 Jahre alten Sprösslinge hat. Er kann sogar 30 % seiner Zeit in das New Yorker Büro einer Selbsthilfe-Organisation für Männer investieren – eine Arbeit, die ihn zu einem besseren Vater gemacht hat, denn Tom schätzt, dass über 75 % der Probleme der Männer, von Alkohol bis zu seelischen Störungen, direkte Folgen gestörter Beziehungen zu ihren Vätern sind.

Unterwegs

Rick J., ein sehr erfolgreicher Manager, hat spät geheiratet und ist Vater von vier Kindern. „Ich habe Mathematik studiert“, berichtet er, „und jawohl: Das Leben wird exponentiell schwerer, je mehr Kinder man hat.“ Vor allem für seine Frau, denn Rick ist mindestens drei Tage pro Woche unterwegs. Ständig sind die Headhunter hinter ihm her. „Meine Frau sagt, ich suche nur einen Job, bei dem ich viel reisen kann, und wahrscheinlich hat sie sogar Recht.“

Geschäftsreisen, sie haben ihren heimlichen Charme. Wenn ich es mir in meinem Business Class-Sessel in der Maschine nach Kalifornien bequem mache, spüre ich eine gewisse stille Vorfreude: Die nächsten fünf Stunden kann ich so verbringen, wie ich will; niemand wird mich unterbrechen, wenn ich arbeite. Das Telefon wird nicht klingeln, die Kinder werden nicht quengeln, und kurz vor der Landung wird es wieder diese frisch gebackenen Plätzchen geben; werde ich *eines* nehmen oder gleich zwei? Die süße Qual der Wahl ...

Jawohl: Karriere-Väter und -Mütter, sie kennen sie gut, die halb schuldbewussten Freuden des Vielfliegens. Doch wenn wir gar zu viel fliegen, wird die Schuld stärker als die Freude. Effektenbanker David W. aus New York: „Beim Elternabend sagen mir die Lehrer immer: ‚Ihr Sohn hat uns erzählt, was Sie so machen und wie viel Sie reisen.' Und dann gucken sie mich immer so an."

Warum ist unser vieles Reisen so eine Zumutung für unsere Kinder, vor allem die Kleineren? Weil sie so hilflos ohne die Erwachsenen sind, weil sie uns nicht festhalten können und weil sie nie genau wissen, ob wir wiederkommen werden. In jeder Beziehung ist es leichter, selber zu gehen, als den anderen gehen zu lassen. Was haben Sie lieber: Kündigen oder gekündigt werden? Das Kleinkind erlebt gewissermaßen jeden Morgen eine Kündigung, und wenn Papa seine Koffer packt, sieht die Kündigung ziemlich endgültig aus.

Es hilft, wenn Ihre Kinder begreifen, dass Sie ja jedes Mal wiederkommen. Und doch: Je mehr Sie unterwegs sind, um so länger dauert es, bis die Kinder das Verlassenheitsgefühl verlieren. Reisen strapaziert auch Ihre Zeit zu Hause *und* die im Büro, es bedeutet meist Stress für Ihre Frau, die ja solange allein für die unglücklichen Kids da sein muss, und wenn Sie zu viel reisen, bekommen Sie Ihre Sprösslinge so selten zu Gesicht, dass Sie ihre Entwicklung gar nicht mehr richtig wahrnehmen.

Aber sie lassen sich nun einmal nicht vermeiden, die Geschäftsreisen. Manchmal werden wir einfach vor Ort gebraucht. Die Lösung liegt im richtigen *Management* unserer Reisen. Zum Glück hat man im Flugzeug viel Zeit zum Nachdenken, und ich bin genügend Meilen geflogen (über eine Million), um mir ein paar Gedanken zum Thema „Geschäftsreisen" zu machen.

Die Lösung liegt im richtigen *Management* unserer Reisen.

Für viel fliegende Väter

Vermeiden Sie Reisen, die nicht nötig sind. 1998 erschien in einer Sonderausgabe des *New York Times Magazine* die folgende Beschreibung der Szene in der First-Class-Lounge am Chicagoer O'Hare-Airport:

> *„Es gibt Sushi zum Lunch, und man sieht nur zwei Reisende. Der eine liegt auf dem Fußboden, Beine in der Luft, und macht sein Yoga. Der andere ist ein griesgrämig dreinblickender Mann mittleren Alters, der stumm an seinem Rotwein nippt und sichtlich versucht, nicht zu explodieren. Er heißt Tom Stiffler, ist Top-Manager in einer Autofirma, will nach Deutschland fliegen und hat die Nase voll. Er ist heute schon von St. Louis nach Chicago geflogen. Eigentlich wollte er über Atlanta nach Stuttgart fliegen, aber der Flug fiel aus, und jetzt wird er, so nichts dazwischen kommt, um 6 Uhr am nächsten Morgen in Frankfurt sein, wo er sofort in einen Mietwagen springen wird, um über die Autobahn zu einer Besprechung zu düsen, bei der er eigentlich gar nicht gebraucht wird. Stiffler: ‚Ich fliege da bloß hin, weil es die glücklich macht, wenn jemand da ist, den sie anfassen können. Aber wenn einer mich einmal pro Woche sehen muss, braucht er nicht mich, sondern 'nen Babysitter.'*
>
> *Ich frage ihn, ob er gerne reist. Er lacht schallend: ‚Oh, nein. Früher schon, aber jetzt ist es mir nur noch lästig. Wenn Sie so viel gereist sind wie ich, dann mögen Sie nicht mehr.'*
>
> *Stiffler schätzt, dass er drei Jahre seines Lebens in Flugzeugen, Flughäfen und mit den entsprechenden An- und Abreisen verbracht hat. ‚In einer normalen Woche bin ich an drei Abenden zu Hause. Meine Söhne, die beide studieren, sagen glatt: ‚So wie Vater werden wir das nicht machen', und ich kann ihnen nicht böse sein. Aber so ist das halt, wenn Sie in eine internationale Firma gehen."*

Muss das wirklich so sein? Ich glaube, es gibt einen anderen Weg, und er besteht darin, dass Sie eisern selber darüber bestimmen (wieder das Wort „bestimmen"!), wann und wie oft Sie reisen, und das Reisen auf ein absolutes Minimum beschränken. Wenn Sie ihr Reiseprogramm so in den Griff bekommen haben, können Sie Ihrer Familie (und sich selber) auch plausibel machen, dass Sie *diesen* Trip aber wirklich machen müssen ...

Versuchen Sie, ohne Übernachtungen auszukommen, auch wenn dies bedeutet, dass Sie erst spät abends nach Hause kommen. Es tut den Kindern gut, wenn sie wissen, dass Sie da sein werden, wenn sie aufwachen. Wo möglich, benutzen Sie Telefon, Fax, Videokonferenz & Co., um Reisen überflüssig zu machen; zu etwas müssen diese Erfindungen doch gut sein! Erzählen Ihre Kids ihren Freunden, dass ihr Papa im Flugzeug arbeitet? Muss-Reisen gehören zum Leben; Reisen aus Prinzip ist eine Schande.

Muss-Reisen gehören zum Leben; Reisen aus Prinzip ist eine Schande.

Rocco Maggiotto von Pricewaterhouse-Coopers erzählte 1998 in einem *Forbes*-Interview, wie er seine Geschäftsreisen kurz hält:

> *„Eine Methode, die Kids öfter zu sehen, sind Tagestrips nach Europa. Ich fliege morgens um sieben von New York los, schlafe im Flugzeug, arbeite den ganzen Tag in London und fliege abends um sieben wieder zurück. Ich werde nie ein Tourist in einer fremden Stadt sein. Ich bin schon freitagabends von Europa nach Amerika geflogen, um das Wochenende bei meiner Familie zu verbringen, und am Sonntagabend zurück nach Europa geflogen. Die Investition lohnt sich."*

Tschüs! Wenn Sie denn wirklich verreisen müssen, verabschieden Sie sich wenigstens richtig. Versuchen Sie nie, sich vor einem tränenreichen Abschied zu drücken, indem Sie aus dem Haus schleichen, ohne auf Wiedersehen zu sagen. Wenn die Kinder erst einmal damit rechnen, dass Sie weggehen, ohne dass sie das wissen, fühlen sie sich auch dann nicht mehr sicher, wenn Sie zu Hause sind, und

Kinder brauchen den Abschied.

prüfen dauernd, ob Sie noch da sind. Ich musste lernen, dass Benjamin mir auf jeden Fall auf Wiedersehen sagen will, und wenn ich ihn dazu morgens um halb sechs wecken muss.

Achten Sie darauf, dass die Kinder Ihr Adieu erwidern. Bei kleinen Kindern kann ein kurzes Abschiedsritual hilfreich sein, z.B. eine besonders feste Umarmung oder ein Lieblingsspielzeug, das Sie sich von ihnen ausleihen. Wenn sie Ihr Gehen richtig registrieren, lernen sie schneller, dass Sie ja auch wiederkommen.

Ehrlich währt am längsten. Dramatisieren Sie Ihren Abschied nicht. Sagen Sie den Kleinen, dass Sie sie vermissen, aber verbreiten Sie keine Weltuntergangsstimmung, denn die Kinder werden diese Stimmung übernehmen. Spielen Sie die Reise aber auch nicht herunter. Die Gefühle Ihrer Kids gehen nicht weg, wenn Sie sie ignorieren, sondern werden eher schlimmer. Seien Sie direkt und sachlich. Behandeln Sie jeden Trip als ein unangenehmes Zwischenspiel, das bald vorüber sein wird, und die Kleinen werden es überleben.

Bleiben Sie auf dem Radarschirm. Die Kinder werden eher mit Ihrer Abwesenheit fertig, wenn sie wissen, *wo* Sie sind, *warum* Sie dort sind und *wann* Sie wiederkommen. Erklären Sie es ihnen, bevor sie gehen; benutzen Sie dabei für das „Wo" einen Atlas oder das Internet, für das „Warum" einfache Geschichten und für das „Wann" kindgerechte Zeiteinheiten (also nicht: „zwei Tage", sondern: „zwei Abendessen"). Wenn Sie dann unterwegs sind, geben Sie den Junioren ein tägliches Update – eisern. Wenn die Zeitzonen es erfordern, unterbreche ich sogar ein Geschäftsdinner, um jeden Abend mit meiner Familie zu sprechen, wenn auch nur kurz.

Ein am Telefon gesungenes Schlaflied ist kein Ersatz für Papa selber, aber es zeigt den Kids, dass Sie noch da sind. Je mehr Sie die Anrufe als richtige Gespräche gestalten können, um so besser. Fragen Sie z.B. zuerst Ihre Frau, was für einen Tag die Kinder gehabt haben, und dann zeigen Sie ihnen, dass Sie das wissen und dass es Ihnen wichtig ist. Photokopieren Sie Lieblingsgeschichten aus dem Märchenbuch und lesen Sie sie den Kleinen am Telefon vor. Erzählen Sie ihnen, was Sie so gemacht haben an diesem Tag. Je nachdem, wie Ihre technischen Möglichkeiten sind, können Sie sie auch über von Ihnen besprochene Kassetten, Faxe, E-Mail oder schlicht per Post erreichen. Kreativität ist das beste Mittel gegen 08/15-Anrufe vom Typ „Komme noch nicht wieder, alles Gute, Papa."

Packen Sie die Schaufel ein. Gönnen Sie sich ein paar Ruhepausen, aber vergessen Sie darüber nicht Ihr Büro. Post, E-Mail und Voicemail hören ja nicht auf, bloß weil wir nicht da sind, und nur manchmal haben wir das Glück, dass sie Schnee von gestern sind, wenn wir zurückkommen. Meist wächst und wächst der Berg, um dann, wenn wir wieder da sind, als Lawine über uns niederzugehen. Da gibt's nur eines: das Zeug wegschaufeln, während wir noch unterwegs sind.

Packen Sie also Ihre Schaufel ein. Nehmen Sie unerledigte Arbeit mit auf den Trip und lassen Sie sich, wenn die Reise länger dauert, neue nachschicken. Hören Sie mehrmals am Tag in Ihre Voicemail hinein und beantworten Sie sie am besten schon unterwegs. Vielleicht nehmen Sie auch Ihren Laptop mit oder finden andere Möglichkeiten des Internet-Zugriffs, um Ihre E-Mail zu lesen und zu beantworten. Wenn Ihre Kinder schon selber E-Mail haben, können Sie ihnen auf diesem Wege zeigen, dass Sie sie nicht vergessen haben.

Nehmen Sie unerledigte Arbeit mit auf den Trip und lassen Sie sich, wenn die Reise länger dauert, neue nachschicken.

Hurra, ich bin wieder da! Seien Sie nicht überrascht, wenn Sie nach einer längeren Abwesenheit die kalte Schulter gezeigt kriegen. Kinder macht es echt wütend, wenn Vater sie allein lässt, und in manchen Altersstufen mögen sie auch nicht zugeben, dass sie ihn vermisst haben. Aber es ist mehr als okay, wenn *Sie* zugeben, dass *Sie* sie vermisst haben. Warten Sie nicht, bis sie auftauen; umarmen Sie sie, küssen Sie sie (wenn die Kids Sie lassen), aber vor allen Dingen *beachten* Sie sie. Vielleicht machen Sie sogar ein paar Pläne mit ihnen, wie Sie Ihre Rückkehr gebührend feiern können.

Gehen Sie auf Ihre Kinder zu, wenn Sie zurückkommen.

Hüten Sie sich jedoch vor der großen Doppelversuchung jedes Reisevaters. Erstens: Bringen Sie den Kindern nicht immer Geschenke mit. Hin und wieder ist in Ordnung, aber wenn es zur Gewohnheit wird, schmeckt das nach Bestechung, verwechselt Liebe mit Geschenken und gibt den Junioren lauter falsche Motive, sich auf Ihre Rückkehr zu freuen. Und zweitens: Versuchen Sie nicht, Ihre Abwesenheit durch Laschheit in Sachen Disziplin „wiedergutzumachen". Wenn Vater nach einer Geschäftsreise alles durchgehen lässt, kommen die Junioren womöglich zu dem Ergebnis, dass seine Reisen und seine Disziplinmaßnahmen willkürlich sind. Die Reisen, weil er sonst nicht so ein schlechtes Gewissen wegen ihnen hätte, und die Disziplinmaßnahmen, weil er sie sonst nicht wie einen Lichtschalter an- und ausknipsen würde. Möchten Sie, dass Ihre Kinder so von Ihnen denken?

Ihre Frau führt kein Hotel. Seien Sie sich darüber im Klaren, dass Ihre Frau während Ihrer Reise die Stellung alleine gehalten hat und eine Pause gebrauchen kann. Krempeln Sie die Ärmel hoch und helfen Sie ihr, und Sie werden sich bald wieder zu Hause fühlen. (Sie sind müde von der Reise? Warten Sie ab, Ihre Kinder bringen Sie wieder auf Trab!)

Warum nicht mitnehmen? Wenn Ihre Kinder begreifen sollen, dass Vater sich nicht in Luft auflöst, müssen sie ein wenig über das Reisen wissen. Je mehr Sie sie in die Welt des Reisens einführen, um so beruhigter werden sie sein, wenn Sie zu Ihren Solo-Trips aufbrechen. Beginnen Sie mit Familienausflügen. Wenn die Kinder groß genug sind, können Sie sie vielleicht sogar auf die eine oder andere Geschäftsreise mitnehmen. Sorgen Sie dann dafür, dass sie beschäftigt sind, während Sie in Ihren Besprechungen sitzen, aber nehmen Sie sich auch Zeit für eine gemeinsame Mahlzeit und wenigstens die eine oder andere Unternehmung. Und wenn Ihr Geschäftstermin auf einen Freitag oder Montag fällt, warum nicht das Wochenende dazunehmen, als kleinen Familienurlaub?

Wenn Ihre Kinder begreifen sollen, dass Vater sich nicht in Luft auflöst, müssen sie ein wenig über das Reisen wissen.

US-Milliardär Phil Anschutz ist nicht nur seit 30 Jahren mit derselben Frau verheiratet, sondern versteht sich auch bestens mit seinen drei Kindern. Dies liegt zum Teil daran, dass er immer seine ganze Familie nachkommen ließ, wenn er eine längere Geschäftsreise machte. Auch wenn wir keine Milliardäre sind – Anschutz' Strategie ist nachahmenswert.

Papas wunderbare Arbeitswelt

Ein paar Wochen, nachdem Beth B. in meine Firma eingetreten war, fragte ich sie, wie sie ihren Job fand. Gut, sagte sie, nur ihre fünfjährige Tochter war etwas geknickt. Warum? Weil sie noch nie in Beths Büro gewesen war und sich daher nicht vorstellen konnte, wo ihre Mutter jeden Werktag hinging. „Mama", sagte sie, „wenn du arbeiten gehst, weiß ich ja gar nicht, wo du bist." In der folgenden Woche konnte Beth sie mitbringen, und siehe da, bald war die Welt wieder in Ordnung für die Kleine.

Geschäftsleute sollten dafür sorgen, dass ihre Kinder wissen, was sie den ganzen Tag so machen (und wo sie dabei sind), und dies aus folgenden Gründen:

- Kinder erleben die Welt auf eine sehr konkrete, körperliche Art. Oft können sie etwas erst dann verstehen, wenn sie es gesehen haben.
- Ihre Arbeit ist ein Teil Ihres Lebens. Ihr Beruf und die Art, wie Sie ihn ausüben, sagt etwas über Sie aus. Je besser Ihre Kinder Ihre Arbeit verstehen, um so besser kennen sie Sie.
- Je besser die Junioren begreifen, was Ihr Beruf von Ihnen verlangt, um so weniger werden sie knurren, wenn Sie einmal nicht da oder zu beschäftigt sind.
- Es kann ihnen nur gut tun, zu erleben, was für ein Beispiel Sie ihnen in Sachen Fleiß, Engagement und sinnvoller Beschäftigung geben.

- Die Medien sind voll von wirtschaftsfeindlichen Klischees; die meisten Autoren und Künstler betrachten den „schnöden Mammon“ mit Unverständnis, Angst oder Verachtung. Wussten Sie schon, dass in den Fernsehkrimis die Bevölkerungsgruppe mit den meisten Mördern die Geschäftsleute sind? Da kann ein bisschen Gegensteuern nicht schaden, damit die Opposition der Kids gegen Sie nicht über das pubertäre Minimum hinausgeht.
- Wenn Ihr Nachwuchs nicht die Lust oder das Zeug zum Schriftsteller, Künstler, Musiker oder Sportler hat, ist die Wirtschaft nicht die schlechteste Wahl. Ein wirklich guter Geschäftsmann kann die Welt *immer* ein Stückchen besser machen.
- Wenn Sie Ihren Job verlieren oder aufgeben, werden die Kids weniger schockiert sein, wenn sie wissen, wie es in der Wirtschaft zugeht, und dass ihr Vater nicht in dem Maße durch seinen Arbeitsplatz definiert ist wie ein Polizist oder Feuerwehrmann und dass es mehr als einen richtigen Job für ihn gibt.

Gut für Sie, wenn Sie Ihre Arbeit echt lieben. Aber auch, wenn dies nicht der Fall ist – schimpfen Sie nie vor Ihren Kindern über den „Scheißjob“. Zeigen Sie ihnen, dass Ihre Arbeit Ihnen Geld *und* ein Stück Lebenserfüllung gibt. Aber fallen Sie auch nicht auf der anderen Seite vom Pferd, so dass die Kinder den Eindruck bekommen, dass Sie Ihre Arbeit mehr lieben als sie. Sagen Sie z.B.: „Am liebsten wäre ich immer bei euch, aber ich muss auch Geld verdienen, und da freue ich mich, dass ich eine Arbeit habe, die ich gern mache.“ Tun Sie nicht so, als sei Ihre Arbeit ein einziges Zuckerschlecken. Teilen Sie (auf eine Art, die ihnen nicht Angst macht) Ihren Frust und Ihre Sorgen mit den Kids, so dass sie ein realistisches Bild vom Geschäftsleben bekommen, begreifen, dass sie nicht die einzigen Menschen mit Problemen sind, und an Ihrem Beispiel lernen, wie man mit Schwierigkeiten umgeht.

Eine gute Art, Ihre Kinder an Ihrem beruflichen Leben zu beteiligen ist, sie gelegentlich mit ins Büro zu nehmen.

Es gibt hundert Arten, Ihre Kinder an Ihrem beruflichen Leben zu beteiligen. Die offensichtlichste ist, sie hin und wieder mit ins Büro zu nehmen; die Größeren können vielleicht sogar einmal bei einer Routine-Besprechung dabei sein. Für die Kleineren wird Ihr Büro so faszinierend sein wie Disneyland, voll von geheimnisvollen Spielzeugen wie Lochern und Klammergeräten. Nehmen Sie sie am besten einzeln mit, dann haben Sie die Sache mehr im Griff. Lassen Sie die Kids im Büro „helfen", so dass sie sich nützlich vorkommen und vielleicht den Wunsch entwickeln, eines Tages auch so etwas wie Papa zu werden. Rob G. aus Baltimore hat direkt neben seinem Büro ein Besprechungszimmer. Wenn seine achtjährige Tochter ihn besucht, setzt er sie dort hinein und schreibt ihren Namen auf das Türschild, als ob der Raum ihr „Büro" wäre.

Bereiten Sie die Sprösslinge sorgfältig auf ihre Bürobesuche vor. Sie wollen schließlich nicht, dass sie ganz laut fragen, wer die komische Frau dort hinten in der Ecke ist ...

Anstatt die Kinder mit ins Büro zu nehmen, können Sie ihnen auch das Büro nach Hause bringen - durch Werbevideos, Broschüren, Bilder oder sonst etwas, das ihnen zeigt, was Sie so machen. Oder Sie nehmen eines ihrer Stofftiere mit und lassen es ihnen am Abend erzählen, was es im Büro erlebt hat. Und im Zeitalter des „elektronischen Büros" können Sie sie vielleicht (aber ganz still, bitte) das dienstliche Gespräch mithören lassen, das Sie gerade am Autotelefon führen.

Matthew Sulik, Generaldirektor des Softwareunternehmens Red Hat, nahm, bevor er seinen Vertrag unterschrieb, seinen neunjährigen Sohn Brendan zu einem Besuch beim Hauptgeschäftsführer mit; er wollte Brendans Zustimmung zu dem Jobwechsel. Und Nicholas Graham von Joe Boxer ließ sich von seinem achtjährigen Sohn helfen, ein Paar Boxershorts mit einer Rakete in den Weltraum zu schießen.

Zurück ins Büro

Wie sehr Sie auch versuchen, die richtige Balance zu finden, wie energisch Sie für Ihre Familie eintreten, was für ein geschickter „Zeitarchitekt" Sie auch werden, Sie werden den Konflikt zwischen Firma und Familie nie ganz eliminieren können. Aber Sie können verhindern, dass er ein Nullsummenspiel wird. *Je mehr Sie Ihre Fertigkeiten als Vater trainieren, um so besser werden Sie in Ihrem Berufsleben sein.*

Je mehr Sie Ihre Fertigkeiten als Vater trainieren, um so besser werden Sie in Ihrem Berufsleben sein.

Warum sind erfolgreiche Väter so oft auch erfolgreich im Geschäft? Warum berichtet Stephen Covey, dass er seine „sieben Wege zur Effektivität" zu Hause gelernt hatte, bevor er erkannte, dass man sie auch im Beruf anwenden kann? Weil Vatersein ähnlich ist wie eine Firma führen – nur schwieriger. Der „Beruf" des Vaters, er erinnert mich ein wenig an den Song *New York, New York:* Wer *das* schafft, der schafft alles – auch das Büro.

Die Schlüsselfertigkeiten, die ich im zweiten Kapitel erwähnt habe, können, wenn sie sich im Härtetest der Familie bewährt haben, Sie auch in der anderen Hälfte Ihres Lebens, wo die vielen Schreibtische stehen, stärker machen. Hier eine Auswahl.

Training on-the-job

Einfühlungsvermögen. Alte Soldaten sterben nicht, sagte General MacArthur, sie lösen sich auf. Genau das geschah in den 1990-er Jahren mit den alten „dirigistischen" Hierarchien, die die Wirtschaftsszene beherrschten. Heute erwartet man von guten Managern engmaschiges Teamwork, intelligente Zusammenarbeit mit anderen Gruppen im Unternehmen und Strategien gegenüber anderen Firmen, bei denen jeder etwas gewinnt. Zu wissen, was dem Kunden oder den Kollegen gut tut, ist ein zentrales strategisches Plus. In der New Economy gilt „der Einfühlsame“ nicht mehr als Schwächling, sondern als smarter Player. Die Sensibilität, die Sie im Umgang mit Ihren Kindern entwickelt haben, wird Ihnen auf Ihrer Reise durch die Wirtschaftswelt ähnlich hilfreich sein wie das Echolot der Fledermäuse, die durch den dunklen Sommernachthimmel fliegen.

Kreativität. In unserer so schnelllebigen Geschäftswelt, wo an jeder Ecke Probleme lauern, ist spontanes, innovatives Denken eine unverzichtbare Angriffs- und Verteidigungswaffe. Ständig müssen Sie Annahmen hinterfragen, neue Trends erkennen und neue Wege finden, wie Sie der Konkurrenz eine Länge voraus sein können. Hier sind Ihre Kinder gleichsam die Bleistiftspitzer Ihrer Kreativität; sie helfen Ihnen, mit dem Kind (und damit der Spontanität) in Ihnen in Verbindung zu bleiben. Je mehr Zeit Sie sich für die Junioren nehmen, um so stärker wird dieser Effekt sein. Dies ist die *einzige* Art, auf die Ihr „inneres Kind“ Ihnen bei Ihrer Arbeit helfen kann.

Ihre Kinder sind gleichsam die Bleistiftspitzer Ihrer Kreativität.

Albert Schweitzer traf den Nagel auf den Kopf, als er schrieb: „Die Tragödie des Lebens ist das, was in einem Menschen stirbt, während er noch am Leben ist.“ Die Kreativität und das Staunen, die wir als Kinder hatten, müssen überleben, wenn wir als Erwachsene wirklich lebendig sein wollen. Nur zu oft lassen wir sie verkümmern, aber unsere eigenen Kinder können uns helfen, sie gesund zu halten.

Krisenmanagement. Vor kurzem ging eine der Firmen, die ich betreue, durch eine ziemliche Krise, und es war klar, dass etwas geschehen musste. Der Umsatz stagnierte, die Mitarbeiter bekriegten sich gegenseitig, und fast jeder der höheren Angestellten war dabei, sich anderswo zu bewerben. Die Firma stand kurz vor der Implosion. Rasches Handeln war angesagt. Und gesagt, getan: Zwei Tage später hatten wir eine Krisensitzung in der Firmenzentrale.

Wir trafen ein paar harte Entscheidungen (ein hohes Tier musste gehen) und beriefen danach eine Betriebsversammlung ein. So weit, so gut. Dann begann einer meiner Mitdirektoren (er war kinderlos) die Ansprache – und ruinierte um ein Haar alles. Er begann, die Wahrheit schönzureden und redete nur über das Positive und wie rosig die Zukunft der Firma doch eigentlich aussah. Ich sah, wie die Anwesenden unruhig wurden und sich fragten, was die ganze Versammlung sollte. Jeder wusste doch, dass die Firma in der Krise steckte - aber wo war die Krise in dieser Rede?

Ich merkte, dass hier etwas fehlte. Aber was? Ich dachte an vergangene Krisen zurück, vor allem in meiner Familie, und dann wurde es mir klar: Nur schonungslose Ehrlichkeit konnte das Vertrauen dieser Angestellten wiedergewinnen, und ohne dieses Vertrauen war an eine Hebung der Moral und Produktivität nicht zu denken. „Schauen Sie her", meldete ich mich, „seien wir doch ehrlich: Diese Firma mag mehr Potenzial haben als je zuvor, aber ihre Probleme sind noch schneller gewachsen. Wir haben Management-Probleme und, schlimmer noch, menschliche Probleme. Das ist doch kein Geheimnis." Die Köpfe begannen zu nicken. „Dieser Vorstand ist nicht deswegen binnen zwei Tagen zusammengetreten, um Ihnen zu sagen, wie toll Sie sind, sondern weil wir eine Krise haben – eine Krise, die diese Firma kaputt machen wird, wenn wir sie nicht lösen. Und genau das haben wir vor, und wir werden Ihnen gleich sagen, wie wir das machen werden – aber wir brauchen Ihre Mithilfe." Von diesem Augenblick an entspannte sich die Atmosphäre, und wir hatten schließlich den Eindruck, dass die Firma wieder auf Kurs war. (Sie ist es bis heute geblieben.) Es war mit meine Erfahrung als Vater, die damals die Situation rettete.

In der Familie geübtes Krisenmanagement ist auch in der Firma hilfreich.

Effizienz. Wie schon erwähnt: Der engagierte Vater wird fast automatisch effizienter in seiner beruflichen Arbeit, weil er um den wahren Wert der Zeit weiß. Um im Zeitalter von Fax, E-Mail und heimischem Laptop unser Familienleben zu schützen, müssen wir bei unserer Arbeit Grenzen ziehen und uns auf das wirklich Wichtige konzentrieren. Diese Grenzen können, zusammen mit unserer allgemeinen Leistungsfähigkeit und unseren „Multitasking"-Erfahrungen zu Hause, unsere Effizienz nur steigern.

Verhandlungsgeschick. Der Schlüssel zu erfolgreichem Verhandeln ist die Trennung zwischen Emotionen und Interessen. Verhandlungen mit Kindern tendieren gewöhnlich stark zum Emotionalen hin, und die Übung im Überwinden dieser Tendenz macht uns auch am Arbeitsplatz zu stärkeren Verhandlungspartnern. Wir bekommen ein Gespür für das Umkippen der Argumentation ins Irrationale und lernen es, das Gespräch zurück in ein produktives Geleise zu schieben.

Verhandlungen mit Kindern tendieren gewöhnlich stark zum Emotionalen hin, und die Übung im Überwinden dieser Tendenz macht uns auch am Arbeitsplatz zu stärkeren Verhandlungspartnern.

Ihr Vater-Job macht Sie nicht nur einfühlsamer, sondern auch stärker, was Sie wiederum effektiver im Verhandeln und im Durchsetzen von Disziplin macht. Viele Geschäftsleute möchten so sehr, dass die anderen sie mögen (oder wenigstens verstehen), dass sie häufig zu früh nachgeben. Wer die Trotz- bzw. Pubertätsjahre seiner Kinder hinter sich hat, ist da gelassener: Er ist es gewöhnt, nicht pausenlos beliebt zu sein. Und wer (nun ja, meistens) die Liebe seiner Familie hat, der ist weniger von den Streicheleinheiten von Fremden abhängig.

Autorität. Cynthia Wick ist Partner bei Aspect Ratio, einem führenden Produzenten von Film-Trailern und Postern. 1998 verriet sie dem Magazin *Forbes*, wie ihre Erfahrungen in der Familie ihr in der Firma geholfen haben.

> *„Ich wende meine Erfahrungen als Mutter eines dreieinhalbjährigen Kindes auf den Umgang mit „schwierigen" Menschen an. Ein Kleinkind schreit und heult, weil es denkt: ‚Wenn ich herumschreie und Sachen zerdeppere, kommen alle angelaufen.' Die Primadonnen machen dasselbe, und man muss ihnen zeigen, dass sie eben nicht Mamas Ohr bekommen, wenn sie Blumentöpfe auf den Boden schmeißen. Ich sage ihnen also: ‚Wenn Sie weiter so schreien, gehe ich. Wenn Sie wollen, dass ich Ihnen zuhöre, müssen Sie sich beruhigen.'"*

Im Geschäftsleben müssen Sie mit allen möglichen Menschen umgehen. Dass Sie Ihren eigenen Autoritätsstil entwickeln, Ihr persönliches gelassenes „Über den Dingen Stehen", ist einer der Hauptnutzen, den das Vatersein für Sie als Geschäftsmann hat.

Autorität erfordert auch Koordination und Teamwork mit Ihrer Frau. Der zunehmende Trend zur kollektiven Führung nach Firmenfusionen erfordert die gleichen Eigenschaften. Unternehmensberater Michael Hammer kommentiert: „Wir fordern Menschen, die in dem traditionellen Führungsmodell ‚Alles hört auf mein Kommando' aufgewachsen sind, auf, die alten Regeln umzuschreiben."

1998 wurde Citicorp von Travelers Group übernommen, und John Reed wurde zweiter Hauptgeschäftsführer neben Sandy Weill. Einen Tag später erklärte Reed in einem *New York Times*-Interview: „Ich glaube, wir müssen effektiv zusammenarbeiten und vor allem von unseren Leuten so gesehen werden. Das ist wie zu Hause: Die Kinder nutzen es meisterhaft aus, wenn Vater und Mutter auch nur in einer einzigen Sache verschiedener Meinung sind."

Toleranz. Der Umgang mit all der Hilflosigkeit und den widerstreitenden Gefühlen Ihrer Kinder kann Sie auch zu einem geduldigeren, positiveren, liebevolleren, großzügigeren Menschen machen. Kinder sind unvollkommene Wesen, die oft nicht das wollen können, was sie wollen sollten, und nicht das tun können, was sie wollen – aber Sie haben keine Wahl: Sie müssen Sie lieben. Es kann Kraft brauchen, sie mit Haut und Haaren zu akzeptieren. Wenn Sie diese Lektionen in der Firma anwenden, können Sie sich und anderen viel Frust ersparen. Sie verlangen nicht mehr das Unmögliche von Ihren Angestellten und gewinnen ihr Vertrauen, weil Sie ihnen zeigen, dass Sie nicht nur an sich selbst, sondern auch an sie denken.

Der Umgang mit all der Hilflosigkeit und den widerstreitenden Gefühlen Ihrer Kinder kann Sie auch zu einem geduldigeren, positiveren, liebevolleren, großzügigeren Menschen machen.

Teamarbeit. Vor kurzem erlebte ich eine hässliche Fehde zwischen den beiden Leitern einer „meiner" Firmen. Die ganze Firma war gespalten, mit giftigen internen E-Mails, gezielten Indiskretionen gegenüber Zeitungen und sogar Sabotageakten. Ein Großteil dieses Verhaltens war absolut kindisch; ein Top-Verkäufer stöhnte: „Die sollen endlich aufhören, sich wie im Kindergarten zu benehmen", und ein Vorstandsmitglied verglich die Unruhestifter mit „einer rebellischen Teenager-Clique". Es war wie im wirklichen Leben (*zu* wirklich für meinen Geschmack), und unsere Erfahrung mit Geschwister-Rivalitäten erwies sich als äußerst hilfreich. (Eine unserer ersten Maßnahmen bestand darin, den einen der Topmanager eine Weile aus dem Verkehr zu ziehen.)

Führung. Die an und für sich lästige zeitliche Nähe zwischen unseren Karriereklettterjahren und der Zeit, wo unsere Kinder uns am meisten brauchen, hat auch eine positive Seite: Nicht lange, nachdem wir in unserer Familie eine „Unternehmenskultur" und „Vision" aufgebaut haben, erreichen wir in der Firma Positionen, wo wir eben dasselbe in unserem Beruf tun müssen. Als Väter strahlen wir dann jenes gewisse Extra an Autorität aus, das wir im Büro so gut brauchen können. Vatersein und Ehe sind der Schmelztiegel, der unseren Charakter als Erwachsene formt – und unser Charakter entscheidet darüber, wie die anderen unsere Führung beurteilen.

Als Väter strahlen wir dann jenes gewisse Extra an Autorität aus, das wir im Büro so gut brauchen können.

Zur modernen Unternehmensführung gehört nicht nur, dass man eine Vision formuliert und dann seinen Mitarbeitern vor die Nase hält, sondern auch, dass man ihnen dient und die Werkzeuge gibt, die sie brauchen. Dass Männer sich traditionell nicht als Diener definiert haben, gereicht ihnen in dem heutigen Firmenklima zum Nachteil gegenüber den weiblichen Managern. In dem Maße, wie Sie in Ihrer Vaterrolle das Dienen gelernt haben, werden Sie höher und schneller aufsteigen, und Ihre Mitarbeiter mit Ihnen.

*****

Weil Vatersein ein härterer Job ist als Chef zu sein, ist der Karriere-Vater klar im Vorteil, wenn er in der Firma in den Ring steigt. Er mag nicht so viele Überstunden machen wie seine Rivalen, aber seine Produktivität, seine Kompetenz im Umgang mit Menschen und seine innere Stabilität machen das mehr als wett. In Firmen, wo diese Qualitäten geschätzt werden, ist jeder Tag Vatertag.

Zu guter Letzt

In unserer schnelllebigen Zeit bieten Wirtschaft und Familie mehr Chancen als je zuvor. Doch jedes Wirtschaftslehrbuch kann Ihnen sagen, dass mit den Chancen auch Risiken verbunden sind. Die Kämpfe des Karriere-Vaters enden nie; es gibt nur vorübergehende Waffenstillstände.

Manchmal prallen Firma und Familie so heftig aufeinander, dass der Gegensatz unüberbrückbar erscheint. Auf der einen Seite die anspruchsvolle Hektik im Büro, auf der anderen all die Bedürfnisse und Wünsche der Kinder – da fühlen wir uns nicht selten wie zwischen Hammer und Amboss. Ist er nicht ein Widerspruch in sich, der bloße Ausdruck „Karriere-Vater"? Gut im Geschäft *und* gut in der Familie sein – das geht doch nicht ...

Doch Tatsache ist auch, dass der Konflikt zwischen Büro und Familie mit etwas Intelligenz, Planung und Konsequenz gelöst werden kann. So lange Sie sich über Ihre Prioritäten im Klaren sind, werden Sie es schaffen, auch wenn Sie kein Einstein sind. Wie An Wang, der Gründer von Wang Laboratories, einmal sagte: „Erfolg ergibt sich mehr aus konsequentem gesundem Menschenverstand als aus Genie."

Die beiden großen Aufgaben des Karriere-Vaters sind: a) eine Familie gründen und b) diese Familie in einer Welt rascher Veränderungen und immer neuer Herausforderungen zu ernähren. Ohne die Fertigkeiten, die wir bei der zweiten Aufgabe einüben, ist es schwierig, mehr als eine bloße biologische Rolle bei der ersten zu spielen. Der Beruf ist ein zentrales prägendes Element im Leben von Männern, und viele Gesetze, die in der Firma gelten, gelten auch zu Hause. Und so wie das Büro uns helfen kann, bessere Väter zu werden, kann unsere Vater-Erfahrung uns im Beruf besser (wenn auch nicht perfekt) machen. Ja mehr noch: Unsere Zufriedenheit in dem einen Lebensbereich steigert unweigerlich unsere Leistung in dem anderen.

Ich hoffe, dass dieses Buch Ihnen helfen wird, mehr Erfolg in Firma und Familie zu haben und zu erkennen, dass die beiden weniger miteinander in Konflikt stehen, als Sie vielleicht dachten. Doch *etwas* Konflikt wird es immer geben. Der Kuchen ist vielleicht größer, als Sie dachten, aber er muss immer noch aufgeschnitten werden. Es gibt Situationen, da müssen Sie sich entscheiden.

Wenn diese Situationen kommen, erinnern Sie sich bitte an den fundamentalen Unterschied zwischen Ihrer Familie und Ihrem Job: Familie, das ist für immer – wie ein Diamant, nur noch kostbarer. Firmen und Stellen kommen und gehen, aber die Familie, wenn sie einmal da ist, kann nie mehr rückgängig gemacht werden.

Ist es faszinierend und lohnend und befriedigend, ein Firmen-Imperium aufzubauen? Und ob! Darf man darauf stolz sein? Jawohl! Aber schon bald steht der nächste Konzerngründer im Rampenlicht. Wir leben in den Erinnerungen unserer Kinder und ihrer Kinder weiter, und nicht in den vergilbten Blättern des Wirtschaftsteils alter Zeitungen.

Fast immer ist es die Vaterleistung, die das Vermächtnis eines Mannes prägt. Vatersein – das ist der wichtigste Job, den wir je haben werden, und wenn wir ihn richtig tun, ist er auch der schönste und erfüllendste. Nach der *New York Times* hat die Natur keinem Lebewesen, von der Maus bis zum Elefanten, mehr als etwa eine Milliarde Herzschläge zugeteilt. Was werden Sie mit Ihrer Milliarde machen?

Lassen wir uns noch einmal von *Mary Poppins* inspirieren - von der sanften Ironie, mit der der Schornsteinfeger Bert den Schleier von den Augen des Karriere-Vaters George Banks wegzieht:

„Sie sind ein großer Mister, richtig wichtig und gescheit!
Wenn Ihre Kleinen weinen, dann haben Sie keine Zeit,
ihnen die Tränen zu trocknen und dann ihr Lächeln zu seh'n,
dass ihr Papa immer Rat weiß, egal, wie die Dinge geh'n.
Sie sind in der Tretmühle, in der ewigen Schufterei,
und eh Sie sich's versehen, sind die Kindheitsjahre vorbei,
und die Kleinen sind groß, und die Großen geh'n hinaus,
und mit Trösten und mit Vorlesen und Spielen ist es aus ...“

Nicht lange danach kommt George zur Vernunft, flickt den kaputten Drachen seines Sohnes, geht mit den Kindern in den Park – und hat in seiner Bank mehr Erfolg denn je, zum Teil deswegen, weil er seine Menschlichkeit und seinen Humor wiedergefunden hat.

Als ich ein Kind war, schenkten meine Eltern mir ein faszinierendes Buch über Vögel. Als ich es meinem eigenen Sohn vorlas, kam ich an die folgende Stelle:

> *„Könnt ihr euch vorstellen, dass es Vögel gibt, die Häuser bauen können? Als die Menschen, die Neu-Guinea erforschten, diese Häuser sahen, dachten sie erst, dass sie von Kindern erbaut waren. Aber in Wirklichkeit waren es Laubenvögel. Und was für Lauben es sind! Viele haben richtige Dächer, manche sogar verschiedene Zimmer. Es gibt verschiedene Arten Laubenvögel, die verschiedene Lauben bauen.*
>
> *Eine Laubenvogelart baut zunächst einen Moosgarten um einen Baumstamm, dann baut sie ein Haus aus Zweigen, manchmal sechs Fuß hoch. Der Laubenvogel verziert das Haus und den Garten mit Blättern, Moosen und Farnen, Beeren, Steinen, Schneckenhäusern und Blumen. Wenn die Blumen verwelkt sind, wirft er sie hinaus und holt neue. Laubenvögel sind ständig auf der Suche nach hübschen Sachen; manchmal stehlen sie sogar etwas aus der Laube eines anderen Vogels ...*
>
> *Wenn die Laube fertig ist – das kann Monate dauern , hält der Laubenvogel Ausschau nach einem Weibchen. Wenn eines vorbeikommt, hört er mit der Arbeit an dem Haus auf und tanzt ihm etwas vor, und nach einer Weile geht das Weibchen in die Laube hinein, um zu sehen, ob sie ihm gefällt.*
>
> *Aber nie benutzt das Weibchen die Laube zum Nisten. Wenn die Zeit zum Eierlegen kommt, fliegt es fort und baut ein ganz einfaches Nest für sich und die Kinder. Sein Mann, der wun-*

derbare Baumeister, hilft ihm nicht dabei. Er weiß gar nicht, dass er Kinder hat; er hat nur seine Laube im Kopf."

Als ich das las, musste ich denken: „Augenblick mal! Ich glaube, ich kenne auch so ein paar Laubenvögel!" Und Sie sicher auch. Kennen wir sie nicht alle, die Karriere-Väter, für die nur das Materielle zählt, die pausenlos nach „schönen Dingen" suchen, die sie sammeln können, ihre ganze Energie darein stecken, sich pompöse Karrierehäuser zu bauen, um ihren Mitmenschen (und sich selber) zu zeigen, wie toll sie sind? Diese eindimensionalen Menschen versuchen mit aller Kraft, sich ein Denkmal bei ihren Geschäftspartnern zu setzen, aber die Menschen, die ihren Namen in die Zukunft tragen – ihre Kinder – lassen sie links liegen.

Und ihre Frauen? Sie schätzen die harte Arbeit ihrer Männer und all die Blumen und anderen schönen Dinge. Aber sie wissen, dass ihre Küken eine andere Art Nestwärme brauchen. Sie übernehmen die ganze Last der Erziehung allein, und am Schluss ist jeder der Verlierer: die Kinder, die nur einen Elternteil haben, die Mütter, die solo fliegen müssen, und vielleicht am meisten die Väter, die die Opfer ihres eigenen rastlosen Baukomplexes sind.

Seien Sie kein Laubenvogel! Doch, bauen Sie sich ein Nest, machen Sie es so schön wie möglich. Aber lassen Sie sich von Ihrem Konkurrenz- und Sammeltrieb nicht blind machen für die größten Schätze, die das Leben Ihnen bietet. Arbeit und Familie können harmonieren – aber nur, wenn Sie jedem dieser Bereiche die richtige Priorität geben und das Wissen und die Fertigkeiten des einen Bereichs auch in dem anderen nutzen. Wenn dieses Buch Ihnen Anstöße gibt, über diese Zusammenhänge nachzudenken, hat es seinen Zweck erfüllt.

Aber jetzt muss ich aufhören. Morgen muss ich wieder früh aufstehen. Mal sehen, was alles auf dem Programm steht: eine Runde joggen, den Kindern helfen, sich für die Schule fertig zu machen, ein paar Besprechungen im Büro, drei Krisen bereinigen, zehn Voicemails und dreißig E-Mails beantworten – alles vor der Mittagspause. Und nach Feierabend? Keine Ahnung, mit was die Kinder beim

Abendessen kommen werden oder was für Familienprobleme Julie und ich anschließend besprechen müssen.

Wird es morgen wieder hektisch und stressig werden? Natürlich. Wieder so ein typischer Tag aus dem Leben eines Karriere-Vaters. Aber wissen Sie, was? Ich möchte mit niemandem tauschen.

Was Sie sonst noch lesen können

Barron, James Douglas: *Sie bekommt ein Baby und ich die Krise.* Goldmann 1999.

Biddulph, Steve: *Das Geheimnis glücklicher Kinder.* Heyne 2001.

Biddulph, Steve: *Jungen. Wie sie glücklich heranwachsen.* Beust Verlag 2000.

Dodson, Fitzhugh: *Väter sind die besten Mütter.* Econ 1985.

Hass, Aaron: *Ich hätte nie gedacht, dass ich so gern Vater bin.* Kösel 1996.

Jellouschek, Hans: *Mit dem BERUF verheiratet.* Kreuz-Verlag 1996.

Kast-Zahn, Anette: *Jedes Kind kann Regeln lernen.* Oberstebrink Verlag 1997.

Lewis, Steven M.: *Zen und die Kunst der Vaterschaft.* Piper 1999.

Schlenz, Kester: *Mensch, Papa. Vater werden - Das letzte Abenteuer. Ein Mann erzählt* Mosaik Verlag 1996.

Thicke, Alan: *Wenn Männer Babys kriegen.* mvg 2001.

Vogt, Michael: *Väter. Eine Entdeckungsreise.* Kösel 2001.

Wright, Norman: *Mein Vater und ich. Welchen Einfluß Väter auf ihre Töchter haben.* Ed. Trobisch, 4. Aufl. 1998.

Stichwortverzeichnis

F

G

H

I

J

K

L

M

N

O

P

W

Z